불공정한 숫자들

불공정한 숫자들

통계는 어떻게 부자의 편이 되는가

알렉스 코밤 지음

고현석 옮김

메디치

서프라이즈! 익숙한 것을 왜 의심해야 하는지 알려주는 탁월함이 돋보인다. 알렉스 코밤은 '통계가 무엇을 배제했는지' 물으며 숫자의 문제를 숫자를 통해 증명한다. 필요한 것이 집계되지 않으면서 약자는 더 위험해지고, 부자는 더 강해지는 현상을 적나라하게 까발리는 저자의 망치가 묵직하다. 데이터를 합리성 자체라 여기며 드러난 통계가 모든 걸 온전히 실증한다고 윽박지르는 세상에 균열이 생겼으면 좋겠다. 특히 변호사·회계사·세무사가 만들어낸 '유리한 숫자'에 현혹되어 탈세와 절세조차 제대로 구분하지 않는 한국사회에, 은폐된 숫자가 무엇인지를 묻는 이 책의 울림이 커다랗게 번지기를 기대한다.

　　오찬호―사회학자, 《우리는 차별에 찬성합니다》 저자

강남구의 한 갈비집 사장님은 조세도피처에 자신의 돈을 빼돌렸다. 한 건설사 사장님은 1년에 한두 번, 수십억 원어치 미술품을 딸집에 배달 시켜 증여세를 피했다. 한국도 이럴진대 전 세계적으로는 얼마나 많은 부가 은닉되고 있을까. 부자들의 돈은 지금도 어딘가로 흘러가서 쌓이지만 숫자에 포착되지 않는다. 저자는 이 같은 돈을 '언머니', 그 반대편에서 기초적인 복지 혜택도 받지 못하는 이들을 '언피플'이라고 부른다. 국가가 공인한 합법적 사각지대에 얼마나 많은 이들이 있는지 역시 숫자로 포착되지 않는다. 우리가 사는 세상에 무관심하지 않다면 《불공정한 숫자들》을 반드시 읽어보기를 권한다. 언머니와 언피플이 끝없이 증식한다면 우리가 사는 세상은 지속 가능하지 못할 것이기 때문이다.

　　최경영―KBS 기자, 《최경영의 최강시사》 진행자

대다수 사람들은 숫자가 객관적이고 진실에 가깝다고 생각한다. 대부분의 국가 정책도 숫자를 근거로 결정된다. 하지만 '누구를, 어떤 방식으로 이 숫자에 넣을 것인가'에 따라 그 객관적 세계의 모습은 확연히 달라진다. 《불공정한 숫자들》은 국가가 다루는 숫자들이 어떻게 가난한 사람을 배제하고 부자들의 편에 서는지 알려준다. '선택적인 데이터'가 어떤 수단과 과정을 거쳐 특권과 배제의 프레임을 만들어내는지 궁금하다면 반드시 이 책을 펼쳐보기 바란다.

　　김만권―철학자, 《새로운 가난이 온다》 저자

일러두기

원문의 이탤릭은 고딕으로 표기했다.
각주는 모두 옮긴이의 주이다.

들어가는 말

우리는 집계되지 않는 세상에 살고 있다

우리는 열린 데이터의 세대, 빅데이터의 세대, 투명성의 세대, 책임의 세대라고 자부한다. 하지만 꼭 그렇지만은 않다. 사실 우리는 '집계 불이행uncounted' 세대다. 문제는 우리가 그 사실을 거의 모르고 있다는 것이다.

누가 집계되고 무엇이 집계될지 권력이 결정하는 구조적 불평등의 세상을 상상해보자. 밑바닥에는 집계되지 않는 언피플unpeople이, 맨 꼭대기에는 집계되지 않는 언머니unmoney가 있는 세상이다. 언피플은 정치적인 목소리를 낼 수 없고 공공서비스도 받지 못하는 사람들을, 언머니는 조세, 규제, 범죄 조사를 피해 부패와 불평등이 걷잡을 수 없을 정도로 팽배하게 만드는 돈을 말한다.

우리는 바로 이런 세상에 살고 있다. 불평등의 세상, 집계되지 않는 세상이다.

실제로 존재하는 불평등과 인식되는 불평등 모두 전반적으로 사회에 부정적 영향을 미친다. 아동 사망률 상승, 평균 기대 수명 감소,

7

갈등 발생률 증가, 경제 상승률과 사회적 결속 감소 등 이루 말할 수 없을 정도다. 불평등이 늘어나는 것을 인정하는 것은 이런 부정적인 영향의 결과로 인간의 잠재력이 절대적이고도 확실하게 줄어드는 것을 그대로 받아들이는 것이다.

우리는 여성이 더 많이 일하고도 더 적게 버는 현실을 받아들인다. 원주민들과 소외된 민족 언어 집단들이 교육과 의료 서비스에서 체계적으로 소외되는 현실을 받아들인다. 장애가 있는 사람들, 소외된 지역의 사람들이 더 가난하게 살다가 더 일찍 죽는 현실을 받아들인다. 이런 불평등이 중첩되는 지점에 있는 사람들에 대해서는 더 말할 필요도 없다.

하지만 생각해보자. 우리는 민주주의 체제에서 살고 있다. 그렇다면 이런 불평등과 악영향은 민주주의 원칙에 따른 다수의 선택에 의한 것이 분명하다. 그리고 이런 상황이 마음에 들지 않는다면 더 많은 사람이 불평등에 대해 관심을 갖도록 운동을 벌일 수도 있지 않을까?

하지만 납득할 만한 수준의 불평등과 재분배에 대한 논의는 잘못된 집계에 의해 제한된다. 정당은 이념적인 태도와 그들이 읽어낸 대중의 관심사에 기초해 입장을 결정하고, 그들의 입장이 주요한 정치적 논의의 장을 만든다. 다시 말해 정당의 입장과 그들이 말하는 대중적 관심사는 사용 가능한 데이터가 무엇인지, 그 데이터가 어떻게 표현되는지를 반영한다.

예를 들어보자. 익숙한 수치들이 소득 불평등의 정도를 실제보다 낮게 나타낸다면? 그래도 정치적 논의들이 대중의 선호를 정확하게 반영한다고 할 수 있을까? 만약 특정 집단들이 직면한 불평등 데이터가 제대로 수집되지 않고, 그 결과 정치적 논의도 이뤄지지 않는다면? 그래서 이런 집단들의 소외가 계속된다면? 집계가 제대로 이뤄지지 않은 결과로 법률, 규제, 과세 면에서 불평등이 발생한다면? 유권자들을 평등하게 집계하지 않거나 정치 자금 지원을 제대로 통제하지 못해 근본적인 불평등이 정치적인 결과로 나타나고, 나아가 정치가 근본적으로 흔들린다면?

이 책은 겉으로는 전문적으로 보이는 결정들이 실제로는 매우 정치적인 동기에 의한 것이며, 불평등 수준을 전체적으로 높이고, 대중의 의사를 반영하지 않고 있음에도 전혀 문제가 되지 않고 있는 상황의 위험성을 다룬다. 이 책의 핵심은 통계가 사회에서 어떤 역할을 하는지에 관한 논의다. 이 논의를 위해 나는 국가state와 관련된 데이터를 주로 분석했다. 국가는 통계statistics라는 말의 어원이기도 하다.

먼저 국가의 세 가지 핵심적인 특성과 집계의 관계를 살펴보자. 첫 번째 특성은 국가가 정치적 대표성을 가진 실체라는 사실이다. 국가는 이런 '결정자 선택' 기능을 수행함으로써 전반적인 국민의 의견을 반영한다. 권위주의 국가에서도 그렇다. 이들 국가도 정통성 유지를 위해서는 대중의 지지가 있어야 하기 때문이다.

또한 국가는 분배를 담당한다. 편의상 국가의 두 번째 특성과 세 번째 특성을 구분해보자. 두 번째 특성은 국가가 혜택을 어떻게 분배할지 결정한다는 것이고, 세 번째 특성은 책임을 어떻게 분배할지 결정한다는 것이다. 이 두 특성은 어쩔 수 없이 겹치는 부분이 있고 구분이 어느 정도 임의적이긴 하지만, '사람들이 얻는 것(혜택)'과 '사람들이 해야 하는 것(책임)'으로 구분하는 것은 여러모로 유용한 방법이다.

혜택의 분배는 다양한 주거 이동 지원, 지역 투자 결정, 공공서비스와 기반 시설 제공에서 행정 기능과 군사 기능 제공에 이른다. 직접적인 형태와 간접적인 형태를 아우르는 국가의 역할은 국민 전체를 위한 것이다. 한편 책임의 분배는 넓은 의미에서의 사법적 기능, 규제 기능에서부터 범죄 행동의 식별과 치안, 규제의 설계와 시행, 특히 조세의 설계와 시행에 이르기까지 다양한 형태로 이뤄진다. 이 역할 역시 국민 전체를 위한 것이다.

국가의 이 세 가지 역할은 모두 데이터에 의존한다. 결정자 선택, 사람들이 얻는 것, 사람들이 해야 하는 것에 관한 문제의 해답은 기본적인 데이터 집계 과정에 있다. 정치적 대표는 유권자 집계와 표에 따라 결정되며, 혜택과 책임의 분배 과정에서 특정한 집단에 가중치를 부여하거나 그 집단을 무시하는 것은 특정한 목적을 가진 집계 조작을 통해 이뤄지기 때문이다.

중요한 것은 이런 데이터의 수집이 매우 편향적이라는 사실이다 (미셸 푸코Michel Foucault의 통치성govermentality 개념 참조*). 통계와 측정은 완벽하지 않다. 최적의 정책 분석을 위해 객관적으로 적용되는 중립적 정보 탐색 과정으로 이뤄지지도 않는다. 오히려 집계라는 수단 자체에는 지배층의 이해가 반영돼 있다고 할 수 있다. 데이터는 더 '지배하기 쉬운' 사회구조의 출현을 돕는 방식으로 구축되는 것이다.

푸코의 개념에 따르면 이는 적극적인 과정이 **될 수도 있다.**

이제는 '배제한다', '처벌한다', '억누른다', '검열한다', '고립시킨다', '숨긴다', '가린다' 등의 부정적인 표현으로 권력의 효과를 기술하지 말아야 한다. 사실상 권력은 생산한다. 현실적인 것을 생산하고, 객체의

---

*   푸코에 의하면 통치성은 인간의 행동을 통솔하는 것으로서, 종교적 통치, 아동을 인도하는 통치로부터 나아가 주권자의 통치까지 아우르는 포괄적인 개념이다.

영역과 진리에 관한 의례를 생산하는 것이다. 개인과 개인에 대해 얻을 수 있는 지식은 이 생산에 포함된다.

우리의 핵심 주장은 통계와 측정의 생산, 즉 국가 기능의 기반이 되는 **집계**의 과정이 관념적인 것이 아니라 정교한 의도의 결과라는 것이다. 아주 직설적으로 말하자면, 이는 제임스 C. 스콧$^{James\ C.\ Scott}$이 그의 기념비적인 저서《국가처럼 보기$^{Seeing\ Like\ a\ State}$》에서 해부한 국가 계획 중심 접근 방법에 해당한다.

하이 모더니즘$^{high\text{-}modernism}$* 계획이 가진 힘과 정밀함은 위기 상황들을 한데 모으고, 발전시킬 대상들을 표준화하는 데 의존한다. 놀라운 사실은 이런 대상들이 자유주의 이론의 '표지되지 않는 시민들$^{unmarked\ citizens}$'처럼, 계획 실행의 목적에 따라 이 계획에 기여할 성별, 선호, 역사, 가치, 의견 또는 독창적인 사고, 전통, 고유의 개성을 가지지 않는다는 점이다. 이들은 모든 시민에게 기대되는, 다시 말해 엘리트층의 특성으로 항상 당연시되는 특정한 위치적, 맥락적 특성들을 전혀 가지고 있지 않다. 이런 맥락과 특성의 결핍은 실수로 간과한 결과가 아니다. 대규모 계획 실행의 첫 번째 필수적인 전제다.

앞으로 다루겠지만, 유엔 밀레니엄개발목표$^{Millennium\ Development}$ $_{Goals,\ MDGs}$의 경험은 사람, 가구, 집단의 특성에 **눈을 감는 것이 중립**

---

* 과학이라는 이름으로 현실을 재단하려는 정부의 열망이 반영된 사조다. 과학과 기술에 대한 확고한 신뢰를 특징으로 하는 현대성의 한 형태로 특히 냉전 기간에 팽배했다.

적인 진보가 아니라 정반대의 결과를 낳는다는 점을 여실히 보여준다. '대상'의 '표지'에 대한 인식 또는 그 인식의 거부는 어떤 쪽이든 계획과 정책 실행 과정을 근본적으로 변화시킬 가능성이 높다. 알랭 데로지에르Alain Desrosières는 통계학자와 대중이 현실을 대하는 태도를 네 가지로 분류했다. 그중 가장 눈에 띄는 것은 계측학적 리얼리즘metrological realism이다. 관찰 방법에 영향을 받지 않는, 변하지 않는 현실이 있다는 가정에 기초한 이 태도는 사회과학의 양적 연구 방법이 궁극적으로 자연과학과 동등한 위치를 획득할 수 있도록 하기 위한 것이다.

이와 대조적으로 회계학적 리얼리즘accounting realism은 한정적인 공간(기업 내부나 경제 공간 같은)에 관련된 태도지만 복식부기double-entry bookkeeping를 통해 합리적이고, 시험 가능하며, 증명 가능한 가상의 숫자를 제공한다. 가상이라는 말은 이 숫자들이 전부 '판단'에만 의존한다는 뜻이다. 이런 판단은 바탕이 되는 기업(또는 정부, 예를 들어 국가 경제)에 관련된 사람들부터 공공 기록을 작성하는 작업에 직접 관련된 회계사들, 궁극적으로는 현재 사용되는 회계 체계의 배후 세력들에 의해 이뤄진다.

이런 '현실'의 유효성은 이 회계사들을 비롯한 사람들에 대한 믿음에 의해 결정되는 것이다. 객관적으로 검증 가능한 고유한 데이터 집합에 결정되는 것이 아니다. 이 회계학적 리얼리즘이 가상의 존재가 아니라는 생각이 들 수도 있다. 그렇다면 다국적기업들의 연례 보고서를 한번 살펴보자. 이들이 과연 적절한 시기에 적절한 장소에서 적절하게 세금을 냈는지 금방 알 수 있다.

세 번째 태도는 작업용 교정쇄proof in use라는 말로 표현된 태도다.

다른 단체나 조직이 준비한 데이터 집합을 가지고 연구자들이 데이터 집합의 현실을 평가하는 태도다. 이 평가는 이 데이터 집합의 내적 일관성 그리고/또는 이 연구자들의 분석 **결과**가 이전의 분석 결과들과 얼마나 일치하는지에 기초한 것이다. 일치하지 않을수록 낮은 평가를 받는다. 통계 발표 기관들은 데이터의 내적 일관성을 확고하게 만들고자 기대에서 벗어나는 데이터를 의도적으로 걸러내기까지 한다.

네 번째 태도는 위의 세 가지 태도와 대조된다. 변수 측정에 대한 정의와 암호화는 '의도적으로 만들어지며', 관행과 협상을 통해 이뤄진다는 것을 확실히 인식하는 태도다. 객관적인 진실은 존재하지 않지만, 구축된 데이터가 다양한 관심사와 이익을 반영하는 타당한 데이터라고 인식하는 태도다.

웬디 에스펠랜드Wendy Espeland와 미첼 스티븐스Mitchell Stevens는 이 점을 더 깊이 연구했다. 이들은 '수량화는 인간의 행동, 상상, 야망, 성취, 실패가 만들어낸 인공물로서, 근본적으로 사회적인 성격을 가진다'고 주장한다. 통계 척도들은 사람이나 사물을 보는 관점을 반영할 뿐만 아니라, 정책 입안자를 포함한 사람들의 행동을 변화하게 해 통치 과정과 측정 과정(이 두 과정은 겹칠 수 있다) 사이에서 순환적인 피드백이 일어날 수 있도록 만든다는 주장이다. 이런 순환적 피드백은 불가피하게 나타나는 현상이며, 긍정적일 수도 있고 부정적일 수도 있다. 사람들이 제대로 집계되지 않는다면 그로 인한 나쁜 데이터는 나쁜 정책을 만들어내며, 나쁜 정책은 다시 데이터를 개선할 수 없게 만든다. 일반적으로 데이터가 개선되면 더 좋은 정책을 만들어낼 수 있다.

정도의 차이는 있지만 측정 방법은 측정되는 사람과 집단에서 강력한(푸코적인) 복종을 일으킬 수 있다. 예를 들어 기업은 측정 방법의 투명성을 받아들임으로써 사회에 책임을 지게 된다. 따라서 측정 방법 선택에 영향을 미칠 수 있는 능력은 그 데이터를 바꾸지 않는다고 해도 매우 강력한 형태의 권력일 수 있다. 사키코 후쿠다-파Sakiko Fukuda-Parr 같은 학자들은 지속가능발전목표Sustainable Development Goals, SDGs에서 선택된 다양한 측정 방법들에 대한 연구를 통해 경쟁 관계에 있는 사람들이 소위 전문적인 과정과 결정에 어떤 방식으로 정치적 영향력을 추구(달성)했는지 정확하게 보여줬다.

수집이나 측정에서 제외함으로써 누구를 집계하지 **않을지**, 무엇을 집계하지 **않을지** 역시 권력의 문제다. 게다가 집계 과정에서 권력과 사회 구성 방식은 불가피하게 영향을 미칠 수밖에 없다. 정치적인 이해에서 자유로운 '중립적인' 집계 과정은 불가능하다는 뜻이다. 또한 집계 과정이 정치적인 영향을 미치지 않는 경우도 존재할 수 없다.

이런 집계의 특징들로부터 사회를 보호할 수 있는 시스템이란 존재하지 않는다. 하지만 '수량화의 유혹'으로부터는 어느 정도 우리를 보호할 수 있다. 이 유혹을 감지하고, 그 핵심 메커니즘을 이해하고, 유혹에 넘어간 결과로 발생할 수 있는 편견들의 속성과 범위를 이해하면 된다. 집계는 개선할 수 있다. 그렇게 한다면 세상은 **더 나아질 것이다.**

이 책은 실제로 이뤄지고 있는 중요한 집계 과정들을 살펴본다. 또한 이런 결정이 불평등, 통치, 인류 진보에 미치는 영향도 탐구할 것이다. 이 책에서 '집계 불이행'이라는 말은 정치적인 동기로 집계하지 않는다는 뜻으로 사용된다. 이런 집계 불이행은 두 가지 형태를 띠며, 각각의 형태는 모두 불평등에 직접적인 영향을 미친다.

첫째, (소득 면 등에서) 최하층은 이런 집계 불이행으로 또 다른 측면에서 소외되곤 한다. 이를테면 이들은 정치적 대표성(결정자 선택)의 근간이 되며, 정책 우선순위(사람들이 얻는 것)에 영향을 미치지만, 집계는 되지 않는 사람들이다. 둘째, 집계에서 제외될 능력을 보유하게 됨으로써 힘이 더 강해지는, 최상층에 있는 사람들과 집단들이 있을 수 있다. 이들은 자신들의 소득과 부를 숨김으로써 조세와 규제(사람들이 해야 하는 것)를 피하는 사람들이다. 최하층의 집계되지 않는 사람들은 소외되고, 최상층의 집계되지 않는 사람들은 회피하는 것이다.

둘의 결정적인 차이는 '상대적' 집계 불이행과 '절대적' 집계 불이행의 차이라고 할 수 있다. 상대적 집계 불이행의 경우, 사람이나 집단은 데이터 샘플 안에 포함되지만 차별화되지 않는다. 예를 들어 가구 조사에는 트랜스젠더가 일부 포함되지만, 이들에 대한 차별화가 이뤄지지 않으면 이들이 어떻게 생활하는지에 대한 비교 데이터는 생성될 수 없다. 다른 예를 들어보자. 통합기업회계보고서*는 다국적기업의 수익과 세금에 대한 정보를 보여주지만, 룩셈부르크나 케냐 같은 나라에서 이들이 어떻게 활동하고 있는지는 드러내지 않는다. 반면 절대적 집계 불이행은 하나의 집단을 완전히 배제하는 것이다. 이를테면 부의 분배 데이터에서 막대한 부유세net-worth tax**를 회피하는 사람들을 제외하거나, 센서스 데이터에서 시골에 사는 원주민 집단을 배제하는 것이다.

권력은 간단한 문제가 아니다. 소외된 사람들이 자신의 권력을

* 다국적기업의 국내외 사업 활동에 대한 전반적 정보를 담은 보고서다.
** 일정액 이상의 자산을 보유하고 있는 사람에게 비례적 또는 누진적으로 과세하는 것이다.

행사하기 위한 목적으로 집계되지 않기를 원하기도 하기 때문이다. 국가 차원에서 불평등을 심화시키는 집계가 이뤄지고 있다면, 자신이 집계된다고 해서 불평등이 줄어들 것이라는 생각을 하지는 않을 것이다. 노출되지 않기 위해 싸웠던 집단들도 있다. 나치 독일의 유대인 구별을 위한 '다윗의 별'(유대인과 유대교를 상징하는 표식) 착용에 저항한 사람들, 18세기부터 아파르트헤이트Apartheid 정권에 이르는 동안 남아프리카공화국 정부의 인종차별 도구였던 '통행증' 사용에 저항한 사람들, 센서스에서 인종 확인을 거부한 사람들('나는 스파르타쿠스다' 운동 참여자들)이 그 예다.

집단 가명을 사용해 정체를 숨기는 것은 저항의 도구로서 역사가 깊다. 마르코 데세리스Marco Deseriis는 19세기 러다이트Luddites 운동가들부터 현대의 루터 블리세트 프로젝트Luther Blissett Project*와 어나니머스Anonymous 해커 그룹에 이르기까지 집단 가명을 사용한 역사를 추적해 이 집단들이 다음과 같은 세 가지 공통점을 가진다고 주장했다.

1. 신원 확인과 상호 인식을 위한 수단을 가명 사용자들에게 제공해 하위 사회집단에 권력을 부여한다.
2. 자신의 고유한 목소리를 내지 못하는 사람들이 제도적 관행 밖에서 상징적인 힘을 가지도록 만든다.
3. 차이의 확산을 특징으로 하는 주체화subjectivation 과정을 밖으로 드러낸다.

* 1990년대 중후반 유럽의 예술가와 사회운동가들이 루터 블리세트라는 공통의 필명으로 문학, 미술, 음악 등에 걸쳐 인터넷 연재 글을 올린 게릴라식 문화 연대 운동이다.

집계되지 않겠다는 노력의 범위와 명분은 외부 세력(맞서고 있는 권력, 즉 집계나 확인을 가능하게 하는 권력의 정통성)에 따라 다양하게 나타난다. 하지만 편향적인 수량화를 시도하는 정부에 맞서 집계되지 않으려는, 상대적으로 힘이 없는 사람들의 '게릴라' 전술과 집계를 피하거나 우회하려는 최상층 사람들의 권력 행사 사이에는 분명한 차이점이 있다.

국가 차원의 집계는 불완전할 수밖에 없다. 센서스 데이터 같은 조사 데이터에는 상당한 결함이 있는 경우가 많다. 조세와 선거를 위한 행정 데이터도 마찬가지다. 그런데도 이런 데이터는 자원을 어디에 어떤 방식으로 할당할지에 대한 중요한 정책 결정의 기초가 된다.

데이터가 이렇게 무작위적으로 누락되는 경우, 전체적인 규모에서 보면 왜곡의 규모는 크지 않을 수도 있다. 하지만 이런 왜곡이 체계적으로 이뤄진다면 낙관할 일이 아니다. 실제로 집계 불이행은 무작위적이지 않다.

집계 불이행은 관여하는 사람들의 권력과 직결된다. 제외되는 최하층 사람들은 대부분 이미 소외된 집단이다. 또한 이렇게 누락되는 데이터에는 레즈비언, 동성애자, 양성애자, 트젠스젠더, 장애인 인구에 대한 쓸 만한 데이터도 거의 포함돼 있지 않다. 게다가 국가는 원주민 인구와 인종 집단, 민족 언어 집단도 집계에 제대로 포함하지 않고 있다. 제대로 된 통계가 없다는 사실은 공공정책 토론과 우선순위 결정에서 이 집단들에 대한 정보가 누락되는 결과를 낳는다.

보수주의자들은 이렇게 집계되지 않는 현상이 있다는 점을 들어 기본적인 불평등에 대처해야 한다는 주장에 맞서곤 한다. 예를 들어 국제 조세 정의를 위한 투쟁은 수없이 많은 단계를 거쳐왔는데, 먼저 정책 입안자들은 조세회피tax avoidance와 탈세tax evasion가 심각한 문제라는 것을 부정하곤 한다. 그러다 상당한 규모의 추정치들이 제시되면 그 숫자들이 충분할 정도로 확실한 숫자가 아니라는 반응을 보인다. 언론 보도로 인해 압력이 커지고, 이 큰 숫자들에 대한 대중의 인식이 국제단체들을 움직여 문제의 규모를 추정하도록 만드는 상황이 발생할 때까지 말이다. 국제기구들은 활동가들이 처음 제시한 추정치보다 더 큰 숫자를 제시하는 경우가 많았고, 이는 결국 지속적인 정책 참여를 이끌었다.

중요한 것은 추정치를 검증하고 조사하는 과정이다. 이 과정에서 추정치의 질이 개선되고, 이 과정 자체가 추정치를 구축해야 한다는 사회적 명분을 제공하기 때문이다. 하지만 이 과정은 추정치의 기초가 되는 대중의 관심사가 적절한 것인지에 대해 보수주의자들이 의문을 갖게 만들기도 한다. 또한 '너무 큰 숫자는 확실한 숫자가 아니므로 다국적기업들의 조세회피를 중단시킨다고 해서 별 효과는 없을 것'이라는 반론을 이끌기도 한다. 개인 연구자들과 국제단체들이 새로운 데이터를 담은 연구를 상당히 많이 발표했음에도 불구하고 이런 반론들이 끊임없이 제기되는 현실은 집계 불이행이 전문적인 영역이 아니라 정치적인 영역에 속한다는 것을 확인해줬다고 할 수 있다. 실제로 조세 정의 운동이 처음 시작됐을 때 보수주의자들은 데이터 부족을 들어 조세 정의 운동 진영을 공격했다.

변화를 지지한다고 해도 부실한 통계를 사용하면 이는 '집계 불이행 로비'에 악용될 가능성이 있다. 나이로비 키베라의 무허가 정착지가 '아프리카 최대의 슬럼'을 구성한다는 주장이 대표적인 예다. 이 주장은 결함투성이의 통계를 사용했음에도 불구하고 그동안 이 지역에 대한 올바른 이해를 높이고, 개발 NGO들의 참여를 이끌었다. 하지만 이 주장은 데이터가 부실했기 때문에 세계 빈곤을 가볍게 생각하고 NGO들의 활동에 반대하는 정치 세력에게 반론 거리를 제공해주기도 했다. 이 주장은 케냐 정부가 실시한 센서스에 의해 전체적으로 잘못되었다고 규정됐으며, 2010년 센서스 결과가 발표됐을 때 케냐 일간지 《데일리 네이션》은 이 내용을 비중 있게 다루기도 했다. 하지만 2년 후 한 국제 탐사보도 프로젝트는 "아프리카의 선전 경로"라는 기사를 통해 이런 케냐 정부의 입장을 비판했다. 정부의 이 같은 주장이 하나의 영역 전체를 무너뜨릴 의도를 가진 것으로 보이는 훨씬 넓은 차원이라는 것이었다.

여성 불평등에 관한 '좀비 통계'라는 용어도 생각해보자. 여성이 전 세계 빈곤층의(소득 면에서) 70%를 차지하며, 여성이 소유한 땅은 전 세계 땅의 1%에 불과하다는 주장이다. 집계 불이행 로비를 벌이는 사람들은 이 두 가지 숫자 중 어떤 것도 이용 가능한 데이터에서 검증되지 않는다고 주장한다. 여성 평등 지지자들이 불확실한 숫자들에 근거해 잘못 판단하고 있으며, 극단적이고 존재하지도 않는 문제를 말하고 있다는 것이다. 물론 여성이 직면한 소득과 부의 불평등이 얼마나 극단적인지 알려주는 데이터가 여전히 없다는 사실이야말로 이 문제의 본질이라고 생각하는 사람들도 있다.

집계가 이뤄진다고 해도 반드시 불평등에 대처할 수 있는 것은 아니다. 하지만 집계가 되지 않으면 불평등은 확실히 눈에 덜 보일 것이고, 진보의 가능성도 확실히 낮아질 것이다. 제임스 볼드윈James Baldwin의 다음과 같은 말을 생각해 보면 더 잘 이해가 될 것이다. "직면하는 모든 것을 바꿀 수는 없지만, 직면하기 전까지는 어떤 것도 바꿀 수 없다."

최상층에서 불평등은 크게 세 가지 방식으로 숨겨져 있다. 첫째, 불평등은 데이터 누락을 통해 숨겨진다. 가장 가난한 집단들은 조사에서 실제보다 더 적게 나타나지만, 고소득 가구는 조사에 응답할 가능성이 훨씬 낮기 때문에 누락된다. 이는 조세 당국이 보유한 데이터를 이용해 개선할 수 있다. 조세 데이터가 불평등 사례를 상당히 많이 드러내는 데이터이기 때문이다.

둘째, 가장 노골적인 방식으로서 권력 대부분을 가진 사람들이 소득과 자산을 의도적으로 숨기는 것이다. 조세 데이터 자체에 중요한 누락이 있다는 뜻이다. 전 세계의 고소득 가구들은 익명의 회사와 은행 비밀주의bank secrecy를 이용해 상당한 양의 부와 그에 따른 소득 흐름을 숨긴다. 토마 피케티Thomas Piketty는 그 유명한《21세기 자본》에서 적어도 전 세계 GDP 중 약 10% 규모의 자산이 신고되지 않는다고 주장했다. 그는 전 세계에 부유세를 부과해야 하며, 실제 수입과 재분배 효과는 제쳐두더라도 이런 정책이 적어도 분배 데이터가 존재할 수 있게 해준다고 주장했다.

다국적기업들도 비슷한 비밀 메커니즘을 이용한다. 이들은 불투명한 회계와 비밀 메커니즘을 결합해 기업이 설립된 지역의 조세 관할권으로부터 막대한 수익을 빼돌린다. 이외에도 개인과 기업의 세금 남용tax abuse은 매년 전 세계적으로 수천억 달러에 이르는 정부 수입을 앗아가고, 누진 과세와 직접 과세의 효율성을 떨어뜨리며, 세계 경제의 가장 큰 부분을 차지하는 이들에게 책임을 부과하려는 광범위한 시도를 방해한다.

세 번째 방식은 더 정교하며, 위의 방식들만큼 해를 끼친다. 소득 불평등 정도를 나타내는 가장 대표적 소득 분배 지표인 지니 계수Gini coefficient는 태생부터 결함이 있다. 지니 계수는 양극단에 비교적 둔감하며, 불평등 수준이 높을수록 더 둔감해진다. 중립적이고 전문적인 척도로 알려진 지니 계수는 우리가 불평등을, 그리고 시간이 지날수록 그 불평등이 심해지고 있다는 사실을 제대로 이해하지 못하도록 만들고 있다. 우리는 최상층의 부와 소득의 불평등에 대해서 아는 것이 거의 없으며, 불평등 척도로 가장 널리 쓰이는 지니 계수가 이 상황을 더 심각하게 만들고 있다. 계측도 통계와 마찬가지로 권력에 의해 왜곡되며, 나아가 정치적인 결과도 왜곡한다.

'민간 집계' 데이터라고 부르는 영역에서도 비슷한 문제가 나타난다. 중요한 공적 가치를 가진 데이터를, 그 데이터의 어떤 부분이 어떤 방식으로 집계되는지에 이해관계가 있는 민간 기업이 소유하는 경우가 여기에 해당한다. 영국의 브렉시트 국민투표나 도널드 트럼프의 미국 대통령 당선에서 페이스북과 케임브리지 애널리티카가 한 역할은 민주주의에 대한 잠재적 위협을 잘 드러낸 예다. 다른 예로는 제약회사가 생성한 의학 실험 데이터에 대한 접근 제한을 들 수 있다. 벤 골드에이커Ben Goldacre의 연구는 규제를 통해 의학 실험 데이터에 접근 제한을 풀지 못하면 열악한 의학 치료 방법이 계속 출시되고 이용되며 나아가 사망률을 높이는 것 이상의 효과를 일으킬 수 있다는 것을 보여 주었다.

알고리즘 내의 편견들에 대한 캐시 오닐Cathy O'Neil의 분석은 민간 영역과 공공 영역에서의 빅데이터 또는 빅데이터 사용이 권력 균등화의 도구가 될 것이라는 꿈이 얼마나 요원한지 보여주고 있다. 그는 의도적이든 우연이든, 빅데이터 알고리즘에 불평등 요소들로 차별을 가능하게 하는 불투명하고 다양한 통로들이 존재한다고 말한다. 다른 예로는 조세정의네트워크Tax Justice Network, TJN의 역외 게임Offshore Game 프로젝트를 들 수 있다. 이 프로젝트는 축구 구단주들의 금융 비밀주의가 규제되지 않은 결과 팬들이 구단주의 구단 착취와 해체를 포함한 모든 종류의 위험을 감수해야 했다는 것을 보여주었다.

이 모든 사례의 중심에는 권력, 불평등 그리고 집계 불이행 사이의 관계가 존재한다. 누가, 무엇이 집계되고 집계되지 않을지에 대해 우리의 많은 관심이 필요하다. 사회학자 윌리엄 브루스 캐머런William Bruce Cameron은 "집계될 수 있는 모든 것이 다 중요한 것은 아니며, 중요한 모든 것이 다 집계될 수는 없다"라고 말했다. 브루스의 이 말은 의심의 여지없이 맞지만, "집계되지 않는 많은 것이 중요하며, 중요한 많은 것이 집계되지 않는다"라는 말 역시 맞다.

희망을 품어야 하는 이유는 여러 가지다. 불평등에 대한 관심이 늘어나면서 집계되지 않은 사람들을 드러낼 필요성에 대한 인식 역시 높아졌다. 이제는 최하층과 최상층의 집계되지 않는 것들을 드러내기 위해 같이 노력할 수 있게 됐다. 10년 전만 해도 생각하기 힘들었던 일이다. 이 책의 첫 부분은 국제단체들의 연구 결과와 고소득 국가들에서 소외되는 집단들이 배제되는 증거에 이르기까지 최하층에서 집계되지 않는 것들에 대해 탐구한다. 이 책의 두 번째 부분은 최상층에서 집계되지 않는 것들에 중점을 둔다. 금융 비밀주의의 속성과 범위, 개인의 탈세와 다국적기업의 소득 이전profit shifting을 부추기는 '조세피난처'를 통한 수입 손실 규모, 지니 계수에 대한 지나친 의존이 불평등에 대한 일반적 인식에 미치는 영향을 조세 정의 면에서 분석할 것이다. 이와 함께 이런 집계 불이행이 실제로 인류의 지속 가능한 진보에 대한 희망을 좌절시킨다는 증거도 다룰 것이다.

이 책은 집계 이행 촉구 선언문으로 마무리된다. 데이터, 권력, 불평등 사이의 관계를 바꾸기 위한 정치적, 기술적 행동 강령이다. 그들이 우리를 더는 변화시키지 못하도록 하기 위해서.

우리 사회는 우리가 소외시킴으로써 집계되지 않은 사람들에게 빚을 지고 있다. 동시에 우리는 납세를 비롯한 의무들을 회피하려는 사람들에게 받아야 할 빚이 있다. 이 두 가지 빚은 매일 늘어나고 있으며, 이 두 가지 빚 모두 집계되지 않음으로써 불평등을 심화하고 있다. 우리는 과거를 바로잡기 전에 시계부터 멈춰야 한다. 우리 자신과 우리가 사는 세계를 알지 못하게 만드는 제도적 결함들에 대해 이해해야 한다. 이제 제대로 된 집계를 시작해야 한다.

차례

약자

ACS(American Community Survey) 미국 지역사회조사

BEPS(Base Erosion and Profit Shifting) 세원 잠식 및 소득 이전

CEMD(Confidential Enquiry into Maternal Deaths) 모성 사망에 대한 비밀 조사(영국)

CIPOLD(Confidential Inquiry into Premature Deaths of People with Learning Disabilities) 학습장애인의 조기 사망에 대한 비밀 조사(영국)

CPI(Corruption Perceptions Index) 부패인식지수

CRISE(Centre for Research into Inequality, Security and Ethnicity) 불평등, 안전, 민족성 연구센터

DFID(Department for International Development) 국제개발부(영국)

DGE(Directoria Geral de Estatística) 통계총국(브라질)

DTP3(diphtheria, tetanus, and pertussis) 디프테리아, 파상풍, 백일해

ECOSOC(Economic and Social Council) 유엔 경제사회이사회

EITI(Extractive Industries Transparency Initiative) 채취산업투명성기구

FATCA(Foreign Account Tax Compliance Act) 해외금융계좌신고법(미국)

FSI(Financial Secrecy Index) 금융비밀지수

GAVI(Global Alliance on Vaccinations and Immunizations) 세계백신면역연합

GFI(Global Financial Integrity) 국제금융청렴기구

GRD(Government Revenue Dataset) 정부수입데이터세트

GRID(Group Inequalities Database) 집단불평등데이터베이스

ICIJ(International Consortium of Investigative Journalists) 국제탐사보도언론인협회

ICRICT(Independent Commission for the Reform of International

Corporate Taxation) 다국적기업 조세개혁을 위한 독립위원회

ICTD(International Centre for Tax and Development) 국제조세개발센터

IFF(Illicit financial flows) 불법 자금 흐름

ILO(International Labour Organization) 국제노동기구

INGO(International nongovernmental organization) 국제비정부기구

IPC(Integrated Food Security and Humanitarian Phase Classification Framework) 통합식량안보단계분류체계

ITIC(International Tax and Investment Center) 국제세금투자센터

JEM(Justice and Equality Movemen 정의평등운동(수단)

LeDeR(Learning Disabilities Mortality Review) 학습장애인 사망률 검토

MDGs(Millennium Development Goals) 밀레니엄개발목표

MNEs(multinational enterprises) 다국적기업

NHS(National Health Service) 국가보건서비스(영국)

ONS(Office for National Statistics) 통계청(영국)

PPP(purchasing power parity) 구매력 평가

SDGs(Sustainable Development Goals) 지속가능발전목표

STEP(Society of Trust and Estate Practitioners) 신탁재산관리전문가협회

TBIJ(The Bureau of Investigative Journalism) 탐사보도국

TRACIT(Transnational Alliance to Combat Illicit Trade) 국가간불법거래대응연대

UNCTAD(The UN Conference on Trade and Development) 유엔 무역개발회의

UNDP(United Nations Development Programme) 유엔 개발계획

UNODC(UN Office for Drugs and Crime) 유엔 마약범죄사무소

이 위대한 공동의 여정을 시작하면서,
누구도 뒤처져 소외되지 않을 것을
서약한다.
우리는 인간의 존엄이 근본이 됨을
인식하면서, 모든 국가와 국민 그리고
사회의 모든 부문에서 이 목표들이
달성되기를 희망한다. 그리고 우리는
가장 뒤처진 사람들에게 먼저 다가가도록
노력할 것이다.
—유엔 지속가능개발목표

폐하께서 백성들의 수를 해마다 완전하고
세세하게, 정확하게 파악할 수 있다면,
모든 개인과 가구, 대검 귀족, 모든 종류의
성직자, 법복 귀족, 가톨릭교도와 그 밖의
교도, 자신이 소유한 땅에서 사는 사람들의
부와 빈곤 상태에 대해서 해마다 파악하실
수 있다면 얼마나 만족스러우시겠습니까?
폐하께서 폐하의 능력으로나 대신들의
도움을 받아, 폐하가 다스리시는 이
거대한 왕국의 현재와 과거를 한 시간
안에 다 살펴볼 수 있다면, 폐하의 힘으로
왕국의 크기, 재물, 힘을 확실하게 파악할
수 있다면 큰 기쁨, 유용하고도 필요한
기쁨이 아니겠습니까? 1년에 한 번씩
폐하의 수익과 손실, 왕실 자산의 증감,
백성의 수의 증감, 백성의 생계와 생업의
기초인 가축의 증감을 자세하고 분명하게
보여주는 표들이 들어간 지도만 있다면
질서정연하게 이루어질 수 있습니다.
폐하께서는 과거의 집계 숫자들과 새로운
집계 숫자들을 비교해 왕국 영토에서
일어나는 변화를 철저하게 파악하실 수
있을 것입니다.
—1686년 프랑스 루이 14세에게 제출한
드 보방 후작의 연례 센서스 제안서 중에서

언피플: 체계적으로 배제되는 사람들

1

1장 개발의 키는 데이터가 쥐고 있다

측정은 우리가 하는 일에 영향을
미친다. 측정에 결함이 있다면 결정이
왜곡될 수 있다. 성과에 대한 우리의
측정에 결함이 있다면, 그에 따른
추론에도 결함이 있을 수 있다.
—스티글리츠-센-피투시
보고서(2009년)

이 장은 개발에 대한 지난 몇십 년 동안의 담론 변화와 개발 정책, 그에 따른 성과에 지대한 편견을 심을 수 있는 막대한 힘을 가진 GDP, 유엔 개발 목표 등 개발과 관련된 지표를 다룬다.

개발과 관련된 데이터에 문제가 있다는 것은 모두가 알고 있다. 하지만 이 말은 사람에 따라 매우 다른 의미로 받아들일 수 있다. 일부에서는 '개발'을 가난한 나라를 위한 연구로 생각하며, '데이터 문제'는 이 나라들을 연구하는데 필요한 데이터가 충분히 확보되지 않는다는 의미로 받아들인다. 개발이 가난을 심화하지 않도록 만드는 과정이며, 데이터 문제는 그 과정을 개선하기 위한 정보의 획득과 관련된다고 생각하는 사람도 있다.

하지만 개발에 대한 이런 생각들은 그 자체가 문제를 안고 있다. 어떤 나라(또는 국민)는 이미 개발된 나라인데, 어떤 나라는 **개발되고 있는** 나라, 즉 아직 개발되어야 하는 나라라는 생각이 깔려있기 때문이다. 하지만 우리는 개발이 인류가 지구에 사는 방식, 즉 인류가 하

30

나의 종으로서 개별 지역에서 세계 전역으로 확대해나가는 방식, 현재와 미래의 모든 사람이 좋은 삶을 살 수 있도록 가장 좋은 기회를 제공하는 모든 활동이라는 생각을 점점 더 많이 하고 있다.

좋은 삶은 사람들이 다양한 영역에서 일정 정도의 힘을 갖는 삶이라고 생각할 수 있다. 개인적인 영역에서는 권력 분산을 통해 사람들이 일정 수준의 건강, 교육, 정신적 행복, 좋은 일자리와 여가를 누리는 것을 말한다. 경제적인 영역에서는 안정적인 수입과 극단적인 불평등으로부터 자유로워지고, 정치적인 면에서는 정치적인 자유와 정치적 안정, 즉 정치적 폭력이나 불안정으로부터 자유로워지는 삶을 말한다. 이 관점에 따르면 빈곤은 힘이 없는 상태다. 따라서 빈곤은 순수한 경제적 개념이라기보다는, 근본적으로 복잡하고 다면적인 정치적 개념이라고 할 수 있다.

이런 관점에서 보면, 개발을 위한 데이터 문제는 상당히 심각하다. 우리에게는 모든 나라에서 이런 삶의 측면들이 충족되고 있다고 확신할 만큼 데이터가 충분하지 않기 때문이다. 그나마 있는 데이터도 결함이 많으며 차별적인 요소가 강하다. 앞으로 살펴보겠지만 정치적 대표를 선택(결정자 선택)하기 위한 데이터, 정책 우선순위 부여(사람들이 얻는 것)를 위한 데이터는 이미 소외된 사람들과 집단들을 한층 더 소외시키는 경우가 많다. 개발의 데이터 문제는 데이터의 수집과 사용 과정에서 수량화가 제대로 되지 않고, 의도적인 조작이 일어나며, 편견이 개입된 결과로 발생한다. 이 모든 문제는 소외된 사람들과 집단들의 빈곤과 불평등을 심화하며 그들의 힘도 계속 빼앗고 있다.

개발에 대해 이해하려면 반드시 집계를 먼저 이해해야 한다. 하지만 **이미** 집계된 결과만 가지고 개발을 이해하려 한다면, 근본적인 불평등을 제대로 보지 못할 것이다. 마치 어두운 길거리 어딘가에서 열쇠를 잃어버린 술 취한 사람이, 단지 밝다는 이유로 가로등 밑에서 열쇠를 찾는 것과 같은 상황이다. 국가의 출현과 유지, 그리고 인간의 진보를 지원하고 촉진하는 역량은 숫자에 달려 있다. 한편, 개발에 대한 생각 차이는 어떤 종류의 집계에 우선순위를 부여할 것인지에 영향을 미치고, 이는 다시 어떤 숫자를 이용할 것인지에도 영향을 미친다.

개발 담론의 역사를 집계의 진화 단계들로 단순화하면, 각 단계를 지날 때마다 사회의 전반적 목표가 더 정교해지고, 집계 자체가 사람들의 생애 경험과 더 밀접해진다는 것을 알 수 있다. 또한 목표가 정교해짐에 따라 집계도 정교해진다(사람들의 생애 경험을 더 잘 측정할 수 있게 됐다는 뜻이다). 하지만 이 인과관계는 반대 방향으로도 작용한다. 측정을 더 잘하게 됨에 따라 사회 주류의 우선순위들도 동시에 영향을 받기 때문이다.

개발이라는 개념 자체도 변화했다. 이전에는 국가의 GDP 성장률을 가장 중요한 성과 지표로 생각하는 경제성장 위주의 개념이었지만, 지금은 상황이 좀 달라졌다. 예를 들어, 경제성과와 사회진보측정위원회Commission on the Measurement of Economic Performance and Social Progress, CMEPSP*는 GDP가 의미 있는 발전 지표라는 생각을 거부하는 것이 주요 목적 중 하나였다. 하지만 여전히 안타깝게도 GDP는 단순히 평균

---

* 보통 스티글리츠 위원회로 부른다. 2008년 당시 프랑스 총리였던 니콜라 사르코지의 제안으로 이후 2001년 노벨경제학상 수상자인 조지프 스티글리츠를 중심으로 1998년 노벨경제학상 수상자인 아마르티아 센, 장 폴 피투시 등이 설립했다.

1인당 경제 활동을 나타내는 1인당 GDP와 함께 국가의 개발 상태 추적과 비교를 위한 기초 지표로서 우월적 지위를 유지하고 있다.

GDP는 '글로벌 데이터 문제(Global Data Problem)'다

GDP는 두 가지 문제가 있다. 집계를 목적으로 하지 않는다는 점과 산출 방식도 집계에 의존하지 않는다는 점이다. GDP의 목적이 집계가 아니기 때문에 발생하는 심각한 문제는 두 가지가 있다. 첫째, GDP는 경제 생산을 위해 전 세계가 대가를 치러야 한다는 점을 전혀 고려하지 않는다. 경제 활동이 전적으로 지속 가능한 수준에 못 미치면, 수치가 증가해도 결국은 실익이 없게 될 가능성이 있다. 둘째, GDP는 돈을 받지 않는 활동을 전체적으로도, 부분적으로도 집계하지 않는다. 전체적이라는 말의 뜻은 이렇다. 집계되는 것만 중요하다면, GDP는 경제를 좁은 범위에서 평가하고 문화적 공공재 등 인간의 다른 생산물을 평가절하하는 것에 대해 일정 정도 책임을 져야 한다. 부분적이라는 말은, GDP가 이미 구조적으로 불평등이 심한 현실에 따른 성별 편향적인 측정치라는 뜻이다.

전 세계 노동력에서 여성이 차지하는 비율은 남성에 비해 약 26% 낮다. 또한 여성은 남성보다 적게 번다. 전 세계 평균으로 약 24% 적다. 이런 사실만으로도 GDP가 남성의 경제 활동을 불균형적으로 크게 반영하고 있다는 것을 알 수 있다. 심지어는 최상층에서도 이런 사실을 뚜렷이 관찰할 수 있다. '진보'의 유일한 척도로 여겨지는 GDP는 이런 식으로 여성에 대한 경제적 탄압이라는 특징을 나타낸다.

여성의 노동 참여는 GDP 통계에서 거의 또는 완전히 제외된 영역인 생계형 농업에서 불균형하게 일어난다. 생계를 위해 일하는 인간 한 명 한 명은 경제적인 가치를 가진다. 하지만 GDP는 그 가치를 집계하지 않는다. 결국 여성은 돈을 받지 못하는 노동에 더 많이 투입된다고 할 수 있다. 이 모든 통계의 출처인 유엔 여성기구UN Women 는 '여성이 남성보다 많은 일을 하는 모든 지역에서 여성은 남성에 비해 평균 약 2.5배의 무임금 노동과 가사 노동을 하며, 임금 노동과 무임금 노동을 합치면 거의 모든 나라에서 여성은 남성보다 하루에 더 많은 시간 동안 일을 한다'고 발표했다. 조사에 따르면 무임금 노동과 가사 노동의 경제적 가치는 나라에 따라 다르며, GDP의 약 10-40%를 차지한다. 확실한 것은 상당한 수준의 경제적 가치가 여성에 의해 창출된다는 사실이다.

GDP가 한 국가의 진보를 나타내는 **유일하고도** 가장 중요한 지표로서 절대적인 지배력을 행사하지 않는다면, GDP의 효과는 개발이 뒤처진 나라를 통계로 모욕하는 수준에 그칠 것이다. 앤절라 데이비스Angela Davis는 마르크스주의 학자 월터 로드니Walter Rodney의《유럽은 아프리카를 어떻게 후진화시켰나How Europe Underdeveloped Africa》를 예로 들어 이 점을 부각했다. 이 책은 식민 지배의 유산 때문에 남성의 노동은 '현대적'인 반면, 여성의 노동은 '전통적'이고 '퇴보적'이라는 구분이 생기게 됐다고 주장했다. GDP가 현재까지 확고하게 유지되도록 만든 것이 바로 이 식민 지배의 유산이다. GDP가 여성의 사회 기여를 숨기는 것은 집계 불이행 현상의 가장 두드러진 예일 것이다.

지구를 방문한 다른 행성의 외계인들이 지구를 지배하는 어떤 한 생물 종, 즉 인류의 일부가 주요 진보 측정에서 체계적으로 배제되는 것을 발견했다고 상상해보자. 그들은 우리가 경제 활동에 따라 행성 전체가 치러야 할 대가를 대부분 무시하는 매우 어리석은 짓을 벌인다고 생각할 것이다. 또한 그들은 우리가 여성의 기여를 제대로 집계해 인류를 빠르게 진보시킬 수 있는 정책들을 체계적으로 무시하면서 '성장'을 추구하는 생물체라고도 생각할 것이다.

또한 GDP는 정책 입안자들이 '공식화'를 해답으로 여기게 만든다. 여기서 공식화란 집계 방식을 개선하지 않은 채로 집계에 포함하는 것을 말한다. 공식화가 반드시 나쁜 것은 아니다. 하지만 공식화는 가장 좁은 범위의 대응이다. 공식화는 GDP를 계속 사용하면서 선택할 수 있는 유일한 방식이다. 이런 식의 접근 방법은 통계를 이용해 피해자를 비난하는 형태를 띨 수 있다. 여성의 기여를 집계하지 않음으로써 불평등이라는 제도적 문제에 대처하지 않는 정부의 잘못을 숨기는 GDP의 문제가 아니라, 공식적으로 고용되지 못한 여성들이 문제라는 주장이다.

외계인들은 여기서 한 걸음 더 나아가, GDP가 제도적으로 특정 원주민 집단을 포함한 일부 다른 집단들의 경제 활동을 집계하지 않을 가능성이 높다는 것도 알게 될 것이다. 이는 지속 가능한 경제의 가치를 인식하지 않는 태도와 결합해 경제 진보라는 명분을 내세워 무허가 주거지를 집계하지 않는 관행, 가치가 평가되지 않는 삶의 방식들을 파괴하는 정책들을 부추긴다. 게다가 이런 집단들이 성별로도 분열된다면, 부적절한 측정에 기인한 문제들은 최악의 상황에 이를 가능성이 높다.

이런 측면에서 1인당 GDP를 더 인간 중심적인 척도로 사용하는 것 역시 많은 문제가 있다. 1인당 GDP는 GDP의 실제 분배는 고려하지 않은 수치이기 때문에(GDP의 1인당 배분이 개념적으로는 의미가 있다고 해도) 불평등을 줄임으로써 사람들의 생애 경험을 실제로 개선하는 것이 아니라 GDP 상승에 종속될 수밖에 없다.

GDP가 실제로 측정하는 것이 무엇인지 생각해보자. GDP는 수많은 나라에서 질 좋은 데이터를 생성하는 데 연속적으로 실패하고 있다. 하지만 훨씬 더 비난을 받는 것은 고소득 국가가 아니라 저소득 국가에서의 실패였다. 저소득 국가의 문제는 대부분 산정 기준을 주기적으로 조정하지 못해 발생한다. GDP 추산이 경제의 형태가 변화할수록 시효성이 떨어지는 기초 데이터에 의존하므로 더 부정확하게 된다는 뜻이다. 예를 들어 농업의 비중이 작아지고 제조업, 서비스업의 비중이 커지면 이런 현상이 나타난다.

이와 관련해 2011년 세계은행의 샨타 데바라잔Shanta Devarajan은 '통계의 비극'에 대해 썼고, 2013년 빌 게이츠는 경제사학자 모튼 저번Morten Jerven의 《형편없는 숫자들: 아프리카 개발 통계가 우리를 오도하는 방식과 우리가 해야 할 일Poor Numbers: How We Are Misled by African Development Statistics and What To Do About It》을 자신의 '올해의 책' 중 하나로 꼽기도 했다. 데바라잔은 가나의 사례에 주목했다. 2010년 가나는 계열 기준 재조정으로 GDP를 62% 상승시켰고, 세계은행은 1인당 GDP 1,000달러를 넘긴 가나를 저소득 국가에서 중소득 국가로 분류했다. 이는 성장 지체를 통해 국제 자금 지원을 계속 받음으로써 이득을 얻는 나라들이 있을 수 있다는 뜻이기도 하다. 이런 견해는 후속 연구들에 의해 어느 정도 지지를 받고 있다.

뒤집어서 생각하면, 계열 기준을 재조정해 GDP를 성장시키면 정책 입안자들이 경제적인 성공을 이뤘다고 과시하는 데 도움이 된다. 정치적 목적을 위해 GDP 계열들을 명백하게 조작한다는 증거도 있다. 시카고 대학 연구팀은 인공위성에 포착된 야간 불빛들을 분석해 공공 GDP 계열들의 정확성을 평가한 결과, 권위주의 국가들 대부분이 GDP를 1.15-1.3배 부풀렸다는 것을 발견했다. 이 두 가지 사례에서 우리는 저소득 국가들이 계열 기준 재조정을 통해 어느 정도 힘을 얻을 수 있지만, 이 힘을 얻으려면 통계의 질을 희생해야 한다는 것을 알 수 있다.

이 희생으로 인해 발생하는 통계적 문제들은 대체로 인식이 되고 있지만, GDP 데이터의 질이 다른 개발 데이터의 질보다 훨씬 더 우선적으로 고려돼야 한다는 생각에 대해서는 별로 합의가 이뤄지지 않고 있다(이 분야에 대한 전문성과 타당한 관점을 가지고 있다고 여겨지는 아프리카 통계학자들 사이에서는 특히 더 그렇다). 당시 남아프리카공화국 통계청장이자 아프리카 통계위원회 의장이었던 팔리 레홀라Pali Lehola는 GDP 계열 재조정의 중요성에는 동의했지만, 모튼 저번의 책에는 분노로 반응했다. 레홀라는 이 책의 분석이 아프리카 통계 전문가들의 전문성을 반영하지 않았으며, 지역적 우선순위들을 왜곡할 위험이 있다고 주장했다.

고소득 국가에서 발생하는 GDP 계열 조작과 문제들은 증거가 훨씬 직접적임에도 불구하고 별로 부각되지 않는다. 시카고 대학 연구팀의 흥미로운 연구 결과에 따르면, 권위주의 국가들의 조작을 제외하고 1992/1993년도에서 2005/2006년도 사이에 GDP가 가장 빠르게 늘어난 나라는 아일랜드였다. 하지만 아일랜드의 GDP는 유의미한 규모를 가진 경제 체제들 중에서 가장 두드러지게 왜곡이 일어난 사례였다. 아일랜드는 기업의 이익 이전을 위한 조세피난처 중 가장 중요한 나라였기 때문이다. 예를 들어 2017년 국제통화기금IMF의 추산에 따르면, 아일랜드 성장의 4분의 1은 애플 아이폰 수출에 의한

것이었다. 하지만 실제로 아일랜드는 아이폰을 단 하나도 수출하지
않고 있다.

아일랜드는 조세피난처 역할을 하기 위해 수년간 GDP 통계의
질을 희생해왔다. 하지만 다른 곳에서 일어난 경제 활동의 가짜 기록
은 그 나라들이 입은 수입 손실이나, 아일랜드 가구들의 실제 소득과
1인당 GDP 간의 격차 중 아주 작은 부분을 차지한다. 이와 비슷하게,
인구 약 10만의 영국 왕실령 저지섬도 2000년대에 수년간 세계에서
1인당 소득이 가장 높은 곳 중 하나였다. 생계유지를 위해 분투하는
사람들을 위한 무료 급식소들이 여전히 운영되고 있을 때였다.

조세피난처 운영으로 인한 통계적 왜곡에 대해서는 2부에서 자
세히 다룰 것이므로, 여기서는 간단하게만 살펴보자. 중요한 문제 중
하나로 서사를 들 수 있다. 특히 저소득 국가의 질 나쁜 데이터에 대
한 서사는 불행하게도 모든 나라의 데이터가 권력과 장려책 면에서
다양한 문제들을 보인다는 비판적 서사보다 더 설득력을 얻어왔다.

예를 들어, 유럽연합EU 국가들에서는 2008년 경제 위기 이후 그
리스가 EU의 예산 규정을 피해가기 위해 국가 경제 데이터를 조작해
왔다는 인식이 널리 퍼져 있다(2018년 안드레아스 게오르기우Andreas
Georgiou 그리스 전 통계청장은 이례적으로 징역 2년 집행유예 선고를
받았다. 그는 2009년도에 무모하게도 적자 통계를 정확하게 발표할
것을 주장했다. 구체적으로는 적자가 GDP의 13.6%가 아니라 15.4%
라고 사실대로 밝혀야 한다고 했다. 1997년 이후 다양한 방식으로 조
작돼온 결과들을 뒤집은 것이었다. 일부에 따르면 그는 긴축정책을
부추겼다는 혐의를 받았다. 그러나 게오르기우의 수치 조정 주장은
유럽계정시스템95ESA95 기준에 데이터를 맞추기 위한 것이었으며,

이 접근 방법은 현재에도 사용되고 있다). 관련 연구에 따르면 이런 조작은 EU 회원국 전반에 걸쳐 이뤄졌다. 따라서 그리스는 **특별한** 경우가 아니라 좀 더 극단적인 경우에 불과했으며, 관찰된 패턴에 부합하는 모습을 보였을 뿐이었다.

GDP가 이렇게 절대적으로 군림하는 현상은 단순한 기술적 문제가 아닌, 매우 심각한 정치적 문제로 다뤄져야 한다. 실제로 GDP 통계 생성에 관여하는 사람 중 그 약점을 모르는 사람은 거의 없다. 하지만 부분적 비판만으로는 질 나쁜 데이터의 점진적인 유혹으로부터 우리를 보호할 수 없다. 이 유혹은 집계되지 않는(실제보다 적게 집계 되는) 사람들, 특히 여성과 원주민 인구를 계속 배제하는 경제성장을 추구하도록 만들고 있다. 또한 이 유혹은 인류의 진보를 생태학적으로 지속 가능하게 만드는 의미 있는 노력을 방해하며, 통계의 질이라는 심각한 문제를 전반적으로 무시하도록 만든다. 특히 고소득 국가와 관련해서 더 그렇다.

우리가 당면한 글로벌 데이터 문제global data problem의 지표로서 GDP는 극복하기 쉬운 문제가 아니다.

누구를 위한 개발인가

GDP의 절대적인 위상에 치명적인 타격을 입은지도 30년이 지났다. 그때 이후 개발에 관한 생각과 관련 집계도 상당히 많이 변화했다. GDP는 다른 지표로 대체되지 않았지만, 보완 수단과 대체 수단들이 이루는 수준은 상당히 많이 변화했다.

결정적인 개입 노력으로는 유니세프UNICEF의 〈인간의 얼굴을 한 조정Adjustment with a Human Face〉(1987년)과 유엔 개발계획United Nations

Development Programme, UNDP의 〈제1차 인간 개발 보고서〉(1990년)를 들수 있다. 이 문건들은 각각 가난한 나라들이 아니라 가난한 사람들, 국가 진보의 비(非) GDP 측면들을 강조한 것이었다. 이 기구들보다 보수 성향이 강한 세계은행도 1990년 세계은행 보고서를 시작으로 극도의 소득 빈곤을 핵심적인 요소로 강조하기 시작했다. 이런 접근 방법은 '하루 1달러'를 빈곤선으로 지정하는 정책을 낳게 했다. 하지만 이 정책에는 심각한 문제들이 다층적으로 포진하고 있었다. 그럼에도 불구하고 분배 문제를 철저하게 외면했던 세계은행이 이런 정책을 시행한 것은 기존의 GDP 기반 정책들로부터 의미 있는 진전이라는 평가를 받긴 했다.

그 후 세계은행의 하루 1달러 정책은 2000년 제1차 MDGs를 이루기 위한 기초로 채택됐다. MDGs는 저소득 국가들만을 대상으로 삼긴 했지만, 공통적인 진보 정책들을 구축하기 위한 최초의 시도였다고 볼 수 있다. MDGs는 재정적 절대 빈곤에 주로 집중하면서, 그리고 부분적으로는 그 결과에 대응하면서, 개인과 가정의 빈곤에 대한 더 넓고 면밀한 분석을 통해 유니세프와 UNDP의 노력을 더 적극적으로 반영한 결과였다. MDGs에는 8개 목표가 있으며, 각각의 목표에는 진보를 추적할 수 있는 지표들이 포함돼 있다.

1. 절대 빈곤 및 기아 근절
2. 보편적 초등 교육 실현
3. 성평등 및 여성 지위 향상
4. 아동 사망률 감소
5. 모성 보건 증진

6. AIDS/HIV, 말라리아 등 질병 예방

7. 지속 가능한 환경 확보

8. 전 지구적 개발 파트너십 구축

MDGs는 근본적인 분석의 주요 변화를 부분적으로 반영한 것으로, 재정적 빈곤 정책을 넘어서는 세 가지 접근 방법을 제시하고 있다. 첫 번째는 아마르티아 센Amartya Sen의 권위 있는 연구에 기초한 역량 접근법capabilities approach이다. 이 접근법은 빈곤을 특정한 소비나 소득 수준에 이르지 못하는 상태가 아니라, 특정한 최소 역량을 성취하지 못하는 상태로 다루는 방법이다. 절대적인 성취를 강조한다는 한계가 있지만, 소득으로 효용성을 나타내는 수준을 넘어서는 다차원적인 접근 방법이다.

두 번째로, 사회적 배제social exclusion 접근법은 빈곤의 절대적인 측면이 아니라 상대적인 측면을 강조한다. 따라서 특정한 사회에 참여하는 사람들의 능력을 강조한다. 예를 들어 인터넷을 사용하지 못한다면, 다른 모든 사람이 인터넷을 이용할 수 있는 경우와 아무도 인터넷을 이용할 수 없는 경우에 각각 다른 의미를 지닐 수 있다. 빈곤을 명백한 다차원적 상태로 간주하는 이 접근법은 집단의 특징에 상당히 주목한다(집단의 특징은 보통 소외가 일어날 수 있는 기초가 되기 때문이다). 이 상대적인 접근법은 불평등에 더 많은 강조점을 둔다.

마지막으로, 참여적 접근법participatory approach은 빈곤의 속성과 근원을 지역사회 내부의 관점들에서 끌어내려는 시도다. 이 접근법의 심각한 문제점은 외부의 편견을 고려하지 않고, 들리는 의견들이 실제로 대표성을 가지는지 확인하지 않은 상태에서 내부의 관점을 추

[표 1] 빈곤에 대한 4가지 접근 방법 비교

	재정적 빈곤 접근법	역량 접근법	사회적 배제 접근법	참여적 접근법
MDG에서의 중요성	매우 중요하지만 MDG 1에서만 핵심적	상당히 큼	최소	무시할 수 있을 정도
분석 단위	개인에게 적용되면 이상적이지만, 사실상 가구에 적용됨	개인	지역사회 그리고/또는 사회 전반의 다른 사람들과의 관계	집단과 그 집단 내 개인들
정책 입안자들이 필수적이라고 해석하는 부분	경제성장과 재정 소득의 문제에 대한 강조	기초 역량 확장을 위한 투자, 재정적 수입과 공공서비스를 통해 필요를 충족시켜야 함	공식적인 노동시장에 중점을 둔 시장과 사회적 과정으로의 포용 과정이 필요함	빈곤층 지위 향상
데이터 이용 가능성 (2003년 기준)	주기적인 가구 조사 시행, 누락된 관찰 결과도 중요할 수 있음. 국가 간 소득 데이터를 사용하지만 분배에 대한 고려가 필요함	덜 주기적으로 데이터가 수집되지만 쉽게 개선할 수 있음	현재는 다른 목적으로 수집된 데이터에 의존해야 함. 기본적인 차원에서 함의가 되면 데이터는 주기적으로 수집할 수 있음	대체로 소규모 무 유의 표본만 이용 가능
측정의 주요 약점	외부 요소들에 종속되어야 함	차원적 집단 평가가 불가능함. 기본적인 기능에 대해서라도 다차원성을 다루는 방식	다국적성 관련 문제. 포착 과정이 어려움	국가 수준 데이터는 이용 불가능. 주기적인 국가 데이터 수집을 위해 방법을 확장하기 어려움

필수 기준 또는 최소 기준 인식 방법	(단위 밖에서 정의되는) '외부' '정보 참조, 해심적인 필요조건으로서의 식량 참조	재판적으로 정의 가능하다고 일반적으로 인식되는 차원들의 '목록'	사회와 국가 지도층을 다뤄야 함	비교가 얼마나 가능하고 얼마나 대표성을 가지는가
개념의 주요 약점	효용성은 복지의 충분한 척도가 아니며, 빈곤은 경제적인 범주가 아님	기초 역량 선택의 자의성 요소, 추가의 문제	다양한 해석이 가능한 넓은 제체. 국가 간 비교가 어려움	생활 수준에 대한 지역 주민들의 인식/누구의 인식을 추출하는가? 그 인식이 얼마나 대표성을 가지며 얼마나 일관적인가? 의견 불일치를 어떻게 다룰 것인가?
국가 차원 비교의 문제	조사, 물가지수, 빈곤선 작성의 비교 가능성	기초 역량이 외부적으로 정의된다면 거의 문제가 없지만, 추가의 어려움 때문에 추가 방법에 따른 비일관적인 요소들과의 비교가 어려움	사회적 배제 형태가 사회에 따라 다름. 추가 문제도 존재	문화적 차이에 따라 적절한 과정들이 서로 다르며, 결과가 비교 불가능할 수도 있음

출처: 카테리나 루게리-라데리크(Caterina Ruggeri-Ladderich), 루히 세이스(Ruhi Saith), 프랜시스 스튜어트(Francis Stewart)의 2003년 연구 〈빈곤의 정의에 대해 우리가 합의하지 않으면 문제가 되는가? 4가지 접근방법 비교〉, 《옥스퍼드 개발 연구 31(3)》, 표 3.

출한다는 데 있다(이 방법을 국가적인 규모로 확대하면 문제는 훨씬 더 심각해진다). 이 접근법에는 자기 인식self-identification의 문제도 내재돼 있다(다른 사람들이 자신보다 더 가난하다고 생각하는 경향이 그 예다).

표 1은 루게리-라데르치Ruggeri-Laderchi 등이 이 접근법들을 재정적 빈곤monetary poverty 접근법과 비교한 것이며, MDGs의 접근법들은 이 표로 이해할 수 있다. 이 체계는 세계은행의 소득 빈곤 정책 기조를 따르면서도 접근법을 하나의 정의에 가두지 않으며, 전체적으로 역량 접근법에서 상당 부분을 취해 다양한 목표와 대상을 설정하고 있다. 이 두 가지 측면에서 MDGs는 마침내 개발을 '가난한 나라들'의 문제로 보는 시각에서 벗어나 가난한 사람들에게 초점을 맞추고 있다.

데이터를 왜곡시키는 불순한 동기들

경제학자 사키코 후쿠다-파 는 'MDGs는 글로벌 거버넌스global governance*의 도구로서 두 가지 방식으로 수행됐다. 첫 번째는 MDGs를 행동 변화를 유도하는 동기들을 만드는 기준으로 사용하는 방식이다. 두 번째는 사회적 목표들을 구체적으로 기술하고 그 목표들을 널리 알리는 방식이다'라고 했다. 이런 방식은 MDGs 같은 목표 체계의 지표들에 강력한 기준 설정 기능을 부여하지만, 정책에 의해 데이터가 직접적 이해 충돌의 대상이 되면 그 데이터는 문제가 생길 수밖에 없다.

---

*　합의를 집행하는 권력이 존재하지 않을 때, 한 국가 또는 한 지역 이상으로 영향을 주는 문제를 해결하는 것을 목적으로 국경을 넘은 주체의 정치적 상호작용을 말한다.

중앙은행의 통화량목표제monetary targeting*를 연구한 찰스 굿하트 Charles Goodhart의 이름을 딴 굿하트의 법칙이라는 것이 있다. '어떤 현상의 통계적 규칙성은 그것을 조정할 목적으로 압력이 가해지면 붕괴되는 경향이 있다'는 내용이다. 이 법칙을 확인할 수 있는 예는 개발 분야에서 차고 넘친다.

MDG 기간이 끝날 때 나온 개발 데이터 관련 중요 보고서는 이와 관련한 두 가지 두드러진 예를 탐구했다. 첫째, 연구자들은 (케냐와 탄자니아에서의) 가구 조사 데이터에 기초해 측정된 학교 등록 학생 수(사람들이 스스로 신고한 수치)와 행정 데이터에 기초해 측정한 등록 학생 수(관계 기관이 집계한 수치) 간의 차이에 주목했다. 이런 차이를 발생시키는 제도적 요소는 학생 수를 근거로 공공자금 지원을 받아야 하는 학교들의 현실이었다. 다시 말해 나라(기관) 자신이 보고하는 데이터에 경제적인 이해가 걸려 있다면 그 데이터는 신뢰할 수 없다는 뜻이다. 이는 이런 현실이 나타나는 나라들의 경우, 학교 등록 면에서 MDG의 목표가 얼마나 달성됐는지 추적하는 데이터는 항상 편향될 수밖에 없다는 의미이기도 하다.

두 번째로, 백신 접종에 관한 통계에서도 비슷한 일이 발생했다. 세계백신면역연합GAVI이 3회차 DTP3 백신 접종을 받는 모든 저소득 국가 아동들에게 행정 데이터를 기초로 경제적 인센티브를 제공하기 시작했을 때에도 아동 데이터는 가구 조사 결과와 차이를 보였다. 즉, 나라(기관)가 제공한 데이터에 이해관계가 있었기 때문에 데이터가 신뢰성을 잃은 것이다. 홍역 백신 접종에서도 비슷한 일이 일어났

* 통화량을 정책 수단 또는 중간 목표로 정하고 그 증가율을 적절히 통제함으로써 물가나 경제성장과 같은 최종 경제 목표를 달성하는 통화정책의 운영 방식이다.

다. 경제적인 인센티브를 제공하지 않았더니 같은 기간 동안 데이터의 차이가 발생하지 않았다. 진보에 관한 핵심 데이터가 예상대로 다시 왜곡된 것이다.

국제 수준에서도 왜곡 동기가 존재한다. 경제적이 아닌, 아마 가장 명백한 정치적 조작은 MDGs 자체에서 발견된다. 사람들에게 가장 잘 알려진 성공 스토리는 MDG 1이었다. 하지만 이상하게도 MDG 1의 주요 지표는 세계 빈곤을 완전히 근절하는 것이 아니라 반으로 줄이는 것이었다. 교묘한 속임수는 논외로 하더라도, 빈곤을 반으로 줄인다는 주장의 기저에 있는 집계를 자세히 살펴보면 이 주장이 얼마나 문제가 많은지 알 수 있다.

MDG 1에 대한 비판은 크게 세 가지로 나뉜다. 근본적인 의문은 다른 더 대담한 소득 측정 방법, 즉 다차원적 인간 개발 이익의 지표들을 제쳐두고 극빈층 사람들(하루에 1달러로 사는 사람들, 현재는 인플레이션을 감안해 1.90달러로 늘어났다)의 수를 줄이는 것을 목표로 정한 것이 가치가 있었는지에 관한 것이었다. 이는 '하루 1달러' 정책의 목표가 인간의 기본적인 필요를 어느 정도 충족시키는 수준에 그쳤다는 사실에서 가장 잘 드러난다. 하지만 2005년 극도의 소득 빈곤 집계 수치는 19억 명에서 7억 5,000만 명 밑으로 떨어진 반면, 영양 부족으로 추정되는 사람들의 수는 15억 명 주위를 맴돌았다. 다시 말하면, 하루 1달러 정책은 인간의 가장 기본적인 필요를 충족시키는 능력 확보라는 정책 목표에 부합하지 못했다.

두 번째, 세계은행이 발표한 숫자들이 특정한 경우 극도의 소득 빈곤을 의미 있게 추적한 결과가 될 수 있는지에 대한 격렬한 기술적 논쟁이 계속되고 있다. 이 비판은 국가와 지역 간의 주요 격차 및 다

른 나라들과 비교했을 때 드러나는 차이를 비롯한 기본 데이터의 약
점들을 부분적으로 반영하고 있다. 더 구체적인 비판은 구매력 평가
purchasing power parity, PPP를 위한 나라 간 인위적 환율 조정, 국내 물가
변동에 대처하기 위한 (특히 도시-농촌 격차에 대처하고, 저소득 가
구가 장소에 상관없이 더 낮은 가격에 구매를 할 수 있도록) 국가 차
원의 인플레이션 정책 시행, 소득 데이터와 소비 데이터 결합의 적절
성에 관한 것이다.

집단별 인플레이션율 산출이 중요할 수 있다는 생각은 영국 조셉
로운트리재단Joseph Rowntree Foundation의 연구에서 엿볼 수 있다. 연구자
들은 2002-2003년부터 2013-2014년 사이에 연평균 공식 인플레
이션율 3.1%가 하위 5분위 소득 집단의 연평균 인플레이션율 3.4%,
상위 1분위 소득 집단의 3.0%를 감추었다는 것을 발견했다. 한 해를
제외하고 연평균 인플레이션율은 하위 5분위 집단에서 가장 높았다.
이 차이가 별로 커 보이지 않을 수는 있지만, 누적되면 얘기가 다르
다. 저소득 집단에서는 생활비가 50% 상승한 반면, 고소득 집단에서
는 43%밖에 상승하지 않았던 것이다. 마지막 연도에는 영국의 절대
빈곤율이 0.5%포인트 상승했으며, 이는 표준적인 측정 방법으로 계
산했을 때보다 빈곤 인구가 30만 명 늘어났다는 뜻이었다. 바로 집계
되지 않은 사람들의 수였다.

전 세계적 빈곤으로 다시 돌아가면, 기술적인 결정 하나하나가
통계에 미치는 영향도 크다는 것을 알 수 있다. 예를 들어 글로벌 소
비·소득 프로젝트의 샌제이 레디Sanjay Reddy와 라훌 라호티Rahul Lahoti
는 큰 나라 세 곳(중국, 인도, 인도네시아)의 농촌-도시 간 PPP 전환
율 차이를 고려한 세계은행의 결정이 2011년도 전 세계 소득 극빈자

통계 수치를 약 2억9,000만 명이나 차이 나게 만들었을 수 있다는 것을 보여줬다. 이들은 '세계은행은 민감성 분석을 하지도 않았으며, 세계은행의 선택이 미칠 영향에 대해서도 생각하지 않았다. 세계은행이 이런 결정을 한 이유가 의심스럽다'고 강하게 비판했다.

MDG 1이 성공했다는 주장에 대한 세 번째 비판은 더 근본적인 것이다. 골대가 움직였다는 것이다. 표 2를 보면, 전 세계가 용인할 수 있다고 동의한 소득 극빈자들에게 세계은행의 이런 움직임이 얼마나 막대한 영향을 미쳤는지 알 수 있다. 1996년 세계식량정상회의(로마 선언)는 빈곤 상태의 사람 수를 (1996년의) 반으로 줄이겠다고 선언했다. 2015년까지 이들의 수를 최종적으로 '받아들일 수 있는' 수치인 8억5,000만 명 수준으로 줄이겠다는 것이었다. 2000년 밀레니엄 선언은 기준 연도를 1990년도로 끌어올리고(비교적 성과가 좋았던 시기를 통계에 합산하기 위한 것이었다), 빈곤 속에서 사는 사람들의 **비율**을 반으로 줄이겠다고 선언했다. 인구 증가가 원래의 목표치를 더 높게 만든다는 점을 감안한 것이었다. 그 결과, 받아들일 수 있는 2015년도 목표치는 10억 명 이상으로 상승했다.

결국, 수정된 MDG 1 목표는 세계 인구 중 빈곤 인구 비율 기준에서 저소득 및 중소득 국가 인구 중 빈곤 인구 비율 기준으로 매우 크게 바뀌었다. 겉보기에 큰 변화로 보이지 않지만, 이는 실질적으로 지대한 영향을 미쳤다. 2015년 기준으로, 받아들일 수 있는 빈곤 인구가 13억6,000만명으로 늘어났다. 이는 1996년 수치보다 5억 명이 늘어난 것이었다.

이는 적어도 세계은행의 집계 기준에 따르면 세 가지 버전의 목표가 모두 확실하게 충족된 것이었다. 하지만 전체적인 맥락을 잘 살

[표 2] 전 세계적인 빈곤 감소 노력에서 나타난 '끝내 이전' 현상

	재정적 빈곤 접근법	역량 접근법	사회적 배제 접근법
목표 대상에 대한 표현	영양 결핍 인구 수의 반감, '빈곤은 식량 불안의 주요 원인이며, 빈곤 퇴치로 지속 가능한 발전을 이루는 것은 대단히 중요한 일이다.'	전 세계 소득 극빈 인구와 기아 인구를 반으로 줄인다.	전 세계 개발도상국의 소득 극빈 인구와 기아 인구의 비율을 반으로 줄인다.
기준 연도	1996년	2000년	1990년
기준 인구수	58억 명	61억2,000만 명	42억5,000만 명
소득 극빈 인구 비율	29.40%	27.60%	44.50%
목표 인구수	17억 명	16억9,000만 명	18억9,000만 명
2015년 기준 인구	73억6,000만 명	73억6,000만 명	72억9,000만 명
2015년 목표 인구수	8억5,000만 명	10억2,000만 명	13억6,000만 명
2015년 전 세계 인구 중 목표 비율	11.6%	13.8%	18.5%

주: 전 세계 인구와 데이터와 '개발도상국'(저소득 국가와 중소득 국가) 인구 데이터, 소득 극빈 인구 데이터, 소득 극빈 인구 비율은 세계은행 데이터임. 2000년 소득 극빈 인구 비율은 선행 외삽법 적용 결과임(1999년 기준 '개발도상국'의 소득 극빈 인구 비율은 34.8%, 2002년 기준 31%이며, 전 세계 소득 극빈 인구 비율은 1999년 28.0%, 2002년 25.6%).

펴보자. 세계은행이 3개국의 농촌-도시 간 가격 책정 패턴을 기초로 결정 내용을 바꾸지 않았더라면, 레디와 라호티가 추가적으로 발견한 빈곤 인구 2억9,000만 명은 로마 선언과 밀레니엄 선언 목표의 대상에서 빠지지도 않았을 것이다.

이런 결정의 불투명성은 세계은행이 옳았는지, 그 반대의 결정을 내린 나라들이 옳았는지 우리가 확실히 알 수 없게 만들고 있다. 하지만 우리는 극심한 소득 빈곤 감소라는 전 세계적 목표 달성이, 결국 목표를 낮추고 규모를 줄이는 결정에 따른 결과라는 사실을 확실하게 알 수 있다.

목표에 대한 실효적인 검토가 거의 또는 전혀 이뤄지지 않은 채 목표가 바뀔 수 있다면 그 목표를 설정하는 기관이나 사람들에게 책임을 묻기가 쉽지 않다. 또한 특정한 목표 달성에 책임을 묻기 위해 사용되는 숫자들이 목표 달성을 주장할 수 있는 사람 중 일부에 의해 불투명하게 조작될 가능성이 있다면, 그 성공 여부를 겉으로만 판단하기는 힘들다.

MDGs가 우리에게 남긴 과제

포스트 2015 개발 의제에 관한 고위급 패널이 유엔 사무총장에게 제출한 2013년 보고서의 영향력은 엄청났다. 이 보고서는 5대 변혁적 전환transformative shifts을 설정했는데, 그중 첫 번째(이 보고서에서 현재도 인용되고 있는 부분이다)는 '아무도 뒤처지지 않는' 전환에 관한 것이었다. 이 보고서의 탄생 과정은 험난했다. MDGs와의 연속성을 유지하면서 목표치를 더 올리고, 사회적 배제로 인해 중요한 개혁이 얼마나 많이 이뤄져야 하는지 밝힌 복잡한 보고서였기 때문이다.

미래에는 소득, 성별, 장애, 지리적 위치가 사람들의 생사를 결정해서는 안 되고, 산모가 안전하게 출산할 수 있을지도 결정해서는 안 되며, 산모가 출산한 아이가 삶에서 공정한 기회를 가질 수 있는지도 결정해선 안 된다는 점을 확실히 해야 한다. 우리는 신의로 MDGs의 약속을 지키고, 이제 그 일을 마무리 지어야 한다. MDGs의 목표는 빈곤을 반으로 줄이는 것이었다. 2015년 이후 우리는 기아와 극빈을 종식하고, 다른 모든 형태의 빈곤에 대처하기를 열망해야 한다. 이는 소외되거나 배제됐다고 느끼는 모든 사람, 가장 궁핍하고 가장 취약한 모든 사람에게 하는 새롭고 중요한 약속이자, 그들의 우려에 대한 대책을 세우고 그들이 인간의 권리를 누릴 수 있게 하기 위한 약속이기도 하다. (중략) 우리의 행동이 최대한 많은 사람을 돕는 데 그치지 않고 가장 궁핍하고 가장 취약한 사람들을 확실히 도울 수 있으려면 **새로운 측정 방식**이 필요할 것이다.

MDGs가 실행된 이후 나타난 주요 변화는 불평등이 핵심적인 도전 과제로 부상했다는 것이다. 이런 변화를 확실히 일으킨 것은 MDGs 중에서 가장 성공적이라는 평가를 받는 MDG 3이었다. MDG 3은 성평등과 여성 지위 향상이 목표였다. MDG 3의 이런 목표는 2000년 당시 떠오르고 있었던 기준들을 확고하게 만들었다. 관점에 따라 다를 수도 있지만, MDG 3의 유일한 목표는 '2005년까지 초등교육과 중등교육, 2015년까지 모든 수준의 교육에서 젠더 격차 근절'이었다.

이 두 목표는 실제로 데이터 구축이 가능한 영역에 확실한 초점을 두었으므로 변화 관찰이 가능했다. 적극적으로 진보의 범위를 제한하기 위해 목표를 부분적으로 해석한 것이라고도 할 수 있다. 어떤 경우였든 이 목표가 성평등이 훨씬 더 넓은 범위의 영역들에서 충족 돼야 한다는 요구와 데이터 아키텍처data architecture, 즉 데이터의 상관 관계를 종합적으로 표현한 설계도가 있어야 한다는 요구에 힘을 실 어준 것은 사실이다.

또한 이 성평등 목표는 목표의 대상이 되는 집단들이 겪는 다른 불평등에도 대처할 수 있는 기술적·정치적 가능성에 대한 믿음을 강 화했다. 여기에는 서로 연결된 두 가지 줄기가 있을 수 있다. 하나는 지적인 형태, 다른 하나는 데이터 주도 형태다. 수평적 불평등에 관한 프랜시스 스튜어트Frances Stewart의 연구, 교차적 불평등에 관한 네일라 커비어Naila Kabeer의 연구가 이 분야에 지대하고 선구적인 공헌을 했 다. 이와 함께 비교적 일관성을 가진 가구 조사 데이터를 점점 더 많 이 이용할 수 있게 되면서 다양한 집단 불평등 분석이 가능하게 됐다. 이런 데이터는 완벽하지는 않았지만(지금도 완벽하지 않지만) 다양 한 차원에서의 데이터 세분화disaggregation 작업을 위해 진정한 전 세계 규모의 틀이 만들어질 수 있다는 가능성을 보여줬다. 이와 동시에 사 람들은 MDG를 잇는 움직임이 있어야 한다는 생각을 하기 시작했다.

영국의 자선단체 크리스천에이드의 2010년 보고서 〈우리 모두 함께 여기에 참여한다We're All in This together〉는 MDGs에 포함된 다양한 집단 불평등 암시 데이터를 사용했다. 예를 들어 이 보고서는 여러 나 라에서 원주민 집단 아이들의 사망률이 과도하게 높다는 것과 교육, 가계 자산, 농촌/도시 거주 여부가 피임이나 아동 영양실조에 얼마나 영향을 미치는지 보여줬다. 우연히도 나는 포스트 2015 체제의 주제 별 논의가 이뤄지는 동안 세이브더칠드런Save the Children에서 잠깐 일

[그림 1] 전 세계적인 빈곤 감소 노력에서 나타난 '골대 이전' 현상

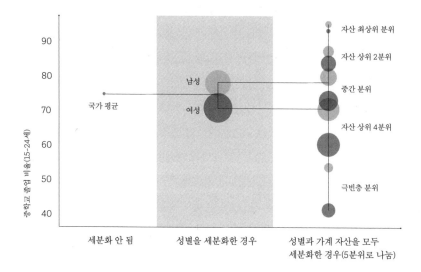

주: 전 세계 인구와 데이터와 개발도상국(저소득 국가와 중소득 국가) 인구 데이터, 소득 극빈 인구 비율은 세계은행 데이터임. 2000년 소득 극빈 인구 비율은 선형 외삽법 적용 결과임(1999년 기준 개발도상국의 소득 극빈 인구 비율은 34.8%, 2002년 기준 31%이며, 전 세계 소득 극빈 인구 비율은 1999년 28.0%, 2002년 25.6%).

을 했다. 당시 우리는 불평등에 접근하는 방법을 강화하기 위해 노력하면서 가구 조사의 강점과 한계를 보여주는 종합적인 데이터세트를 수집하고 있었다.

　　그림 1은 이 수집 결과에 따른 집단불평등데이터베이스Group Inequalities Database, GRID를 기초로 그린 것이다. 데이터 세분화의 힘이 얼마나 큰지 보여주는 간단한 예라고 할 수 있다. 그림 속 여러 개의 원은 사실상 임의로 추출된 인도의 청소년·청년들이 중학교 과정을 얼

마나 많이 마치는지 보여준다. 첫째, 국가 전체로 보면 이 비율은 약 70%다. 둘째, 성별 격차가 있다. 남성 청소년, 청년과 여성 청소년, 청년이 이 과정을 마치는 비율에 차이가 있다는 뜻이다(남성 청소년, 청년에서 비율이 더 높았다). 그림 맨 오른쪽을 보면 5분위로 표시되는 성별 요인과 가계 자산 요인이 중첩됐을 때 가장 놀라운 결과가 나온다는 것을 알 수 있다. 여성 청소년, 청년은 자산 하위 3개 분위에 몰려 있으며, 여성 청소년, 청년이 중학교를 마치는 평균 비율은 65% 이하다. 남성 청소년, 청년은 상위 3개 분위에 몰려있으며, 이들의 평균 중학교 졸업 비율은 거의 70-90%에 이른다.

다음의 그림에서 세 칸을 모두 살펴보면 첫 번째나 두 번째 칸만볼 때와는 대조적으로 정책 개선 가능성이 크게 눈에 띈다. 불평등 대처 책임을 정책 입안자들에게 돌릴 수 있는 가능성도 높아진다. 이제 같은 데이터세트가 지역, 도시-농촌 거주, 종교, 카스트와 부족, 장애 여부에 따라 더욱 세분화된다면 어떨지 생각해보자. 어떤 불평등, 어떤 정책 의존 정보와 우선순위가 밝혀질까? 포스트 2015 체제에 대한 논의에 영향을 미치고, 이 논의에 참가한 사람들에게 상당한 낙관론을 심어준 것이 바로 이 생각이었다.

이와 동시에 수직적 불평등을 어느 정도까지 대상으로 삼아야 하는지에 대해서도 격렬한 토론이 벌어졌다. 결정적인 순간은 MDGs가 시행된 후에 왔다. 데이터가 논의의 핵심에 자리하게 된 순간이었다. 2007년 출간된 전 세계은행 경제학자 폴리 콜리오Paul Collier의《빈곤의 경제학》은 개발 연구에 대한 관심과 연구의 영향력 면에서 새로운 장을 연 책이다. 하지만 이 책은 출간 당시 이미 구식이었던 접근 방법에 대한 최후의 방어 노력으로 읽을 수도 있다. 콜리어는 1인당 평균 소득이 낮은 나라들에 초점을 맞춰, 정책 입안자들의 세심한 노력으로 빈곤의 '덫'을 제거할 수 있다고 주장했기 때문이다.

이 책의 핵심 주장은 이후 앤디 섬너Andy Sumner의 '바닥의 새로운 100만 명'에 대한 연구에 의해 무너졌다. 이 연구는 실제로 소득 극빈자의 대부분은 저소득 국가가 아니라 중소득 국가에서 발생했으며 꽤 오랫동안 이런 현상이 지속됐다는 것을 보여주는, 비교적 새로운 분배 데이터를 적극적으로 활용했다. 섬너는 이런 현상이 국가들의 절대 빈곤이 아니라 주로 국가 내의 소득 불평등에 기인했다는 것을 입증했다. 이런 접근 방식이 취해지자 정책 반응들도 매우 다른 형태로 나오기 시작했다.

이 분석은 2008년 경제 위기 이후 원조 제공 국가들이 소득과 부의 불평등에 대해 정치적인 관심을 더욱 기울이게 된 현상, 즉 많은 정부가 이 위기에 대응해 실시한, 경제적으로 정당화할 수 없는 긴축 정책과 맞물려 영향력이 더 늘어났다. 한편 소득의(그리고 부의) 불평등 문제를 해결한다는 어려운 목표에 대한 저항은 국가 안에서, 그리고 국제 사회에서 여전히 강력하게 이뤄지고 있었다. 이 내용은 5장에서 다룬다. 하지만 이후에 (2016년 시작해 2030년까지 시행될) SDGs를 설정한 과정은 이전보다 훨씬 더 개방적이고 참여적이었으며, 지속적으로 불평등에 관심을 두고 진행됐다.

이 과정은 (접근성과 권한 위임 참여라는 불가피한 문제가 있긴 했지만) '소수의 백인 남자들이 회의실에서' 만들어낸 2000년의 밀레니엄 선언보다는 훨씬 더 포괄적인 것이었다. 이렇게 참여 주체들이 늘어남에 따라 자금 조달도 외국 원조보다는 국내 자원 동원(특히 조세 수입)에 더 중점을 두게 되었으며, 국가의 우선순위가 전 세계적인 틀을 지역에 적용하는 데 결정적이도록 했다.

　개발을 더 넓은 맥락에서 생각할 때, SDGs는 MDGs가 논리적으로 완벽하게 진화한 결과라고 할 수 있다. 표 1을 보면 SDGs의 대략적인 목표에 대해 알 수 있다. MDGs가 당시에 지배적이던 재정 빈곤 접근법과 역량 접근법을 결합한 반면, SDGs는 전체 틀에 중요한 사회적 배제 메커니즘을 추가하고, 그 과정에 참여적 접근법 요소들을 더 많이 집어넣었다. 최소한 국가 주인 의식 원칙과 정책 독립성이라는 요소가 들어간 것이다.

　이 두 가지 측면은 모두 불평등과 권력 문제에 대처하는 과정에서 대폭적인 집계의 변화를 요구한다. 중요한 집단 세분화 결과들을 포착할 수 있는 데이터가 있어야 하고, 투명성을 제공하고 책임성을 보강할 데이터도 필요하다. MDG 3이 몰성성gender-blindness이 성별 중립성이 아니라는 사실을 반영하고 더 확실히 했다면, 집계 불이행도 다른 종류의 집단 불평등처럼 퇴행을 일으킬 수 있다는 것을 더 많은 사람이 알 수 있었을 것이다. SDGs는 '아무도 뒤처지지 않는다'는 목표를 내걸었고, 이 목표는 특정한 인구 집단 내의 모든 집단에서 세부 목표들이 충족될 때까지 충족된 것으로 여겨서는 안 된다는 약속으로 구체화됐다.

　이제 개발이 다소 임의적인 1인당 소득 수준, 17개 목표, 169개 세부 목표, 2030년까지 적용될 새로운 지표들에 못 미치는 나라들에 한정되지 않는, 전 지구적인 속성을 띤다는 인식이 보편적으로 반영되고 있다. SDGs의 17개 목표는 다음과 같다.

　1. 모든 곳에서 모든 형태의 빈곤 종식

2. 기아 종식, 식량안보 달성, 개선된 영양상태의 달성과 지속 가능한 농업 강화
3. 모든 연령층을 위한 건강한 삶 보장과 복지 증진
4. 모두를 위한 포용적이고 공평한 양질의 교육 보장과 평생학습 기회 증진
5. 성평등 달성과 모든 여성 및 여아의 권익 신장
6. 모두를 위한 물과 위생의 이용 가능성과 지속 가능한 관리 보장
7. 적정 가격의 신뢰할 수 있고 지속 가능하며 현대적인 에너지에 대한 접근 보장
8. 포용적이고 지속 가능한 경제성장, 완전하고 생산적인 고용과 모두를 위한 양질의 일자리 증진
9. 회복력 있는 사회 기반 시설 구축, 포용적이고 지속 가능한 산업화 증진과 혁신 도모
10. 국내 및 국가 간 불평등 감소
11. 포용적이고 안전하며 회복력 있고 지속 가능한 도시와 주거지 조성
12. 지속 가능한 소비와 생산 양식의 보장
13. 기후변화와 그로 인한 영향에 맞서기 위한 긴급 대응
14. 대양, 바다, 해양자원의 보전과 지속 가능한 이용
15. 육상생태계 보호, 복원 및 증진, 지속 가능한 산림 관리, 사막화 방지, 토지 황폐화 중지와 회복, 생물 다양성 손실 중단
16. 평화롭고 포용적인 사회 증진, 모두에게 정의 보장과 모든 수준에서 효과적이고 책임성 있으며 포용적인 제도 구축
17. 이행 수단 강화와 지속가능발전을 위한 글로벌 파트너십 재활성화

후쿠다-파가 확인한 MDGs의 두 가지 목표는 지금도 유지되고 있다. 기준과 인센티브의 설정 그리고 사회적 목적의 연결이다. SDGs는 글로벌 정책 실현을 위한 야심차고 중요한 틀이며, 개발 담론의 대폭적인 전환, 즉 주요 과제에 불평등을 배치하는 변화를 나타낸다.

하지만 데이터 문제는 여전히 남아 있다. 이 새로운 체제는 한편으로 집계 분야의 중요한 진보에 대한 대응이지만, 기초 데이터에는 과거에 없었던 부담을 주기도 하기 때문이다. 데이터 혁명이 필요한 이유는 이런 상황에 의해 발생하는 기술적 어려움 때문이다. 하지만 우리의 통계 방식을 완전히 뒤집어야 할 정치적 필요성은 아직 널리 인식되고 있지 않다. GDP의 경우처럼, 편향적이지 않다고 여겨지는 지표들에 기초한 목표 개발은 정책과 진보를 심각하게 왜곡할 위험이 있다. 집계되지 않는 사람들, 집계되지 않는 것들 때문이다.

2장 데이터 혁명으로 바뀔 수 있는 것들

이 장은 집계 불이행이 발전에 어떻게 위협이 되는지, 집계 불이행에 대해 얼마나 긴급하게 기술적 정치적 대응을 해야 하는지에 대해 다룬다.

집계 불이행이라는 말은 정치적 동기에 의해 집계를 이행하지 않는다는 뜻이다. 이렇게 집계되지 않는 현상은 크게 두 가지 형태로 나타난다. 첫 번째, 최하층에 있는 사람과 집단에 대한 집계 불이행이 있을 수 있다. 이 형태의 집계 불이행은 이들에게 또 다른 수준의 소외를 일으킨다. 예를 들면 정책의 우선순위를 정하는 데 영향을 미치는 통계에서 이들이 빠지는 것이다. 두 번째, 집계되지 않을 능력을 가짐으로써, 특히 과세와 규제로부터 수입과 부를 은폐해 더 많은 힘을 갖게 되는 최상층 사람들과 집단들이 있을 수 있다.

이 두 가지 현상은 모두 무작위로 일어나는 현상이 아니라, 의도에 의해 일어나는 현상이다. 일반적으로 집계되지 않는 현상은 우연에 의한 것이 아니라 권력이 반영되는 현상이다. 즉, 권력을 가지지 못하거나 권력을 과도하게 가져서 나타나는 현상이다. 따라서 '데이터 혁명'이라는 말은 매우 적절하다. 이 말은 기술적 개혁을 뜻하는 말이 아니라, 근본적인 정치적 변화를 뜻한다. SDGs가 이 점에서 잠재력을 발휘하려면 대폭적인 권력 재분배와 함께 대폭적인 빈곤 감소를 추진해야 한다. 하지만 순수하게 기술 관료적으로 접근한다면 실패할 것이다. 프레더릭 더글러스Frederick Douglass가 지적했듯이, 권력은 스스로 양보하지 않기 때문이다.

'2030 지속가능발전 의제'는 사람들의 삶을 개선하기 위한 글로벌 차원 노력의 토대다. 그 근간은 SDGs이며, SDGs의 핵심 요소가 바로 데이터 혁명이다. 2013년 유엔 불평등 대처에 관한 국제 주제별 회의는 목표 달성을 위해 다음과 같은 요건을 만족해야 한다고 결론을 내렸다.

국가 수준과 지방정부 수준의 모니터링 평가 역량을 강화하고, 적용 범위를 확대하며, 데이터 수집과 분석을 보강할 수 있는 조치들이 필요하다. 이런 노력들은 정책, 입법, 예산, 프로그램이 가장 취약하고 가장 심하게 배제된 사람들에게 미치는 영향을 추적할 수 있어야 하고, 이런 조치들에 대한 진정한 참여적 평가를 가능하게 해야 하고, 형평성에 초점을 맞춘 세부 목표들과 지표들을 달성하는 데 필요한 훨씬 더 체계적인 정보 세분화를 가능하게 해야 하며, 진보와 성취에 대한 지역사회 주도의 시민 모니터링과 피드백 메커니즘을 제공해야 한다.

그해 후반 '2015년 이후 개발 의제에 관한 고위급 패널'은 유엔 사무총장에게 '모든 새로운 목표에는 독립적이고 엄정한 모니터링 시스템이 수반되어야 하며, 이 시스템은 사람들과 정부들이 이용할 수 있는 통계와 정보의 질을 개선하기 위한 새로운 국제적 계획과 **데이터 혁명**을 필요로 한다'고 확실하게 밝혔다.

이 주장에서 드러나는 MDGs에 대한 주된 비판은 MDGs가 전반적으로 개별성을 무시하고 전체적인 진보를 목표로 삼았으며, 그러한 체제가 실제로 더 큰 불평등을 조장했다는 것이었다. 극도의 재정적 빈곤으로 나타나는 수직적 불평등의 예를 들어보자. 하루에 0.01달러로 살아가는 사람들을 도와 하루에 1달러로 살아갈 수 있게 해주는 것은 0.99달러로 살아가는 사람들을 돕는 것보다 사실상 어려울 수밖에 없다.

수평적 불평등을 줄인 나라가 더 큰 성장을 이룬다는 증거가 있다(아동 사망률이 그 예다). 하지만 이는 분명에 사전에 예측된 현상이 아니었다. 존재하는 불평등이 한 나라의 권력 균형 상태를 반영하거나 널리 인지되지 않는 경우 또는 그 모두의 경우, 선의로 국가 진보를 추구하더라도 불평등이 더 심화하거나 이 불평등의 대처에 실패하기 쉽다. 이와 관련해 2015년 유니세프는 MDGs로부터 교훈을 얻어야 하며, '가장 취약하고 가장 배제된 어린이들이 누구이며 그들이 어디에 있는지 찾아내기 위한 데이터의 수집과 이용을 더 잘하는데' 실패함으로써 발생하는 '세대에서 세대로 이어지는 악순환'을 멈춰야 한다고 촉구하는 솔직한 분석 보고서를 발표했다.

MDGs가 한 집단의 불평등에 대해 성공적으로 대처한 사례인 MDG 3의 젠더 기준 설정조차 집계를 크게 진전시키지는 못했다. 2013년 유엔 사무총장에게 제출된 보고서에 따르면 젠더 통계 예산을 할당한 나라는 8개국 중 1개국에 불과했기 때문이다.

이런 실패는 기술적 실패이기도 하지만 결국 정치적 실패다. 뒤에서 다룰 수단의 사례가 대표적이다. 하지만 기술적인 측면은 여전히 중요하다. SDGs의 사회적 배제에 대한 강조는 시작부터 정체성을 잘 인식하고, 데이터 세분화로 집단 불평등 대처에 대한 책임성을 강화하기 위한 것이다.

SDGs의 169개 세부 목표 중 마지막 부분인 SDG 17의 뒷부분은 실행에 대해 다음과 같이 언급하고 있다.

데이터, 모니터링, 책임성

17.18: 2020년까지 최빈국, 군소 도서 개도국을 포함한 개발도상국에 양질의, 시의적절하고, 신뢰 가능하며, 세분화된(소득, 성별, 연령, 인종, 민족, 이주 상태, 장애 여부, 지리적 위치 및 기타 맥락에 따라) 데이터의 가용성을 대폭 향상하기 위해 역량 강화 지원을 확대한다.

17.19: 2030년까지 GDP를 보완해 지속가능발전 이행의 정도 측정 방법을 개발하기 위해 기존의 이니셔티브를 기반으로 이를 발전시키고, 개발도상국의 통계 역량 강화를 지원한다.

언뜻 보기에는 상당히 멋진 세부 목표들이다. MDGs보다 엄청나게 진보한 목표들이다. 하지만 조금 더 자세히 들여다보면 조심해야 할 이유가 바로 보인다. GDP를 늘리는 것이 힘든 일이긴 하지만 비합리적라고 할 수는 없는데, 왜 2030년까지 기다려야 하는지가 분명하지 않다. 하지만 실제로 가장 큰 빈틈은 책임성에 있다. MDGs에서처럼, 특히 글로벌 파트너십에 대한 목표는 누가 실제로 이 일을 수행할지 분명히 밝히지 않고 있다. 게다가 모든 목표는 동등한 참여국 중

한 나라의 관점이 아니라 원조 공여국의 관점에서 쓰여 있다.

위험은 크게 두 가지로 요약할 수 있다. 첫 번째 위험은 필수적인 핵심 데이터가 수집되지 않을 수 있다는 것이다. 두 번째 위험은 데이터는 수집되지만, 데이터를 포함시키는 목표를 처음부터 훼손할 수 있을 정도로 체계적인 약점들이 존재한다는 것이다.

불평등을 외면하는 기술적 평계들

현재까지의 분석은 주로 첫 번째 위험, 즉 정치적인 측면보다는 기술적이고 경제적인 측면에 주목해왔다. 따라서 데이터 혁명 요구에 대한 가장 일반적인 해석은 **소득이나 성별, 민족, 장애, 지리적 위치** 중 그 어떤 것도 인류의 개발 결과를 계속 결정하지 않게 만들기 위해 가구 조사의 범위와 빈도를 대폭 늘려야 한다는 것이었다.

이 시점에서 공공 논의의 대부분은 이런 접근 방법의 재정적 타당성에 집중됐다. 2014년 모든 저번은 이런 조사에 드는 비용이 엄청나게 많을 것이라 진단하기도 했다. 그는 MDGs 데이터 패키지 한 건에 드는 비용을 1년에 10억 달러 정도로 추산할 때, SDGs의 간단한 세부 목표 하나를 달성하는데 드는 비용은 1년에 2,540억 달러(전 세계적으로 1년에 집행되는 원조 예산의 약 2.5배)에 이를 것이라고 주장했다. 국제개발센터Center for Global Development의 분석에 따르면 이 수치는 지나치게 부풀려진 것이다. 실제로 필요한 국제 원조 공여 국가들의 원조 총액은 한 해당 3억 달러 수준이며, 원조액 중 상당 부분은 이미 확보가 돼 있기 때문에 SDGs를 위한 추가 비용이 들지는 않는다는 분석이었다.

포스트 2015 체제에 대해서는 현재의 조사와 국가 센서스 데이터의 체계적인 약점들에 대한 분석이 별로 이뤄지지 않고 있다. 그런 가운데 로이 카-힐Roy Car-Hill은 특정한 6개 집단이 설계 또는 표본 추출 불이행에 의해 배제되는 정도를 평가한 획기적인 연구 결과를 발표해 주목을 받았다.

설계에 의해, 즉 가구의 일부가 아니라는 이유로 가구 조사에서 배제되는 세 집단은 노숙자 집단, 시설(병원 또는 교도소) 거주자 집단, 유목민처럼 이동성이 매우 높은 집단이다. 표본 추출 불이행을 통해 실제보다 상당히 적게 집계되는 세 집단은 무허가 주거 시설 거주자 집단, 취약한 가정 또는 해체된 가정의 구성원 집단, 상대적으로 불안정한 지역에 사는 집단이다.

필연적으로 정확도가 어느 정도 떨어지는 추정치일 수밖에 없지만, 카-힐은 이 문제가 3억-3억5,000만 명에게 영향을 미칠 정도로 큰 문제라고 주장한다. 당시 세계 인구가 약 70억 명이었다는 사실을 고려하면 배제 비율은 거의 5% 수준에 근접하며, 통상적으로 이 정도 비율이 기업 재무 보고서에서 보이면 회계사들은 중대한 문제로 간주한다. 이것이 무작위 과소 표집의 결과였다면 이렇게 큰 문제가 되지 않았을 수도 있었다. 하지만 이 집단들은 상대적인 소득 분포의 최하층에 몰려 있을 가능성이 높다는 공통점이 있다.

다시 말하지만, 집계 불이행은 무작위적이 아니다. 집계되지 않는 사람들은 체계적으로 소외당하는 취약한 사람들, 즉 뒤처지는 사람들이다.

카-힐의 '사하라 사막 이남 아프리카 지역 도시 인구의 수원 접근성 추산'은 하나의 개발 지표가 가진 의미를 잘 보여준다. 그는 무허가 주거지의 집계되지 않는 약 4,000만 명은 모두 최하위 소득 집단에 속해있고 이들 중 아무도 개선된 수원에 접근하지 못한다는 시나리오를 세웠다. 5,400만 명(3억2400만 명의 17%)이 개선된 수원에 접근하지 못한다는 유엔 통계와 비교하면, 실제로 이들의 수가 최대 9,500만 명에 이른다는 것을 알 수 있다는 뜻이다.

조사 데이터의 또 다른 약점은 개별성이 포착되는지 여부와 관련이 있다. 전반적으로 조사들은 지역별, 도시-농촌별로 세분화한다. 대부분은 민족 언어별 세분화도 가능하다. 하지만 성별 세분화라는 오래된 문제는 지금도 존재한다. (특히 경제적으로) 중요한 데이터는 개인 차원이 아니라 가구 차원에서 포착되기 때문이다.

SDGs가 인식하는 집단들(다른 모든 경우에서의 집단들에도 해당한다)과 관련해 가장 큰 문제는 장애를 가지고 사는 사람들의 집단과 상관이 있다. 이 문제는 정신 건강 문제를 가진 사람이나 노령자와도 관련이 있으며, 시간이 지나면서 오히려 더 악화되고 있는 것으로 보인다.

2013년 에마 새먼Emma Samman과 로라 로드리케스-타케우치Laura Rodriguez-Takeuchi는 이와 관련된 증거를 제시했다. 60세 이상 노령 인구는 세계 인구의 11%를 차지하며(2050년이면 그 2배가 될 것으로 보인다), 이들이 이끄는 가구 소득은 상대적으로 적을 가능성이 높다. 세계 인구의 약 15-20%는 정신 건강 문제를 비롯해 일종의 장애를 가지고 살고 있다. 정신 건강 문제를 가진 사람은 그 상태가 심각한 사람만 해도 세계 인구의 약 2-4%에 이른다. 장애를 가지고 사는 사람들은 소득 빈곤층이 돼 다른 여러 가지 방식으로 배제될 가능성이 높아진다. 국제 의학 학술지 최근《랜싯Lancet》에 발표된 한 연구는 기초 숫자들이 훨씬 더 나빠질 수 있으며, 무관심 때문에 그 숫자들은 실제로 집계되지 않는다고 주장했다. 이런 치명적인 문제들은 다음 장에서 더 자세히 다룰 것이다.

에마 새먼과 로라 로드리케스-타케우치는 본 조사에서 3개 집단(노령자 집단, 장애 집단, 정신 건강 집단)이 적게 집계되고 있으며, 아예 집계되지 않는 경우도 많다는 점을 증명했다. 이 집단들은 조사 범위 면에서 문제가 있었으며(예를 들어 앞에서 다뤘듯이 이 집단들은 공식적인 가구 범위 밖에서 살고 있을 확률이 높았다), 수집되는 정보의 범위 면에서 문제가 있었다(특히 가구 구성원에게 영향을 미치는 조건들에 대한 의견을 구할 때가 그랬다).

하지만 가장 큰 문제는 식별화identification와 관계된 것이다. 조사가 대표성 있는 데이터를 얻을 수 있을 정도로 많은 사람에게 적절한 질문을 하고 있는지에 대한 의문이 존재한다. 이 의문에 대한 답은 장애 집단이나 정신 건강 문제를 가진 집단을 포함해 거의 모든 경우에서 '아니오'다. 예를 들어, 통상적으로 장애 관련 질문은 조사에 포함되지 않는다(대표성 있는 데이터를 얻기 위해 필수적인 과대 표본추출oversampling에 비용이 엄청나게 많이 든다는 명분에 근거하는 경우도 있다).

장애 관련 질문이 포함되더라도 형태가 모호했다. 예를 들어 '당신은 육체적 또는 정신적으로 장애가 있습니까?'같은 질문이다. 이런 질문은 정도가 심한, 보통은 물리적으로 눈에 보이는 장애에 대한 식별을 의미하며, 낙인찍힐 수 있다는 가능성은 이런 식별 질문 자체를 훼손시킬 수 있다.

이와 관련해, 실제 사용이 제한적이기는 하지만, 유엔 장애통계에 관한 워싱턴그룹이 제안한 최소 6개 문항 질문 방법은 꽤 많은 동의를 받고 있다. 이 질문 방법은 실제 역량에 대한 자기 보고self-reporting에 중점을 두고 있다.

육체적, 정신적 또는 정서적 건강 상태 때문에

1. 안경을 착용하고도 보는 데 어려움이 있습니까?
2. 보청기(한쪽 또는 양쪽)를 사용하고도 듣는 데 어려움이 있거나, 귀가 들리지 않습니까?
3. 걷거나 계단을 오르내리는 데 어려움이 있습니까?
4. 기억하거나 집중하는 데 어려움이 있습니까?
5. 온몸을 씻거나 옷을 입는 데 (또는 비슷한 자기 돌봄 행위를 하는 데) 어려움이 있습니까?
6. 의사소통을 하는 데(다른 사람의 말을 이해하거나 자신의 말을 다른 사람에게 이해시키는 데) 어려움이 있습니까?
— 응답 범주: 전혀 아니다, 아니다, 어느 정도 그렇다, 매우 그렇다

확장된 버전들도 있지만, 여러 가지 문제를 다뤄야 하는 조사에서는 비용 문제 때문에 널리 사용되지 않고 있다. 2018년 11월 워싱턴그룹 연례 회의 당시 어떤 형태로든(센서스, 전국 조사, 장애 식별 기준, 사전 조사 등에서) 이 질문들 또는 유사한 질문들을 채택한 나라는 95개였다. 32개국은 다음 센서스에서 이 질문들을 사용할 계획을 세운 상태였다.

노령, 정신 건강, 그리고 무엇보다도 장애 영역에서는 집계 불이행이 매우 확실하게 소외를 심화한다. 진보를 위해서는 이런 배제를 종식시킬 수 있는 새로운 접근 방법이 필요할 것이다. 이런 집단들이

SDGs 성과들 하나하나에 포함되는지 평가할 수 있는 데이터가 없다면, 이 집단들이 포함될 가능성은 거의 또는 전혀 없을 것이다.

전체적으로 볼 때, 최하층의 집계되지 않는 사람들에 관한 한 SDGs에 대해 조심스럽게 낙관할 만한 이유가 있다. 사회적 배제 접근법은 집단 불평등에 확실하게 초점을 맞추기 때문이다. SDGs의 데이터 혁명은 기초적인 개발 통계를 개선하는 먼 여정에 동력을 줄 수 있다.

하지만 근본적인 정치적 동인들도 무시할 수는 없다. 이 정치적 동인들이 유엔 합의에 부딪혀 쉽게 없어질 것이라고 기대해서도 안 된다. 현재 데이터를 구할 수 없는 집단 대부분은 집계되고자 하는 정치적 요구를 효과적으로 할 수 없었다.

이는 이 집단들에 대한 몰이해와 관심 부족이 반영된 것일 수 있다. 장애를 가지고 사는 사람들에 대한 전 세계인들의 태도를 예로 들 수 있다. 이런 현상은 또한 정치의 본질적인 특성이 반영된 것이기도 하다. 원주민 부족들에 대한 정치인의 태도가 그 예라고 할 수 있다. 이 상황에서 통계는 슬픈 소외를 다시 한번 확인해준다. 1980년대 후반부터, 이렇게 소외되는 사람들은 전 세계 70개국 이상에 걸쳐 3억 명으로 추산되고 있다. 이 숫자는 10년이 넘는 동안 계속 사용됐다. 현재까지 반복적으로 인용되고 있는 1999년 세계은행 보고서에서도 이 숫자를 사용했다. 내가 발견한 바에 따르면, 이 숫자를 처음 사용한 것은 국제노동기구[ILO]다. 1991년 발효된 '독립 국가들의 원주민 및 부족민에 관한 조약'을 홍보하는 과정에서였다. 유엔 경제사회이사회[Ecomonic and Social Council, ECOSOC] 산하 원주민 인구에 관한 실무 그룹도 이 기간에 비슷한 숫자들을 참조했다.

유엔은 2002년 5월 원주민문제에관한영구포럼Permanent Forum on Indigenous Issues의 역사적인 제1회 회의에 대한 '배경 보고서'에서도 같은 추정치를 사용했다. 이 숫자가 처음 발표된 후 최소 13년이 지난 후의 일이었으며, 그 후로도 몇 년 동안 이 배경 보고서는 일반적으로 인용되는 문서가 됐다. 2007년 유엔의 원주민권리선언Declaration on the Rights of Indigenous Peoples이 발표되면서 이 수치는 약 90개국 3억7,000만 명으로 늘어났으며, 지금도 이 수치가 계속 사용되고 있다.

세계 인구의 5-6%에 해당하는 이 수치는 전 세계 소득 극빈 인구의 약 15%에 해당한다. 하지만 이 가장 기본적인 수치도 올바르지 않다. 국가들이 원주민 인구를 계속 파악하지 않고 있는 데다, 실제로 매우 복잡한 문제들이 얽혀 있기 때문이기도 하다. 원주민문제에관한영구포럼은 다음과 같이 밝혔다.

유엔은 원주민 부족이 매우 다양하기 때문에 아직 '원주민'이라는 용어에 대한 공식적인 정의를 채택하지 않고 있다. 대신 유엔은 다음의 사항들에 기초해 이 용어에 대한 현대적인 이해 방식을 구축했다.
—개인 차원에서 원주민 부족으로 스스로 인식하고, 원주민 공동체에 의해 그 구성원으로 받아들여지는 상태.
—식민 사회 그리고/또는 외래인 정착 이전 사회와의 역사적 연속성을 갖는 상태.
—영토, 주변 자연 자원과의 강력한 연결성을 갖는 상태.
—뚜렷이 다른 사회적, 경제적, 정치적 체제.
—뚜렷이 다른 언어, 문화, 신념.
—사회에서 지배적이지 않은 집단을 형성하고 있는 상태.

—뚜렷이 다른 부족과 공동체로서 조상의 환경과 체제를 유지하고 재생할 의지가 있는 상태.

유엔 특별보고관Special Rapporteur은 원주민들이 직면한 상태를 '거의 보편적으로 불리한 사회적·경제적 조건들'이라고 지칭했다. 이에 대한 관심은 느리지만 점점 커지고 있다. 유엔의 주요한 평가들에도 일관성이 있다. 1992년 유엔 총회는 세계 원주민의 해를 선언했다. '원주민의 개발 수요와 관련된 경제사회학적 데이터의 이용 가능성과 확산 방법을 개선할 필요가 계속 존재한다'는 점을 강조하기 위한 행보였다. 그 25년 뒤인 2017년 유엔 고위급정치포럼High Level Political Forum의 각료 선언은 원주민 문제를 위한 국제 실무 그룹의 찬사를 (마땅히) 받았다. 'SDGs 실현의 성과와 간극을 모니터하는 과정에서 핵심적인 역할을 하는 원주민들을 부각하기 위해 민족을 기준으로 한 데이터 세분화의 필요성을 반복적으로 강조해왔다'는 이유에서였다.

영국 국제개발부Department for International Development, DFID의 포괄적 데이터 헌장 원칙Inclusive Data Charter Principles 준수 같은 노력은 칭찬받을 만한 것이고, 또한 칭찬해야만 한다. 하지만 동시에 우리는 집계하지 않는 이유가 결국 정치적이라는 것을 분명히 해야 한다. 정치가 바뀌지 않는다면, 특히 누가 데이터를 소유하고 그 데이터의 수집 과정을 결정하는지의 문제를 건드리지 않으면, 기술적인 변화는 일어나지 않을 것이다.

원칙 1. 데이터에는 반드시 모든 사람이 포함돼야 한다.
원칙 2. 모든 데이터는 모든 사람을 정확히 기술하기 위하여 가능한 세분화되어야 한다.

원칙 3. 데이터는 가능한 모든 출처로부터 만들어져야 한다.

원칙 4. 자료 수집과 통계 생산에 책임을 가져야 한다.

원칙 5. 자료 수집과 분석, 세분화 데이터의 사용을 위한 인적·기술적 능력은 충분하고 지속적인 재원을 통해 개선되어야 한다.

이 원칙들은 의학 연구 원칙과 매우 비슷하다. 의학 연구의 기본 원칙을 제시하는 헬싱키 선언은 소외되거나 취약한 사람들을 대상으로 하는 실험 연구가 그들의 건강 수요와 우선순위를 반영하거나, 그들이 연구 결과로부터 이득을 얻을 수 있는 합리적인 가능성이 있을 때만 정당화된다고 규정하고 있다. 이제 개발 데이터와 관련해서도 이와 비슷한 명백한 윤리 헌장이 만들어져야 할 때다.

SDGs의 세부 목표 마지막 부분들을 다시 짚어보자. 데이터 세분화를 위한 노력은 '아무도 뒤처지지 않는다'는 약속을 하나의 구호 이상으로 만들 수 있는 기초가 된다. 하지만 이런 생각에도 이미 뚜렷한 권력 격차가 반영돼 있다. **우리**, 즉 주는 사람들이 **그들**, 즉 받는 사람들의 나쁜 데이터를 솎아낸다는 생각이 들어있는 것이다. 이 생각은 '소득, 성별, 연령, 인종, 민족, 이주 상태, 장애, 지리적 위치를 비롯해 국가적인 맥락에서 관계가 있는 다른 특징들에 의해 세분화된 질 좋고, 시기적절하고, 믿을 수 있는 데이터'가 고소득 국가들에서 계속 이용될 수 있다면 별 문제가 되지 않을 것이다. 하지만 현실은 이와 거리가 멀다. 세부 목표 17.18은 SDGs의 원래 목표에서처럼 완전하고 평등한 국가적 책임성을 가진 진정한 공동 사업이 아니라, '우리'는 도우려고 했는데 '그들'이 감당할 수 없었던 상황을 재현할 위험이 있다.

71

이 장에서는 지금까지 기술적인 측면, 즉 MDGs가 불평등에 대처하지 않았던 이유, SDGs가 고전을 할 수도 있는 이유를 다뤘다. 하지만 가장 명백한 이유는 정치적 이유다. 대부분의 경우 정부가 불평등 대처에 관심을 쏟지 않거나, 실제로는 그 불평등을 적극적으로 조장한다는 뜻이다. 또한 국제사회의 개발 노력이 겉으로 내세우는 것과는 달리, 인간의 진보라는 목표에 의해서만 이뤄지는 것이 아니라는 뜻이기도 하다.

권력은 아무것도 양보하지 않는다

> 맞다, 모두 정치적인 것이다. 모든 것은 정치적이다.
> —영국의 록밴드 스컹크 아난시

어렸을 적 우리 집에 가끔 오던 사람이 있었다. 키가 크고 마른 남자였는데, 내가 그때까지 본 사람 중에서 손가락이 제일 긴 사람이었다. 나중에 커서도 그 사람이 잊히지 않았던 이유가 있다. 다른 곳으로 일자리를 옮기면서 나와 동생에게 백과사전 세트를 선물해주었기 때문이다.

20년이 지난 2000년대 초반, 나는 옥스퍼드 대학 국제개발학부에서 연구원으로 일하고 있었다. 2004년 말 나는 20년 동안 보지 못했던 이 사람과 우연히도 같은 비행기를 타고 해외로 나가게 됐다는 것을 알게 됐다. 나는 인터넷에서 이 사람을 검색하기 시작했다.

압둘라히 엘-톰Abdullahi El-Tom은 국립 아일랜드 메이누스 대학의 사회학자로, 수단에서 가장 가난한 지역 중 하나인 다르푸르 북부의 베르티 부족에 대해 방대한 저술을 한 사람이다. 적어도 2003년 2월 이후부터 수단 정부는 정부군과 민병대, 즉 잔자위드를 동원해 다르푸르 지역(그리고 다른 지역들)에서 인종 청소 명목으로 대학살을 저질러왔다. 2004년 말 사망자 수는 7만 명에 달했고, 약 200만 명 이상이 이 지역에서 쫓겨난 상태였다.

그 이전에 엘-톰은《블랙 북》이라는 책에 대해 글을 쓴 적이 있다. 무기명으로 집필돼 2000년부터 널리 퍼진 책으로, 영국의 식민 지배 이후 수단의 통치가 심각한 지역적 불균형을 보였다는 주장을 담은 것이었다. 이 책은 수단의 수도 카루툼에서 정부에 반대하는 사람들에게 빠르게 지침서로 자리를 잡았으며, (종교, 인종, 문화 등의 차이를 초월한) 보편적 연대를 위한 발판을 제공했다. 엘-톰이 자문위원이었으며 이 책의 저자 중 일부가 회원이었던 정의평등운동JEM과 수단 해방운동군의 공식적인 연대를 이끌어 내기도 했다.

외국 언론들은 수단 내 갈등을 인종적('아랍인' 대 '아프리카인'), 종교적(북부의 무슬림 대 주로 기독교와 애니미즘 신앙을 가진 남부) 갈등이라고 주로 묘사했지만, 사실 핵심은《블랙 북》이 다음과 같이 주장한 지역 차별 문제였다.

1956년 독립 당시 수단은 이상적인 상태가 아니었다. 자원이 여러 지역으로 불완전하게 분산된 상태였기 때문이다. 1970년대가 되자 어느 정도 진전이 이뤄졌고, 지역 간 격차는 좁혀지기 시작했다. 하지만 1980년대와 1990년대에는 상황이 달라졌다. 자원이 북부와 동부 지역으로 집중됐고, 이는 다른 지역들을 빈곤 상태로 추락시켰다. 소외된 지역들의 파괴는 수단의 특징이 되었고, 특히 이런 현상은 현재의 정

73

권하에서 더 심해졌다.

엘-톰은 독립 당시 북부 수단인들이 다른 지역 수단인들의 야만
성에 맞서 과학적 이성에 근거한 건강함을 주장하며 기회를 잡았다
는 것을 보여줬다. 이들의 주장은 '아랍화'라는 정치적 명분에 의해
정당화됐다. 이 명분은 시간이 지나면서 이슬람과 밀접한 연관을 가
지게 됐다. 에드워드 사이드가 그의 기념비적 저작인《오리엔탈리즘
Orientalism》에서 주장한 것처럼 엘리트층의 지배권 주장을 정당화한
것이다. 식민주의는 현대적이고 합리적이며 과학적이고 잘 통제되는
제국과 후진적이고 통제되지 않는 대상을 대비시키는 사회적 관계
주입에 의존했다. 1898년부터 1956년까지 이어진 영국의 이집트 지
배가 끝나자 경제적인 특권을 가진 북부 수단인들은 식민주의자들의
입장을 채택했다.

엘-톰은 다음과 같이 썼다.

북부 수단이 국가의 패권을 쥐게 된 것은 단순히 아랍 혈통을 주장함
으로써가 아니었다. 그보다는 과거 영국 식민주의자들의 전유물이었
던 현대성을 기회주의적으로 독점했기 때문이었다. 현대적인 문물을
독점하면서 수단의 관리자가 되었고, 그들은 수단 전역에서 아랍 혈통
을 주장하는 다른 민족 집단들을 배제하는 데 성공했다. 카바비시, 지
야디야, 라샤이다, 지바이디야 부족 같은 유목민 집단들을 모두 현재
패권을 쥐고 있는 집단들과는 비교할 수 없을 정도로 아랍 혈통이 강
한 집단들이다. 하지만 권력에 대한 현재의 담론에서 이들은 근본적으
로 후진적이고 현대성과는 맞지 않는 집단으로 분류된다.

《블랙 북》의 저자들은 이런 담론이 수단의 권력 장악에 미치는 영향을 강조했다. 이를 위해 저자들은 1956년 독립 때부터 2000년까지 모든 정부에서 임명된 각료들의 (예를 들어, 민족 언어적 기원이 아니라) 지역적 기원을 조사해 기초 인구 분포와 비교했다. 저자들이 수집한(이는 저자들 자신이 하르툼에서 각료 위치에 있는 사람들일 수 있다는 의심을 불러일으키기도 했다) 이 데이터에 따르면, 북부 지역 출신 각료들의 비율은 60-80%에 달했다. 유일한 예외는 제2차 민주화 시기(1986-1989년)로, 이 시기에는 이 비율이 47%로 떨어졌다. 북부 지역의 인구는 수단 전체 인구의 5% **미만이다.**

2002년에 나온 《블랙 북》 2권은 여기서 더 나아갔다. 이런 불균형적인 권력 보유와 불균형적인 정부 지원이 수단에 실질적으로 영향을 미치며, 소외된 지역들에서 인간 개발 기회를 불공정하게 감소시킨다고 주장했다. 나는 이 주장을 검증하기로 결정하고, 지역 차원에서 수단 정부의 재정과 개발에 대한 데이터를 모으기 시작했다. 공식 데이터와 IMF, 세계은행, 다양한 유엔 출처들, 유엔 인구기금 등의 데이터를 비교해 1990년대 이후의 세수 증가, 지출, 일부 기본적인 인간 개발 지표들의 지역적 패턴을 추적했다.

패턴은 분명했다. 재정적인 측면에서는 수도인 하르툼만 1인당 정부 지출 면에서 북부 지역을 앞섰다. 다른 지역들의 1인당 정부 지출은 북부 지역의 40%(서부의 다르푸르)에서 70%(동부)였다. 개발을 위한 지출은 격차가 훨씬 더 심해, 서부는 북부의 17%만을 받았다.

조사 결과들은 서로 밀접하게 연결돼 있었다. 다른 모든 지역의 영아 사망률은 북부와 하르툼의 영아 사망률보다 20-50% 높았던 반면, 전문 인력의 도움을 받아 출생하는 비율은 훨씬 더 낮았다. 다른

지역들의 초등학교 등록률과 문해율^{literacy rate}은 북부의 반 정도밖에
는 되지 않았다. 또한 이 데이터로 1993년부터 2002년까지의 문해
율 변화를 추적해 1989년 독재 정권하에서의 문해율 변화를 측정할
수 있었다. 북부의 문해율은 10% 상승한 반면, 나머지 지역들의 문해
율은 모두 떨어졌다. 중부 지역은 (수도 하르툼이 포함돼 있음에도
불구하고) 2.6%, 동부 지역은 13.8%, 서부 지역은 10.2% 떨어졌다.
남성의 문해율은 서부에서 3분의 1이나 떨어진 반면 북부에서는 3%
밖에 떨어지지 않았다.

　다음은 내가 쓴 내용이다.

　현재의 독재 정권이 북부와 하르툼 외 지역의 인간 개발에 치명적인 영
　향을 끼치고 있다는 데는 의심의 여지가 없다. 이 데이터가 수단이 전
　체 인구의 80%인 2,500만 명이 사는 다른 모든 지역을 희생시키면서
　북부와 하르툼에 불균형적 혜택을 주는 방식으로 통치된다는《블랙
　북》의 주장을 뒷받침하고 있다는 데에도 의심의 여지가 없다.

　이야기는 여기서 끝나지 않는다. 이 연구 결과는 다양한 연구에
서 인용됐고,《블랙 북》에 대한 위키피디아 항목도 이 연구 결과를 인
용했지만 아무것도 바뀌지 않았다.《블랙 북》이 전국적인 반대를 위
한 환경을 만들었지만 수단 정부는 책임을 회피했다. 15년쯤 후에 바
시르 수단 대통령은 결국 자리에서 물러나야 했다. 위의 글을 쓰던 때
는 군사 정권이 여전히 권력을 휘두르고 있을 때였다.
　이런 현상을 '연구 보고서가 세상을 바꾸는 데 실패한 경우'로 분
류하고 그냥 넘어갈 수도 있다. 하지만 이 이야기에는 집계되지 않은

사람들에 대한 분명한 메시지가 담겨있다. 거의 10년 전 IMF가 다양한 종류의 새로운 지역 데이터를 이용한 보고서를 발표했을 때 나는 그 데이터를 직접 보겠다고 요청했다. IMF 직원은 더 상급자에게 가보라고 말하면서 계속 답을 미뤘다. 나는 수단 정부도 IMF의 허가 요청에 대응하는 과정에서 같은 태도를 보였을 거라고 생각하게 됐다. 그들도 모니터링 업무의 일부로 가지고 있는 데이터의 공개를 계속 미뤘을 것이라는 생각이 들었다. 결국 나는 그 데이터를 열람할 수 없었다. 자국 정부의 지역 차별에 대해 알아보려 했던 수단 시민들도 마찬가지였을 것이다. 목표가 개발인 국제기구가 한 국가로부터 받은 데이터를 공개하지 않는 것을 이해할 수 없었다.

그 뒤, 세계은행과 UNDP는 모두 추가 데이터를 확보해 공개하는 데 성공했다. 세계은행의 2014년 연구는 인구 또는 빈곤에 기초한 접근 방법과 배분 방식 사이의 간극에 대해 정확하게 짚어냈다. 예를 들어 빈곤 기반 배분 방식을 적용한다면 다르푸르 북부는 배분량이 91%가 늘어나지만, 다르푸르 남부는 236%가 늘어날 것이다. 노르웨이의 크리스티안 미켈슨 연구소Chr. Michelsen Institute가 지원한 수단의 재정적 분권화에 대한 2017년 독립 연구는 다음과 같은 결론을 내렸다.

소규모 지배 엘리트 집단이 수단의 통치 구조를 장악하고 있다. 지배 엘리트 집단은 전략적 자원을 마음대로 처리하며, 주요 사회 집단들과 갈등을 일으키는 방식으로 나라를 지배한다. 경제적 실패와 정치적 실패의 결합은 국가를 분할과 해체 위협에 노출시킨다. 또한, 국가 기관들의 부패와 실패, 양극화된 정치적 환경은 영토 해체 위협을 심화시킨다.

고도의 수직적 재정 불균형(주 차원에서의 소비와 수입 격차)과

수평적 재정 불균형(주들 사이의 불균형)은 배분을 편향적이고 불공
정하게 만든다.

정부가 특정한 불균형을 심화하거나 불균형에 대처하지 않으려
할 경우, 그 정부는 데이터가 자신의 의도를 그대로 노출할 정도로 어
리석고 낙관적인 상태에 이르게 된다. 또한 투명성 요구가 반란 행위
가 된다면, 국제기구 및 정부간기구들은 집계를 신뢰하지 못할 수도
있다.

개발 통계 분야에서 혁명이 일어나야 한다면, 즉 기존 체제의 '강
제적인 전복'이 일어나야 한다면, 그 혁명은 기술적인 해결 방법이 아
무리 철저하고 의도가 좋다고 해도, 기술적인 해결 방법의 형태로만
일어나지는 않을 것이다. 우리에게 필요한 데이터 '혁명'은 실제로 혁
명이어야 한다. 이 혁명은 기술적 난제들을 점진적으로 처리하는 과
정만이 아니라, 집계되지 않는 사람들 뒤에 숨어 있는 권력 구조들에
대한 근본적이고 매우 정치적인 도전이어야 한다.

SDGs가 시작되는 곳으로부터의 데이터는 실제로 반란적인 데이
터다. 앞에서 언급한 소외 집단 중 일부인 원주민들, 장애를 가진 사
람들, 가구 조사에서 배제되는 6개 집단을 생각해보자. 이들을 숫자
로 표현하는 것은(단순한 총합을 내는 것이라도) 완벽하게 이뤄지지
않는다. 이 집단들이 집계되지 않고 있다는 사실을 확인할 수 있는 지
점이다. 하지만 이 집단들을 다 합치면 세계 인구의 약 25-30%를 차
지하며, 소득 극빈층 내에서의 비율은 이보다 훨씬 높다.

다음으로는 우리가 직면하고 있는 여러 불평등이 상호 배제적이
아니라는 사실을 생각해야 한다. 집단들 사이의 중첩을 감안하면 전

체 숫자가 줄어들기는 할 것이다. 하지만 상호 교차적 불평등에 직면
한 사람들은 훨씬 더 심한 빈곤을 경험할 가능성이 높다. 마지막으로
이런 불평등에 성차별이나 정치적 배제처럼 서로 겹칠 수 있는 중층
적 불평등이 더해질 수 있다는 사실도 생각해보자.

3장 약자를 소외시키는 집계의 기술

연방 정부는 우리가 존재한다는 것을, 우리가 무엇을 하는지, 우리가 무엇을 가지고 있는지 알아야 한다. (중략) 우리가 완전히 잊히기 전에. 이제 센서스를 통해 평등이 오고 있다.
―호르헤 모레이라 데 올리베이라(2010년)

호주 연방 또는 주 또는 이외 지역의 사람 수를 계산할 때 원주민은 집계해서는 안 된다.
―호주 연방 헌법(1900년)

우리들 합중국 인민은 보다 완벽한 연합을 형성하고, 정의를 확립하고, 국내의 평안을 보장하고, 공동 방위를 도모하고, 국민 복지를 증진하고, 그리고 우리들과 우리의 후손들에게 자유의 축복을 확보하기 위하여 이 아메리카합중국헌법을 제정한다. (중략) 하원의원수와 직접세는 연방에 가입하는 각 주의 인구수에 비례하여 배정한다. 각 주의 인구수는 연기 복무자를 포함시키고, 과세되지 아니하는 인디언을 제외한 자유인의 총수에 나머지 총인원수의 5분의 3을 가산하여 결정한다.
―아메리카합중국 헌법(1787년)

이 장은 센서스 데이터, 출생 등록 데이터, 선거인 명부 등 정치적인 결과에 가장 중요한 데이터가 집계되지 않을 위험성이 특히 높다는 것을 밝힐 것이다. 세계에서 가장 크고 가장 부유한 국가에서도 그렇다.

특히 과거 식민지였던 나라들의 역사는 실제 거주 인구나 가치가 떨어지는 집단을 의도적으로 집계하지 않은 예로 가득 차 있다. 또한 이 나라들의 역사에서는 두 가지 상충하는 동기에 따라 소외를 원하는 집단과 소외를 피하고 싶은 집단 사이의 동적인 상호작용이 일어난 매우 극적인 예들도 드러난다. 한편으로는 국가에 요구하기 위한 (일정 정도의) 권한을 받기 위해 집계되기를 원하는 집단이 있을 수 있고, 다른 한편으로는 부당한 국가의 요구를 피할 목적으로 집계되는 것에 적극적으로 저항하는 집단이 있을 수 있다.

위에서 인용한 미국과 호주의 헌법 조문들은 갈등을 극복하기 위해 고안된 정치적 과정들의 결과를 보여준다. 미국의 경우, 당시 연방의 조건에 대해 협상을 벌이던 13개 주는 무엇보다도 먼저 중앙 정부에 대한 세금 기여 비율과 정치적 대표 파견 비율을 합의해야 했다. 결국 인구를 기초로 중앙에 세금을 기여할 책임과 정치권력을 결합해 배분하는 방법이 선택됐다. 여기에는 (어떤 한 주가) 연방 시스템 전체를 통제하고자 하는 욕구를 완화하려는 목적이 있었다. 한 주가 중앙에 세금을 적게 내기 위해 인구수를 실제보다 적게 집계하려고 한다면 정치적 대표의 수도 줄여야 하고, 인구수를 더 많게 집계해 정치적 대표를 늘리고자 하는 주는 세금으로 그 대가를 치르게 만든 시스템이었다.

센서스 실시와 세금 인상의 관계는 매우 오래전에 구축된 것이다. 로마제국이 이 관계를 보여주는 대표적인 예다. 그때 이후로 사회를 수량화하고, 그 사회로부터 세금을 거둬들이고자 하는(그리고/또는 전쟁을 위해 징집을 하고자 하는) '현대적인' 국가의 욕망은 대부분 대중의 비판을 받았다. 다양한 연구에 따르면, 국가의 세입 의존도 증가는 시간이 지나면서 정치적 대표의 개선과 연관을 가진다. 반면 천연자원에 대한 의존은 대부분 부패를 야기했고, 정치적 대표의 수를 줄였다. 하지만 시민들이 국가에 하는 경제적 기여가 별로 드러나지 않는 간접세보다 더 크거나 고통스러울 경우, 국가는 시민들의 요구에 더 많은 책임을 져야 한다. 직접세의 경우 이 관계는 더욱 두드러진다.

정통성을 의심받는 국가가 센서스를 도입하고, 이 센서스가 과세와 연관되는 것으로 생각될 때 나타날 수 있는 정치적 반응은 시민의 납세 거부다. 1852년 대서양 건너편에서는 이런 납세 거부 사건이 두 번이나 일어났다.

골드코스트(현재의 가나)에서는 영국 정부 관리들이 연장자와 족장들 모임을 조종해 남성, 여성, 어린이 모두에게 일괄적으로 1실링씩 인두세poll tax를 부과하는 데 합의하도록 만들었다. 하지만 상황은 영국 정부가 여러 가지 이유로 골드코스트에 대한 공식적 책임을 지지 않으려 하면서 복잡해졌고, 가나는 보호국으로 계속 남았다. 당시 영국의 식민지 담당 국무장관이었던 그레이 백작 3세는 골드코스트 내에서 자금을 걷을 수 있는 방법을 찾고 있었다. 저항의 위험이 있다고 판단한 그는 직접세가 '가볍고, 세금을 거둔 지역 내에서만 사용되고, 사람들이 도로, 학교, 병원이 생기는 것을 보고 납세의 결과를 확인할 수 있고, 족장들이 세금을 걷고 사용하는 데 관여한다면' 사람들이 직접세를 받아들일 것이라고 주장했다.

실제로 그레이 백작의 계획을 추진하자 그 과정은 상당히 다른 양상으로 나아갔다. 역사학자 G. E. 멧커프G. E. Metcalfe는 다음과 같이 요약했다.

하지만 그레이 백작 3세의 계획이 실제로 실행되자 상황이 이상하게 흘러갔다. 세금 자체가 너무 부담스러웠던 것이다. 족장들은 부족민들이 탄압으로 받아들일까 두려워 세금을 걷을 수 없었다. 영국 정부도 세금 수거를 믿고 맡길 만한 대리인을 찾을 수가 없었다. 당시는 지역 관리들에 의한 부당한 착취가 여전히 계속되고 있을 때였다. 재원이 거의 없었던 정부가 족장들의 도움 없이 정부의 힘만으로 세금을 거둬들이는 것은 결코 쉬운 일이 아니었다. 세금 사용에 관한 자문 역할을 해주는 사람들이 세금을 거둬들일 수도 없었다. 수거한 세금의 3분의 1 이상이 세금을 거둬들이는 비용으로 나갔다. 그 비용의 대부분은 임금이었다. 당연히 식민지 행정관들은 임금 인상을 요구했지만, 세금을 납부하는 사람들에게는 혜택이 거의 돌아가지 않았다. (중략) 납세를 위해 국민 대표자들로 구성되는 의회가 있어야 한다는 생각은 완전히 사라져버렸다.

1854년, 그리고 다시 1857년에 폭동이 발생했다. 세금 수입이 가파르게 줄어들었고, 1864년 이 세금은 폐지됐다. 한편 대서양 건너편에서는 다른 유형의 집계가 비슷한 불안을 조장하고 있었다.

사회학자 마라 러브먼Mara Loveman이 '시민 등록제 도입에 대한 직접적인 대응으로 일어난 유일한 봉기'로 인식한 브라질의 봉기 사태를 생각해보자. 출생 신고와 사망 신고를 의무적으로 만든 법령 798호에 저항한 이 대중 봉기는 1852년 1월 말에 일단락됐다. 그레이 백작이라면 골드코스트에 합법적인 국가 권력이 없다는 점에 통탄을 금치 못했겠지만, 러브만은 다음과 같이 썼다.

브라질은 국가의 정통성과 권력이 국가의 실제 역량보다 훨씬 중요하다는 착각으로 눈이 먼 상태였다. 브라질의 정치 엘리트층은 수도의 현대적인 허울로 자신의 나라가 영토를 가진 민족국가라고 착각했다. 하지만 이 민족국가는 통합은커녕 한 번도 완전한 형태로 설립된 적이 없었다. 그들은 '진보'를 이루기 위해 자신들이 당연히 해야 한다고 생각한 노력을 사람들의 변화 수용 의지로 착각했다. 봉기가 시작되자 그들은 법령 798호에 대한 격렬한 반대를 가난한 시골 사람들의 후진성, 비합리성, 어리석음으로 착각했다.

이런 오리엔탈리즘적인 분석은 독립 이후의 수단, 특히 1989년 정권에 대한 엘-톰의 분석과 유사하다. 하지만 이 분석은 '현대적인' 국가의 포괄적 목표들과 현대성이라는 명목하에 많은 것이 배제될 가능성 사이의 긴장을 암시하기도 한다.

앞에서 인용한 미국과 호주의 헌법은 각 주들에 권력을 배분하는 과정에서 원주민들에게 권한을 적게 주거나 아예 주지 않겠다는 명백한 결정을 보여주기도 한다. 집계가 '결정자 선택'과 '사람들이 얻는 것'에 관한 정부의 결정을 뒷받침하기 위해 수행되는 것이라면, 배제는 분명한 권력 박탈이다.

센서스의 목표가 대표성 확보라고 생각하는 사람이 많다. 하지만 센서스의 진정한 가치는 센서스를 실시하는 나라가 전반적으로 정통성을 확보하고 있는지에 의존한다. 국가가 포용에 적극적으로 반대 입장을 취하는 경우, 집계된다는 것은 위협이 될 수 있다. 나치 독일 정부의 유대인과 집시 제거 노력, 남아프리카공화국 아파르트헤이트 정권의 인종차별이 그 예다.

중요한 차이에 대해 중립적인 입장을 취하거나 '외면'하는 정책은 집단에 대한 배제를 일으키고 그 배제를 유지하는 데 중요한 역할을 한다. 또한 배제를 드러내는 데이터를 공개하지 않거나, 아예 그런 데이터를 수집하지 않는다면 정책 책임성 또한 감소할 것이다. 예를 들어 개발 기회를 전체 인구의 매우 작은 부분에만 할당하려던 수단

바시르 정권의 시도는 소외된 소규모 집단들에 대한 데이터를 추적하지 않겠다는 태도와 별로 다를 것이 없다.

브라질은 2000년 실시한 센서스에 퀼롬볼라quilombola(16세기쯤부터 농장과 가옥에서 탈출한 아프리카계 노예들의 후손)를 대거 포함시켰다. 이어 2003년 룰라 정부는 퀼롬볼라 정착촌에 기본적인 공공서비스를 제공하는 프로그램을 도입했으며, 퀼롬볼라 공동체에 속한 토지를 확인해 소유권을 부여하는 것을 내용으로 하는 대통령령을 발표했다. 여기서 중요한 것은 퀼롬볼라라는 정체성이 '자기 정의에 의해 증명되야 한다'는 점이었다. 이 이후의 중요한 단계는 이미 발표가 된 대로, 2020년 센서스가 개인의 집단 정체성을 직접적으로 포착하는 것이다. 이렇게 되면 기존 추정치에 의존하지 않고 퀼롬볼라에 대한 통합 통계를 만들 수 있을 것이다(현재의 추정치에 따르면 퀼롬볼라는 약 3,000-5,000개 공동체에 걸쳐 1,600만 명에 이르며, 이들의 빈곤율은 브라질 전체 평균의 3배인 약 75%다).

센서스와 공공지출에서는 어느 정도 진전이 이루어졌지만 퀼롬볼라에 대한 토지 소유권 부여 작업은 여전히 느리게 진행되고 있으며, 반대에 직면해 있다. 토지 소유권은 사회주택 같은 특정한 공공서비스를 이용하기 위한 필수 요건이지만, 주요 도시 지역의 건설 업체에서 아마존 영역의 벌목 업체에 이르기까지 다양한 민간 영역에서의 이윤 창출 활동에 저항하는 데도 필수적이다.

룰라가 내린 대통령령의 위헌 여부를 가리기 위해 15년 동안 진행된 재판은 2018년 대법원이 합헌 결정을 내림으로써 끝이 났다. 대법관 다수가 퀼롬볼라 공동체들이 자기 정체성을 확인할 권리를 지지한 것이다. 그럼에도 여전히 심각한 장애물들이 남아있다. 땅의권리Terra de Direitos라는 단체는 현재의 진행 속도로 볼 때 토지 소유권 부여가 모두 끝나려면 970년이 걸릴 것이라고 추산했다. 글로벌정의Justica Global라는 단체는 토지 소유권 부여를 담당하는 기관의 예산이 2013년 이후로 93% 삭감됐다는 것을 밝혀냈다. 게다가 현 브라질 대통령 자이르 보우소나루Jair Bolsonaro는 후보 시절 대통령에 당선되면 원주민 보호구역과 퀼롬볼라 공동체를 모두 없애겠다고 공약한 바 있다. 원주민과 퀼롬볼라는 땅의 천연자원에 대한 소유권을 가질 수 없다는 주장이었다.

또한 브라질은 인종 정체성 확인과 역사적으로 계속된 불평등에 대처하기 위한 긍정적 차별의 역할을 둘러싼 문제가 매우 복잡할 수 있다는 것을 잘 보여준다. 자기 확인은 더 좋은 데이터의 핵심임이 분명해 보인다. 집계되는 사람의 입장에서도 상당 부분 더 적법한 데이터이자, '자신이 실제로 소유한' 데이터이기 때문이다. 하지만 문제는 확인 과정이 중립적이 되기가 거의 불가능하다는 것이다.

1852년 봉기 이후 브라질에서 완전한 센서스가 시행되기까지는 20년이 걸렸다. 시민 등록 의무화도 19세기 말이 돼서야 이뤄졌다. 하지만 동시에 이런 포용 정책과는 별개로 또 다른 변화가 일어나고 있었다. 1870년대에 브라질 통계총국DGE은 국가 진보의 핵심 척도로 교육 통계를 중시하기 시작하면서 초등학교에 대한 공공 지출을 지지했다. 하지만 러브먼의 연구에 따르면 1920년대가 되자 브라질에서는 1872년 이후 센서스에서 인종 관련 문항이 없어졌음에도 불구하고, '백인성whiteness'이 우월함의 기준으로 떠오르기 시작했다.

1888년 노예제 폐지가 인종적 순수성에 대한 우려를 증가시켰다는 시각도 존재했다. 1920년 센서스 보고서는 유럽으로부터의 '아리안족 이주'와 '브라질 최남단에서의 흑인 인구 궤멸'을 축하하는 글로 시작됐다. 센서스에서 인종 확인 문항을 없앤 것이 인종적으로 혼합된 나라라는 사실을 숨기려는 의도에 의한 것이라는 주장도 일부에서 제기됐다. 하지만 DGE의 수장은 이 글에서 센서스 조사원들이 '순수한' 백인과 '백인처럼 보이는 물라토mulatto(백인과 흑인의 혼혈)'를 확실히 구별하지 못했고, 자기 확인이 너무 주관적이며, 백인성에 대한 편향도 유도할 수 있다고 말했다. 인종 확인 문항은 센서스 결과의 과학적 가치를 떨어뜨릴 수 있기 때문에 빠진 것이었다.

인종차별적인 국가들을 제외한다면, 여기서 제기되는 더 큰 문제는 인종 등의 정체성 특징이 어느 정도의 의미를 가지는지다. 장애에 대한 워싱턴 그룹의 질문들은 실질적인 수준에서 간단한 사실 여부 확인에 초점을 맞추고 있다. 이 질문들은 예를 들어, '당신은 장애가 있습니까?'라는 질문 대신에 '어떤 일을 하는 데 어려움이 있습니까?'라고 묻는다. 장애 여부에 관한 직접적인 질문은 비응답을 유도할 수 있기 때문이다. (식별하기가 쉽지 않은) 인종, 즉 피부색에 관련된 확인 질문은 더 큰 문제를 일으킬 가능성이 있다. 사실 확인 질문들은 분명하지 않을 수 있기 때문이다. 다음과 같은 질문들을 예로 들 수 있다. 조상으로부터 물려받은 특징 중 어떤 것을 질문 항목으로 사용해야 정당성을 확보할 수 있을까? 만약 정당성이 조금이라도 확보된다면, 어떤 항목이 합리적인가?

센서스 항목과 집단에 대한 정부의 다른 정책들은 집계뿐만 아니라 정체성 관련 범주들을 정하는 데도 영향을 미친다. 이는 남아공의 예에서 보듯이, 센서스가 '원래 관찰만 하려고 했던 집단들을 강화시키는 경향'을 가진다는 뜻이다. 2000년 이후 브라질에서의 인종을 대상으로 하는 적극적 우대조치affirmative action와 센서스 사이의 상호 작용에 관한 연구는 '브라질 정부는 아무 준비 없이 인종을 만들고 있지도, 완벽한 의도를 가지고 인종을 만들고 있지도 않다'고 했다. 이 연구는 특히 정부 관련 범주들이 자기 정체성 확인 패턴에 영향을 미치고 있다고 주장했다.

정치학자 레이철 기셀키스트Rachel Guisselquist는《개발 연구 저널 Journal of Development Studies》특별호에 실린, 정체성의 '고정성fixity' 문제를 포함한 법적 권한 부여와 집단 불평등에 관한 연구 결과를 다음과 같이 요약했다.

> 민족이 혈통에 따라 정체성을 확인하거나 집결을 할 때 이런 분석이 현실에서 어떤 의미를 가지는지, 즉 고정성을 높이는지 알고 싶다면 두 가지 문제를 살펴보는 것이 가치가 있을 것이다. 첫째, 민족 집단에 중점을 둔 영향 분석이 중요하다는 주장은, 법적 권한 부여 정책이 소수 민족들을 위한 적극적 우대조치처럼 민족 집단들을 분명한 대상으로 설계해야 한다는 주장과 같지 않다. 여기서 말하는 법적 권한 부여는 집단들을 동등하게 만드는 효과를 유지하면서도 더 보편적인 수준에서 생각될 수 있는 개념이다. 둘째, 경제적·정치적 차이를 기준으로 민족 간 경계를 설정할 수 있다는 구성주의자들의 주장을 받아들인다면, 이런 차이를 줄이는 정책들은 민족 특성의 점진적 감소를 지원해야 한다.

역사 깊은 불평등을 개선하기 위한 적극적 우대조치와 광범위한 전략들, (관련이 있든 없든) 특정 집단들에 대한 낙인을 줄이는 작업은 자기 확인 확률을 높인다. 이는 집계되지 않음으로써 발생하는 격차를 줄일 수 있다. 호주의 경우 원주민 부족들과 관련한 격차가 상당히 크게, 오랫동안 존재하고 있다. 호주 원주민경제정책연구센터Center for Aboriginal Policy research의 연구에 따르면, '원주민 자손들은 여러 가지 이유로 자신의 혈통을 밝히지 않을 수 있다. 원주민 자녀를 부모에게서 떼어놓는 정책을 포함해 원주민에 대한 호주 정부의 오랜 차별 관행을 고려한다면, 원주민 자손들은 국가의 차별에 대한 두려움을 매우 크게 느낄 가능성이 높다'고 한다. 이런 현상은 국가 정통성과 포용적으로 움직이고자 하는 성향의 뒤에 숨어 있는 의식이 반영된 결과다.

2011년과 2016년의 호주 센서스 결과에 대한 이 연구팀의 분석에 따르면, 원주민들의 자기 정체성 확인은 그 사이에 8만 건 넘게 늘어났다. 2011년 전체 원주민 숫자의 13.7%에 달하는 숫자다. 연구팀은 '원주민 인구가 이전에 생각했던 것보다 훨씬 많았다는 것을 의미한다. 이 결과는 현재의 정책에서도 중요하지만, 미래의 계획을 위해서도 중요하다. 확인 과정의 변화가 미래에도 계속될 것이라고 기대할 만한 이유가 전혀 없기 때문'이라고 분석했다.

남아공은 인종차별적인 국가의 집계 관행을 잘 보여주는 예다. 사회학자 아킬 칼파니Akil Khalfani와 투쿠푸 주베리Tukufu Zuberi는 영국이 희망봉 식민지, 오렌지 자유국, 나탈 식민지와 트랜스바알 식민지를 통합해 남아프리카연방을 세우고 이듬해에 실시한 1911년 최초의 센서스부터 아파르트헤이트 이후 최초인 1996년 센서스까지 인종을 어떻게 다뤘는지 조사했다. 인종 확인을 위한 국가의 기본 계획은 피부색과 혈통을 모두 반영한 것이었다. 표 3은 칼파니와 주베리가 시간 변화에 따른 인종 범주들의 변화를 요약한 내용과 그 출처를 정리한 것이다.

적절한 항목을 선택하는 형태를 포함해 명목상으로는 자기 분류가 이뤄졌지만, 1936년 조사에 따르면 '이런 항목들은 불쾌감을 피하기 위해 받아들여지고 있으며, 표로 만들어지기 전에는 조사원, 조사감독관 또는 센서스 조사국에서 올바른 형태로 바뀌어 전달된다'고 한다. 연구 결과를 보면 결국 국가가 최종 결정권을 가지고 있었다는 것을 알 수 있다. 또한, 옛 남아공에서는 인종 분류가 공공서비스 접근에 대한 최종적인 책임을 묻는 데 필수적이었을 뿐만 아니라, 그 결과로 법률이 제정되거나 폐지되는 데에도 역시 필수적이었다. 특히 인구등록법은 모든 국민에게 평생 신원 확인 번호를 부여했는데, 이 번호 앞 두자리는 인종을 나타냈다(예를 들어, 앞 두 자리가 00이면 백인을 뜻했다). 이 분류는 권리의 수준을 결정했는데, 아프리카 원주민들은 이 분류에 따라 특정 지역에서 살거나 일할 권리를 받았으며, 이 번호가 기재된 증서를 가지고 다니지 않을 경우 징역형을 받았다.

이 아파르트헤이트 국가는 불법적인 국가, 즉 국가 권력이 권력이나 자원의 배분에 영향을 미칠 수 있는 소외된 집단들을 집계하지 않은 국가의 가장 확실한 예라고 할 수 있다. 1994년 아파르트헤이트가 종식되자 이 나라에서는 통계 집계에 포함되겠다는 문제 제기가 잇따랐다.

칼파니와 주베리의 설명에 따르면, 1991년 아파르트헤이트 정권의 마지막 센서스는 실패로 돌아갔다. 남아공 아프리카국민회의 African Nationa Congress는 센서스 연기를 요구했고, 언론은 인구등록법이 폐지될 예정인데 왜 인종 확인이 필요한지 의문을 제기했다. 결국 전체 인구의 64%에 대해서만 센서스가 실시됐다(54%가 아프리카인 인구였다).

[표 3] 남아프리카연방/공화국의 인종 분류(1911-1996년[a])

연도	아프리카인	아시아인	유색인종	유럽인/백인
1911년	반투족[b]		혼혈 및 기타 유색인종[c]	유럽인/백인
1918년[d]				유럽인/백인
1921년	원주민(반투족)	아시아계	혼혈 및 기타 유색인종	
1926년[d]				유럽인
1931년[d]				유럽인
1936년	원주민	아시아계	유색인종	유럽인
1941년[d]				유럽인
1946년	원주민(반투족)	아시아계	혼혈 및 기타 유색인종	유럽인/백인
1951년	원주민	아시아계	유색인종	백인
1960년	반투족	아시아계	유색인종	백인
1970년	반투족	아시아계	유색인종	백인
1980년	흑인	아시아인	유색인종	백인
1985년[e]	흑인	아시아인	유색인종	백인
1991년	흑인	아시아인	유색인종	백인
1996년	아프리카인/흑인	인도인/아시아인	유색인종	백인

[a] 남아프리카는 1961년에 공화국이 됨.
[b] 반투족은 바카, 바추아나, 바수토, 바벤다, 봄바나, 다마라, 펑고, 홀랑그웨니, 다피르(명시되지 않음), 은데벨레, 북로디지아 부족들, 니아살랜드 보호령 부족들, 기타 부족들, 폰도, 폰도미제, 포르투갈령 동아프리카 부족들, 남로디지아 부족들, 스와지, 템부, 통가(타상가를 포함한 바그왐바의 별칭), 세시베, 코사, 줄루 등의 부족으로 세분화된다.
[c] 반투족을 제외한 혼혈 및 기타 유색인종은 아프간인, 미국계 유색인종, 아라비아인, 부시맨, 중국인, 크레올인, 이집트인, 그리쿠아인, 호텐토트 부족, 인도인, 코라나-'호텐토트 인종', 크루먼 부족, 말라가시 부족, 케이프 말레이인, 모리셔스인, 혼혈, 모잠비크인, 나마카-'호텐토트 인종', 기타 부족, 세인트헬레나인, 시리아인, 서인도제도인, 잔지바리인 등으로 세분화된다.
[d] 유럽인 인구에 대해서만 센서스를 시행함.
[e] 가구 센서스만 시행함.
출처: 공식 센서스 보고서와 질문지.

아파르트헤이트가 끝나고 1994년 넬슨 만델라가 국민 통합 정부의 대통령으로 선출되자, 1996년 센서스는 전혀 다르게 진행됐다. 민주적으로 선출된 정부에 의해 처음으로 남아공의 모든 인종이 집계됐다. 표 4에서 보듯이, 조사의 수준도 극적으로 달라졌다. 1991년 과소 집계된 센서스와 비교하면 모든 집단의 수치가 뒤집혔다. '유럽인'과 '아시아인' 집단은 아파르트헤이트 이전 수준으로 돌아갔다. '아프리카인'이 실제보다 적게 집계되는 비율은 10%로 뚝 떨어졌다. 이 비율은 과거에 20% 정도에 머물다 1991년 센서스에서는 40% 이상으로 올라간 상태였다.

국가 정통성에 대한 인식은 조세 순응tax compliance에서처럼, 센서스 참여에서도 확실히 중요한 역할을 차지한다. 독립 이후의 초기 센서스 시행 경험을 살펴보면 확실하게 알 수 있다. 가나로 돌아가보자. 독립으로 새로 들어선 이 나라 정부의 1960년 센서스는 집계의 역할을 회복하기 위해 매우 적극적인 노력을 했다. 가나의 초대 대통령 콰메 은크루마의 노력에 대해 게라르도 세라Gerardo Serra는 다음과 같이 썼다.

센서스가 국민에게 있는 국가의 잠재적인 부를 (정확한 숫자 형태로) 정확하게 수량화하고, (정지적 지지의 형태로) 그 부를 현실화할 수 있는 정치적 기술로 기능하기 위해서는, 교육 운동을 통해 집계를 새로운 사회계약의 일부로 포함시켜야 한다. 이런 접근 방법은 국민의 협조를 물질적 진보에 대한 약속과 바꿔 정확한 인구 집계를 제공하는, 즉 식민 정권의 역량을 훼손했던 과세와 감시의 영역에서 센서스를 탈출시키는 것을 목표로 한다.

[표 4] 인종(%) 연도별 과소 집계 비율

인종	1980년	1985년	1991년	1996년
아프리카인	22.00	20.40	46.20	10.50
유색인종	3.20	3.50	12.40	10.50
유럽인	8.50	5.50	10.80	9.00
아시아인	4.40	6.50	15.40	6.10

주: 모든 숫자는 반올림된 숫자임. 1980년, 1985년, 1991년의 과소 집계 추산치에는 TBVC(트란스케이, 보푸사츠와나, 벤다, 시스케이) 지역의 수치가 포함되지 않음.
출처: 아킬 칼파니, 투쿠푸 주베리, 2001년, 〈1911년부터 1996년까지의 남아프리카 인종 분류와 근대적인 센서스〉, 《인종과 사회 4》, 표 5, 공식 통계에서 추출함.

5장에서 다루겠지만, 과세는 사회계약 강화에 중요한 역할을 한다. 하지만 불법적 국가의 유산 중 하나로 불신이 불가피하게 남아 있으며, 포괄적 과세가 아닌 선택적 과세 역시 이 유산 중의 하나다. 명백히 차별적인 국가들과 센서스 조사는 그렇다고 쳐도, 체계적으로 집계가 되지 않는 집단들이 보이는 데이터가 있다. 출생과 사망에 대한 기본적인 정부 데이터다.

출생과 사망조차 집계되지 않는 사람들

나는 나이를 정확하게 모른다. 내 나이에 대한 공식적인 기록도 본 적이 없다. 노예들 대부분은 자기 나이를 모른다. 말들이 자기 나이를 모르는 것과 비슷하다. 내가 알기로는, 노예 주인들 대부분은 자기 노예들이 이렇게 나이를 계속 모르기를 원한다. 자기 생일이 언제인지 아는 노예는 한 번도 본 적이 없다. 노예들은 언제 씨를 뿌리고 추수를 하고 체리를 수확하는지, 언제가 봄인지 가을인지는 알지만 자기 생일은 거의 모른다. 어렸을 때도 내 생일을 알 수 없다는 사실 때문에 불행하다는 생각이 들었다. 백인 아이들은 자기 생일을 아는데, 나는 왜 내 생일을 알 권리가 없는지 알 수가 없었다.

—프레더릭 더글러스

센서스 데이터는 '아무도 뒤처지지 않는다'는 약속의 추가적인 두 가지 측면에 의존한다. 출생·사망 기록과 법적 지위다. SDGs의 세부 목표 16.9의 내용은 다음과 같다. "2030년까지 출생 등록을 비롯해 모두에게 법적 지위를 부여한다."

지난 10년에 걸쳐 어느 정도 개선이 되긴 했지만, 전체적으로 보면 5세 미만 어린이의 약 3분의 1은 출생 등록이 돼 있지 않다. 출생 등록 시스템을 제대로 갖추지 않은 나라도 100개가 넘는다. 국제개발센터에서 같이 일했던 동료인 케이시 더닝Casey Dunning, 앨런 겔브Alan Gelb, 스네하 라그하반Sneha Raghavan은 SDGs의 이런 세부 목표를 강조해야 한다고 주장하면서, 이런 종류의 집계가 필수적인 이유 세 가지를 들었다. 첫째, 신원 확인은 국가에 대한 (최소한 개념적인) 권리의 구축을 뒷받침한다. 둘째, 신원 확인은 국가 서비스에 대한 (실제적인) 접근을 쉽게 한다. 셋째, 신원 확인은 더 좋은 데이터를 뒷받침한다. 따라서 집계의 더 넓은 측면들을 본다면, 신원 확인은 개발 촉진의 수단이자 목표라고 할 수 있다.

언제나 그랬듯이 여기서도 집계되지 않는 사람들은 자신의 의지로 집단을 선택한 사람들이 아니다. 더닝 등은 '출생 등록이 돼 있지 않고 법적 지위가 없는 사람들이 통상 가장 가난한 나라들의 가장 취약한 사람들인 것은 우연이 아니다'라고 지적했다. 이 사람들 중에는 16개국의 16세 미만 약 7억 5,000만 명이 포함돼 있으며, 이들 중 2억 3,000만 명은 5세 미만이다. 이 밖에도 등록이 돼 있지만 출생증명서가 없는 어린이도 7,000만 명에 이른다.

가구 조사 데이터를 이용해 분석하면 더 자세한 내용을 알 수 있다. 국제건강형평성연구소International Center for Equity in Health의 연구자들이 94개국 400만 명 이상의 어린이에 대한 데이터를 분석한 결과에 따르면, 29개국 어린이는 90% 이상 출생증명서가 있었지만, 36개국에서는 이 비율이 50% 미만이었다. 표본 전체에 걸쳐 시골 지역과 저소득 가구의 어린이들은 등록될 확률이 제도적으로 낮았다. 하지만 거의 모든 어린이를 등록한 (저소득) 국가들이 있다는 사실은 SDGs의 관련 세부 목표가 달성될 가능성을 보여주고 있다. 이와 비슷한 맥락으로 유니세프에 따르면 가난한 가정에서 태어난 어린이들, 교육 정도가 낮은 엄마에게서 태어난 어린이들의 등록 가능성이 가장 낮으며, 일부 국가에서는 특정 민족 언어 집단 그리고/또는 종교 집단에서 태어난 아이들이 그렇다. 텍사스 대학의 웬디 헌터는 라틴아메리카의 원주민 집단들과 아프리카계 인구, 그리고 그 밖의 지역, 예를 들어 케냐의 누비아계 인구와 소말리아계 인구, 터키의 쿠르드족 인구, 베트남의 비(非)라오족 인구가 당하는 배제에 초점을 맞춰 전 세계의 사례를 연구했다.

헌터는 등록이 줄 수 있는 혜택에 대한 중요한 비판에 대해서도 언급했는데, 그는 이런 비판이 다음의 세 가지 가정에 기초를 두고 있다고 봤다.

첫째, 국가가 제공하는 서비스, 기회, 혜택, 보호는 실제로는 무엇인가를 얻기 위한 것이다. 둘째, 이런 것들에 대한 접근은 출생증명서 또는 기타 공식 문서의 소유에 철저하게 의존하며, 다른 대안은 받아들여지지 않는다. 셋째, 혜택과 서비스에 대한 접근에는 다른 더 근본적인 경제적, 정치적, 사회적 장애물이 존재하지 않는다.

헌터는 정부의 현금 지원 같은 공공서비스를 받기 위해 신분 확인이 필수적이 되는 경향을 분석했다. 그는 신분 등록이 항상 제약 조건이 되는 것은 아니지만, 대부분의 경우 그렇기 때문에 등록에 대한 비판은 정당화되지 않는 것이 현실이라고 주장했다.

또 다른 우려는 법적 지위와 시민권의 연관 관계에 관한 것이다. 이 우려에는 법적 지위에 대한 관심이 무국적자들에게 당면한 문제들을 악화시킬 우려가 포함된다(예를 들어, 무국적자들은 실제로 불법적 지위를 드러내는 신분을 받는다. 또한 SDGs에서 강조된 책임성이 이들의 소외를 더 심화할 수도 있다). (이민자들은 일부 세부 목표에 명백하게 포함되지만) 법적 지위 또는 시민권 보유에 상관없이 권리를 보장해야 할 필요성은 통상 명백하게 드러나지 않는다는 것도 문제다.

개발 담론에서 사망 등록의 문제는 별로 두드러지지 않는다. 아마 삶의 권리에 초점을 맞추는 것이 합리적이기 때문일 것이다. 하지만 사망을 집계하지 않는 것은 더 깊은 불평등을 드러내는 동시에 본질적으로 해롭기도 하다. 이런 제도적인 불평등에 눈을 감는 것은 그 불평등에 대처하는 움직임을 방해할 것이다.

최근 몇 년 동안 언론은 사망률 집계 불이행에 대한 관심을 높이기 위해 통계를 수집해왔다. 너무나 소외돼 있어 공무원들이 사망에 신경을 쓰지 않는 사람들과, 사망률을 기록하지 않기로 한 강력한 세력에 의해 사망이 무시되는 사람들에 대한 통계다.

두 번째 집단의 예로는 미국 경찰의 총격으로 희생당한 사람들과 기타 살인 행위로 희생당한 사람들을 들 수 있다. 2014년 3월까지 거의 10년 동안 미국 사법통계국Bureau of Justice Statistics은 '체포 과정에서의 사망'에 관한 데이터를 수집하기 위해 노력했지만, 결국 포기했다. 뉴욕시 경찰국NYPD 같은 미국 최대 경찰국 중 일부가 참여를 하지 않았기 때문이다. 1년 후인 2015년 3월 영국 일간지 《가디언》은 자체 집계를 시작했다. 6개월 후 제임스 코미 FBI 국장은 미국 법 집행기관 및 정치인 고위급 회의에서 《가디언》과 《워싱턴포스트》가 체포 과정에서의 사망에 대한 더 좋은 데이터를 가지고 있다는 것이 '받아들일 수 없는 일'이며 '터무니없으며 당황스러운 일'이라고 말했다.

다시 1년 후인 2016년 12월, 미국 사법통계국은 《가디언》의 오픈 소스 데이터와 경찰 조사 내용을 결합하기 위한 프로젝트성 프로그램을 시험 가동해 얻은 예비 결과를 발표했다. 하지만 애석하게도 그 이후로는 공식 발표가 현재까지 이뤄지지 않고 있다.

고소득 국가에서도 소외된 집단들은 집계되지 않는 경우가 많다. 영국에서는 많은 지역 당국이 노숙인들의 사망 통계를 집계하지 않거나 명백하게 사망 수를 줄여서 보고하고 있다. 영국의 언론 단체인 탐사보도국The Bureau of Investigative Journalism, TBIJ은 스코틀랜드의 비영리 미디어 협동조합인 더 페럿The Ferret 등의 지역 저널리스트 집단들과 협력해 영국의 통계를 작성해왔다. 현재 스코틀랜드 국립 공문서관과 영국 통계청ONS이 모두 이 언론 집단들의 접근 방법을 검증하고

있다고 확인한 상태이며, 영국 통계청은 곧 실험적인 통계를 발표할
예정이다.

불확실한 지위 때문에 이주자 집단이 소외되는 경우도 많다. 이
들은 대부분 다른 나라로 가려는 과정에서 취약성이 높아진다. 그동
안 EU로의 이주는 엄혹한 정치적 분위기에 직면해왔기 때문에, 그
결과는 예상대로 집계 불이행이라는 형태로 나타났다. 2015년 림 아
부-하예Reem Abu-Hayyeh와 프랜시스 웨버Frances Weber가 영국 인종관계
연구소에서 진행한 연구 '아무도 원하지 않고, 아무도 주목하지 않는
사람들: 유럽 내 망명 및 이주 관련 사망 160건에 대한 조사'는 망명
및 이주 시도로 인한 끔찍한 결과들과 유럽 국가 대부분에서의 사망
집계 및 확인 불이행에 대해 '이런 경우 사망자는 말 그대로 애도할
수도 없는 사망자다'라고 묘사했다. 연구자들이 이주 및 망명에 관련
된 사망이라고 인식한 사망 123건 중 거의 절반은 자살이었다. 나머
지 사망 사건은 치료를 받지 못하거나, 의학적 도움을 거부당한 경우
였다. 의학적 도움이 지연되는 등의 의학적 요인들에 의한 사망이거
나 경찰에 의한 사망, 다른 이유로 인한 자살, 사고사, 탈출 시도를 하
는 과정 중 또는 추방을 당한 뒤의 사망도 있었다. 조사된 사망 사건
중 30건 이상은 원인을 특정할 수 없는 사망이었으며, 노르웨이, 아
일랜드, 프랑스, 독일, 영국에서 사망한 63명은 신원도 확인할 수 없
었다.

《가디언》은 네덜란드 NGO인 문화간행동연합, 런던 치젠헤일갤
러리, 리버풀 비엔날레와 공동으로 '더 리스트The List'라는 프로젝트
를 구축해 이 영역에서 활동을 해왔다. 이런 노력은 이주민 전체 사망
수, 즉 바다에서, 이주민 수용소에서, 새로운 삶을 시작하길 원했던,

지역사회에서 사망한 이주민의 전체 숫자를 집계하기 위한 것이다. 2018년 6월 현재 더 리스트가 집계한 사망자는 3만4,361명이다.

노숙자와 이주자들은 극도로 소외된 사람들이다. 따라서 이들의 사망이 집계되지 않는 것은 별로 놀라운 일이 아닐 수도 있다. 그렇다면 여성은 어떨까? 미국의 경우 지난 10년 동안 공식적인 모성 사망률을 집계하지 않았다. 서로 다른 당국들이 보고하는 데이터의 질과 일관성 문제에 대한 우려 때문이었다. 하지만《랜싯》에 실린 연구 결과에 따르면, 미국은 MDGs 기간(1990-2015년) 동안 모성 사망률이 상승한 유일한 고소득 국가다. 생아 출산 산모 10만 명당 26.4명이 사망했다. 이 수치는 영국, 프랑스, 스페인 같은 나라들이 10명 미만, 아일랜드와 이탈리아, 덴마크, 핀란드가 5명 미만을 기록한 것과 비교된다.

모성 사망이 항상 집계된다고 해서 모성 사망률이 감소하는 것은 아닐 것이다. 모든 기초 데이터의 질이 나쁘다는 것은 미국의 추정치가 완전히 잘못됐다는 뜻일 수도 있다. 하지만 그렇게 오랫동안 아무도 확실하게 말할 수 없었다는 사실은 논쟁의 여지가 없는 사실이며, 여성의 소외화 역시 논쟁의 여지없이 반영하는 것이다. 게다가 그나마 존재하는 데이터는 이런 여성의 소외화 현상의 또 다른 측면, 즉 미국 흑인 여성은 임신 관련 사망률이 백인 여성보다 3배 이상 높다는 사실을 드러내고 있다.

미국의 사망률 집계 불이행과 관련해 많은 관심을 끌었던 최근의 논란은 2017년 푸에르토리코(카리브해에 있는 미국 자치령)를 황폐화했던 허리케인 마리아로 인한 사망자 집계와 관련이 있다. 이 경우에서 사망률이 더 문제가 된 이유는 자연재해 이후 연방 정부의 지원 정도가 피해 규모를 반영하기 때문이다. 허리케인 직후 발표된 공식 사망자 숫자는 64명이었지만, 푸에르토리코 주민들과 외부 독립 조사자들, 언론은 사망자가 훨씬 더 많다고 추산했다. 결국 2018년 6월 푸에르토리코 자치 정부는 사망 추정자가 1,427명이라는 종합적인 조사 결과를 발표했다.

국제적인 측면에서 사망률은 기근 선포 여부 결정에 직접적인 역할을 한다. 지난 2000년대에는 객관적인 데이터에 기초해 상황을 분류하고, 기근 선언에서 최대한 정치를 배제하기 위한 표준적인 방법으로 통합식량안보단계분류체계Integrated Food Security and Humanitarian Phase Classification Framework, IPC가 도입됐다. IPC는 식량 불안을 5단계로 나눈 것으로, 마지막 단계가 기근 선언 단계가 된다. 이 단계가 되려면 모든 가구의 20%가 극단적인 식량 부족에 직면해 있고, 5세 미만 어린이의 30% 이상이 중증 영양실조(몸무게와 키로 측정됨)를 겪고, 1만 명 중 최소 2명이 매일 식량 부족으로 사망해야 한다.

2015년에 시작된 예멘 무력 사태는 내전이 지역 세력과 국제 세력들 사이의 대리전으로 전환된 사례다. 이는 심각한 식량 불안을 포함한 광범위한 피해와 취약성을 발생시켰다. 기근 선언은 여러 가지 이유에서 정치적으로 매우 민감한 행위가 될 수 있었다. 기근 선언은 국제적으로 인정받은 정부를 지지하는 연합 세력에게 큰 고통에 대한 책임이 있다는 후티 반란 세력의 주장을 인정하는 것이었기 때문이다. 또한 (연합 세력을 지지하는) 원조 공여 국가들의 도움은 인명 희생을 줄이는 데 완전히 실패한 상태였다. 게다가 기근 선언은 한쪽 또는 양쪽 모두를 지지하는 세력들에 대한 유엔 제재를 약화시킬 가능성도 있었다.

이런 상황에서는 갈등에 내재하는 고유한 문제들, 즉 특정한 결과를 피하려는 일부 당사자들의 이해관계 때문에 데이터 확보가 어려워진다. 데이터 그리고/또는 그 데이터의 해석 역시 왜곡을 유도하는 다양한 이해관계 때문에 공정한 평가가 힘들어진다. IPC 틀 안에서 최종 평가는 관련 정부의 인사를 의장으로 하는 전문가 회의에서 이뤄진다(하지만 경쟁하는 친정부 정당들과의 상황이 어떻게 해결될지는 불투명하다).

세 번째 판단 기준인 사망률 데이터는 특히 문제가 많다. 유엔 예멘 담당 조정관 리즈 그란데Lise Grande는 '보건 의료 시스템이 완전히 무너지고, 사망자 집계가 현실적으로 불가능한 상황을 고려할 때, 사망률을 구체적으로 파악하는 것은 불가능에 가깝다'고 말했다. 현실과 상관없이 기근 선언을 하는 것이 불가능할 것이라는 입장을 보인 것이다. 기근 전문가 알렉스 드 월Alex De Waal은 기근 선언을 하지 않으면 100만 명이 사망할 수 있다고 지적하면서도 아직 시스템이 쓸 만하며, 이 시스템은 최소한 '현재로서 우리가 가진 최선'이라고 주장한다.

객관적으로 검증 가능한 기준을 설정함으로써 IPC는 결정 자체의 정치적인 속성과 그 속성이 데이터에 미치는 영향을 일부 제거했다. 장애물을 제거하지는 못했지만 한 걸음 앞으로 나아간 것이다. 2018년 12월에서 2019년 1월까지 이뤄진 예멘에 대한 IPC 평가는 1,590만 명(분석된 인구의 53%)이 심각한 식량 불안 상태에 있고, 36%(약 1,080만 명)가 3단계인 '위기' 단계에 있으며, 인구의 17%(약 500만 명)이 4단계('위급')에, 6만3,500명이 5단계('재앙', 즉 기근)에 있다는 사실을 밝혀냈다.

집계가 불가능하다는 거짓말

영국은 전 세계가 부러워하는 국민보건서비스^{National Health Service, NHS}를 보유하고 있다는 사실과 함께 건강 데이터의 질, 건강 관련 연구와 혁신 수준에 자부심을 가지고 있다. 영국의 모성 사망률에 대해 세계보건기구^{WHO}는 '영국 정부의 모성 사망 비밀조사^{CEMD}는 가장 오랫동안 시행되고 있는 모성 사망 조사이며, 이 조사 방법은 전 세계 표준으로 여겨진다'고 평가한다.

《영국 마취학회 저널》은 2005년 논평 페이지에 '모성 사망 비밀조사는 엄청난 성공을 거두고 있다. 이 조사는 지난 50년 동안 수많은 산모의 목숨을 구했다'는 내용을 싣기도 했다.

하지만 영국에는 과거의 모성 관련 질환만큼 삶에 제약을 가하는 질환이 존재한다. 바로 학습장애다. 학습장애는 데이터가 체계적으로 수집되지도 않고, 학습장애의 원인을 규명하려는 국가 수준의 노력도 없으며, 학습장애의 원인에 대처하기 위한 정책도 전혀 없는 상태다. 2016-2017년 학습장애인 사망률 검토^{Learning Disabilities Mortality Review, LeDeR} 연간 보고서는 영국 NHS를 대행해 브리스톨 대학이 운영한 프로그램에 대해 요약하고 있는데, 이 프로그램은 학습장애를 가진 사람들의 사망에 관한 데이터를 수집하고 검토하는 것이 목적이었다. 이 보고서는 역량 부족, 훈련 부족에 의한 적시성 문제, 조사자들이 다른 일과 병행함으로써 발생하는 문제, 그리고 이 모든 문제의 근간이 되는 문제로 프로그램 자체가 공식적으로 강제성을 띠지 않는다는 점에 대해 지적하고 있다.

(4세부터) 학습장애가 나타난 사람의 사망 연령 중앙값은 여성이 56세, 남성이 59세였다. 2014-2016년 영국 국민의 기대 수명이

여성 86세, 남성 82세였다는 사실을 고려하면, 세계에서 가장 부유한 나라 중 하나인 영국에서 학습장애인은 인생에서 가장 좋은 30년을 누리지 못하고 사망한다는 것을 알 수 있다. 이 숫자는 2010-2012년 영국 정부의 학습장애인 조기 사망에 대한 비밀 조사Confidential Inquiry into Premature Deaths of People with Learning Disabilities, CIPOLD(LeDeR의 전신) 결과 밝혀진 학습장애인의 사망 연령 중앙값인 여성 63세, 남성 65세에서도 크게 줄어든 것이었다.

2015년 영국 복지개혁센터Centre for Welfare Reform는 정부의 '긴축' 계획에 따라 삭감된 복지 예산의 29%를 전체 인구의 8%에 불과한 사람들, 즉 학습장애인이 감당해야 했다고 분석했다. 이 돈이 학습장애인의 수명 7년과 바꾼 돈이었을까? 아니면 LeDeR의 집계가 개선돼 더 나쁜 상황을 정확하게 나타낼 수 있게 된 것일까? 답은 확실하지 않다. 집권 정당들은 모두 이 질문 또는 영국 학습장애인들의 삶에 관련된 다른 많은 질문들에 답을 할 수 있을 만큼의 데이터를 수집하지 않았기 때문이다. 2013년 CIPOLD는 국가 학습장애 사망률 조사 기구의 설립을 권고했다. 왜 그랬을까? 사망률 데이터를 체계적으로 수집하고 검토해 지식을 축적함으로써 생명을 구할 수 있기 때문이다. 하지만 정부는 이 권고를 거절했다. 비용이 너무 소요된다는 이유였다.

2016년 유엔 경제·사회·문화적 권리 위원회 보고서는 '2010년에 도입된 관련 정책과 프로그램을 재검토하고, 이 정책과 프로그램이 혜택을 받지 못하고 소외된 사람들과 집단들, 특히 여성과 어린이 그리고 장애인들의 경제적, 사회적, 문화적 권리 향유에 미치는, 모든 이해 당사자들이 인식하는 누적 영향에 대한 종합적인 평가를 실시할 것'을 영국 정부에 권고했다. 장애를 가진 사람들 같은 집단들의 세분화된 데이터 수집 또는 공개 거부에 대한 경고가 이 보고서 전체를 관통하는 주제였다.

학습장애인에 대해 영국의 기득권층이 다른 나라의 기득권층에 비해 특별히 더 관심이 없을 이유는 없는 것 같다. 그렇다면 학습장애인들이 전 세계에서 가장 배제되고 소외된 집단일 수도 있다. 세계 곳곳에는 이들보다 훨씬 더 심하게, 훨씬 더 정교한 의도에 의해 피해자가 되는 사람들이 분명히 존재한다. 하지만 글로벌 차원에서 인권 유린 수준에 이를 정도로 방치되는 단일 집단이 이외에도 또 있을까?

이런 식으로 생각하는 것은 별로 도움이 되지는 않는다. 또한 어떤 한 집단을 부각하는 것 역시 도움이 되지 않을 것이다(이런 생각은 성별, 카스트, 원주민 신분 같은 글로벌 차원의 배제 요인들을 가볍게 생각하기 위한 것도 결코 아니다). 하지만 최소한 이렇게 생각해볼 가치가 있다는 생각이 든다. 이런 생각은 터무니없다고 바로 내칠 수도, 내쳐서도 안 되는 생각이기 때문이다.

그렇다면 이런 의문이 들 수 있다. 이런 형태의 인권 유린을 받아들이는 분위기가 모든 종류의 역사와 모든 종류의 1인당 소득 수준을 가진 사회에 걸쳐 어떻게 존재할 수 있을까? 전 세계 곳곳에서 일어나고 있는 학습장애인에 대한 배제가 어떻게 대중의 인식, 관심 또는 분노를 불러일으키지 않을 수 있을까?

글로벌 차원에서 볼 때 집계는 더 악화되고 있는 것 같다. 가장 최근의 예로는 2011년 WHO/세계은행의 〈세계 장애 보고서〉를 들 수 있다. 이 보고서의 온라인판에는 다음과 같은 내용이 들어있다. "세계 인구의 약 15%가 일종의 장애를 가지고 살고 있으며, 이들 중 2-4%는 신체 기능 수행에 심각한 어려움을 겪고 있다. 전 세계의 장애인 비율은 1970년대부터 WHO가 추정해온 비율인 약 10%보다 높다." 따라서 앞에서 내가 인용한 통계치도 최소 8년 전 수치이며, 전 세계 추산 비율로도 두 번째 측정된 것에 불과할 것으로 보인다. 확실히 지난 50년 동안에는 두 번째로 측정된 것이다.

유엔과 세계은행 데이터 포털에, '장애'를 검색하면 아무것도 나오지 않는다. '학습장애'는 말할 것도 없다. 집계되지 않았고, 따라서 보이지도 않는 것이다. 〈세계 장애 보고서〉의 권고사항 (9개 항목 중) 제8항과 '장애 데이터 수집의 개선'을 요구한, 매우 합리적이지만 전혀 실행되지 않은 권고 사항을 읽어봐도 마찬가지다. '데이터는 나이, 성별, 인종, 경제·사회적 지위 같은 인구 특성들에 의해 세분화돼 장애를 가진 사람들이라는 세부 집단에 관한 패턴, 추세, 정보를 밝혀야 한다'는 말이 떠오를 것이다.

하지만 너무 비관하지는 말자. 일부에서는 희망적인 움직임도 일고 있다. 영국의 성소수자 인권 단체 스톤월Stonewall은 대규모 조사를 통해 영국 LGBT 인구의 건강에 관한 보고서를 발표했다. 장애가 있는 LGBT에 대한 통계는 정신 건강과 육체적 건강 면에서 일관성 있게 부정적이었지만, 이런 질문으로 교차적 문제들이 드러났다는 점에서 진보의 희망을 가질 수 있다는 사실이 중요하다. 적절한 사람들에게 질문을 하기 시작함으로써 소외에 대처하겠다는 의지가 있는 한, 집계는 더 이상 넘을 수 없는 장벽이 아닐 것이다. "우리를 제외하고 우리에 관해 논하는 것은 의미가 없다"라는 장애인 당사자주의 운동의 핵심이 바로 이것이다.

'돌봄'을 받는 과정에서 사망한 18세 영국 소년 코너 스패로호크Connor Sparrowhawk의 사망 원인이 부주의로 밝혀진 사건에서 촉발된

'LB에게 정의를Justice for LB'은 장애인과 그 가족들의 풀뿌리 운동으로 성장했다(사실 코너는 우리 집 건너편에 살았고, 나는 그 집 사람들과 친했다). 하지만 영국 의회가 논의하고 있는 'LB 법안'은 아직까지 관련 법으로 제정되지 못하고 있으며, 이 사건과 관련된 집계도 여전히 변화가 없는 상태다.

집계 불이행은 권리 박탈이다

장애인들은 신분증이 없는 경우가 많다. 미국에서는 반드시 사진이 부착된 신분증이 있어야 투표를 할 수 있도록 하는 추세가 늘어나고 있다. 이는 장애를 가진 사람들이 배제될 가능성을 높이는 또 다른 움직임으로 해석할 수 있다.

명목상 민주주의 국가에서 사람들이 정치적인 힘을 행사하지 못하게 하는 방법은 두 가지다. 하나는 아파르트헤이트 정권처럼 투표에서 이들을 배제하는 법을 제정하는 방법이다. 하지만 이런 노골적인 접근 방법은 점잖은 사람들의 눈살을 찌푸리게 하기 때문에, 요즘에는 좀 더 교묘한 방법이 사용되고 있다. 투표를 제한하는 법률을 도입하는 방법이다. 이 방법은 특정한 집단에 체계적인 영향을 미친다는 것을 알고 선택하는 것이다. 예를 들어, 형사사법체계가 인종차별적인 편향이 강하다는 것을 알고 있다면, 중범죄자들의 권리를 박탈함으로써 그 편향이 투표 패턴에 미치는 영향을 더 크게 만들 수 있다. 2018년 미국 중간선거에서 플로리다주는 이 법을 폐지해 약 140만 명에게 투표권을 돌려줬다. 하지만 여전히 이런 법은 미국의 다른 주 여러 곳에서 시행되고 있다.

이스라엘 네게브 사막의 베두인족, 미국 캔자스주 도지시티에 거주하는 히스패닉계 미국인 같은 소외된 시골 인구들을 배제하려면 집에서 몇 킬로미터 안에 투표소가 없게만 만들면 된다.

두 번째 방법은 특정 집단들이 투표를 하기 어렵게 만드는 방법이다. 즉, 특정 집단 전체를 완전히 배제하지 않으면서 그 특정 집단의 전체적인 영향력을 제한하는 방법이다. 따라서 사진 부착 신분증 소지를 의무화하는 것은 평균적인 투표 성향을 변화시킬 수 있다. 텍사스주처럼 학생증은 안 되지만 총기 소지 허가증은 투표용 신분증으로 허가하는 움직임은 앞으로도 계속 확산될 것으로 보인다. 투표 당일에 등록을 하기 어렵게 만드는 방법이 이용되기도 한다. 에모리 대학의 캐럴 앤더슨Carol Anderson은 신분증이 있어야 하지만 관공서가 너무 멀어 필요한 서류를 떼기 힘들게 만드는 방법에 대해서도 설명했다(예를 들어 조지아주). 현재 노스다코타주에서는 신분증법에 따라 투표를 위해서는 주거 주소가 있어야 하는데, 이는 신분증상 주소가 우체국 사서함으로 돼 있는 약 5,000명의 아메리카 원주민의 권리를 사실상 제한하는 조치라고 할 수 있다.

미국의 유권자 명부에서도 수백만 명이 제거된 상태다. 조지아주에서는 직전 선거에서 투표를 하지 않았거나 주소를 확인하지 않은 사람들을 대상으로 이런 일이 이뤄졌으며, 이는 저소득층은 물론 흑인과 소수민족에도 영향을 미쳤다. 2018년 6월 조지아주 대법원은 직전 선거들에서 투표를 하지 않은 사람들을 명부에서 제거하는 조치에 대해 5대 4로 합헌 결정을 했다. 주 정부가 저소득층과 소수민족 집단들을 사실상 배제할 수 있도록 허용한 조치였다.

미국의 유권자 억제voter suppression(특정 집단의 유권자들이 투표를 하지 못하게 하는 전략)에 대해 오랫동안 보도하고 관련 운동을 벌여온 미국의 진보 성향 매체《마더 존스Mother Jones》의 애리 버먼Ari Berman 기자는 투표권법을 훼손시키고, 투표 차별의 오랜 역사를 가진 주들이 연방 승인 없이 투표 규칙을 바꿀 수 있도록 허용한 2013년 대법원 판결에 문제를 제기했다. 다른 많은 영역에서 이뤄지는 집계 불이행이라는 메커니즘은 투표에서도 나타난다. 유일한 차이점은 유권자 억제가 더 공개적이고 더 의도적이라는 것밖에 없다. 하지만 최근 영국의 브렉시트 국민투표를 포함해 전 세계 선거에서 벌어진 불투명한 자금 조달에 관한 폭로가 계속 이뤄지고 있다는 점, 소셜미디어를 이용해 유권자 억제를 위한 개인 데이터 접근 권한을 남용한 사례를 생각해보면 공개적이라는 말은 어울리지 않을 수도 있겠다.

10년마다 실시되는 미국 센서스는 각 주의 의회 의석수와 대통령 선거인단 수를 결정하는 기초가 되며, 8,800억 달러에 이르는 연방 지원금의 주 정부 지자체 배당 결정의 근거가 되기도 한다. 이 장 시작 부분에서 인용한 미국 헌법 조항은 '각주의 인구수는 연기 복무자를 포함시키고, 과세되지 아니하는 인디언을 제외한 자유인의 총수에 나머지 총인원수의 5분의 3을 가산하여 결정한다'는 원칙을 기본으로 정치적 대표를 할당한다는 결정을 보여준다. 하지만 현실에서는 조작할 수 있는 범위가 매우 크다.

사후 조사에 따르면 2010년 센서스는 최근 들어 가장 정확했던 조사였으며, 이후에도 이 정도로 정확한 조사는 이뤄지지 않을 가능성이 높다. 2000년 조사는 전체의 약 0.5% 정도가 과다 집계된 반면, 1990년 조사와 1980년 조사는 거의 1.5%가 과소 집계된 조사였다. 2010년 센서스의 과다 집계 비율은 0.01%였으며, 이 정도 비율은 통계학적으로 0%나 다름없는 비율이었다.

하지만 2010년 센서스도 기저에 불평등 요소가 상당히 많았다. 이 불평등 중 일부는 고질적인 집계 문제가 반영된 것이었다. 예를 들어, 학생 기숙사 같은 '집단' 주거 시설에 사는 사람들과 가정에서 사는 사람들의 차이, 세입자와 주택 소유자의 차이가 반영되지 않았다. 다른 불평등은 이런 생활 방식의 특징들과 관련된 권력 문제가 아니라 민족 언어 집단과 관련된 권력 문제를 반영하는 것이었다.

2010년 센서스에서 비히스패닉계 백인은 0.8% 과다 집계됐다. 이와는 대조적으로, 히스패닉계 인구의 1.5%, 흑인의 2.1%는 집계가 되지 않았다. (0.1%가 집계되지 않은) 아시아인, (1.3%가 집계되지 않은) '하와이 원주민과 기타 태평양 섬 거주자'의 경우는 통계적으로 0%나 다름없었다. 가장 많이 배제된 집단은 '보호구역에 사는 아메리카 원주민과 알래스카 원주민' 집단으로, 이들의 4.9%가 집계되지 않았다.

이런 집계 불이행의 효과는, 불이행이 비교적 적게 이뤄진 해에도 상당히 크다. 캘리포니아주에서 집계되지 않은 약 150만 명은 해마다 연방 지원금 17억 달러를 받을 수 있는 숫자이며, 하원 의원 선거구 1곳 이상을 배당받을 수 있는 숫자이기도 하다. 데이터가 사라지면 돈과 권력도 사라진다.

종합적으로 평균적인 투표 패턴을 보면, 집계되지 않을 확률이 가장 높은 민족 언어 집단들은 공화당(공화당의 핵심인 백인들은 과다 집계된다)이 아니라 민주당을 꾸준히 지지하는 성향이 강하다. 이 패턴은 트럼프 행정부의 점점 노골적이 되었던 인종차별주의와 함께 강화돼왔으며, 집계를 조작하고자 하는 욕구를 한층 더 강화했다.

2020년 현재 센서스 조작은 크게 두 가지 형태를 띠고 있다. 이 중 덜 직접적인 방법은 공포 분위기 조성이다. 센서스에서 효과를 내는 것이 꼭 주목적은 아니지만, 이 방법은 확실히 센서스에서 효과를 발한다. 지난 2017년 센서스국이 취약 가능성이 있는 집단들을 대상으로 사전 조사를 실시한 결과는 트럼프 행정부 초기임에도 불구하고 정치적인 상황이 미치는 극적인 영향을 보여주었다.

사전 조사에 대한 대표적인 반응들은 다음과 같다. "센서스가 내 정보를 정보기관에 제공하거나, 이민국 직원이 찾아와 나를 서류 미비로 체포할 수 있다는 생각 때문에 공포에 질리곤 한다."(스페인어로 진행된 인터뷰), "현재의 정치적 상황으로 볼 때 특히 아랍인과 멕시코인은 정부 조사원이 집에 찾아오면 매우 겁을 먹을 수밖에 없다."(아랍어로 진행된 표적집단면접) 조사원 중 한 명은 "조사가 시작되기 몇 달 전부터 사람들은 계속 시민권이 없어도 상관없는지 묻곤 했다"라고 말했다.

센서스 관련 집계는 그 기반이 크게 손상된 상태다. 센서스 사전 조사 응답자들은 센서스 본 조사 응답자들과는 달리 현금 보상을 받았으며, 믿을 만한 지역사회 기관들의 추천을 통해 선정됐다. 또한 이들은 사전 동의를 통해 응답 내용이 비밀로 유지된다는 내용을 고지받았다. 하지만 이런 호의적인 환경에서조차 응답자들은 세 가지 행동 특징을 일관되게 나타냈다. 첫 번째, 불안이다. 응답자들은 개인 식별 정보를 찾아내 외부에서 보지 못하도록 차단하는 과정인 데이터 치환data redaction과 데이터 접근에 관한 자세한 정보를 요구했다. 둘째, 응답자들은 의도적으로 가구 구성원에 대한 정보를 정확하지 않거나 불완전하게 제공했다. 셋째, 조사가 빨리 끝나길 원했다.

센서스국은 사전 조사 결과를 "특히 이민자, 이민자와 같이 사는 사람들 사이에서 비밀 유지와 데이터 공유 관련 우려가 전례 없이 고조됐다. 이런 현상은 2020년 센서스에서 조사 참여의 장애물로 작용하고, 데이터의 질과 포함 범위에 영향을 미칠 가능성이 있다. 또한 이런 현상은 집계가 어려운 인구 집단들에 불균형적인 영향을 미친다는 점에서 특히 우려스러운 것이다"라고 요약했다.

센서스 조작을 위한 더 직접적인 방법은 트럼프 행정부도 사용한 방법으로, 센서스 내용을 바꿔 센서스 집계를 조작하는 것이다. 이는 질문 내용을 바꿔 응답자에게 영향을 미치는 방식이다. 실제로 트럼프 행정부는 1950년 센서스 이후에 사라진, 응답자의 미국 시민 여부를 묻는 문항을 재도입하려 했다.

이 문항이 다시 포함된다면 그 직접적인 효과는 끔찍할 것이다. 미국 센서스국 수석 과학자 존 어바우드John Abowd는 시민권 보유 여부를 물었던 2010년 미국 지역사회조사American Community Survey, ACS와 그렇지 않았던 2010년 센서스 응답 내용을 교차분석해 이 질문이 실제로 영향을 미친다는 증거를 제시했다. '미국 시민 가구'와 적어도 한 명이 시민권자가 아닌 가구 모두 ACS 응답률이 센서스 응답률보다 낮았다. 하지만 전체적으로 보면, 시민권을 보유하지 않은 가구들의 응답률 하락이 5.1%포인트 더 많았다.

가장 최근의 ACS를 더 자세하게 분석해 얻은 핵심적인 결과 중 일부를 정리한 표 5는 정치적 상황을 더 정확하게 반영하고 있다. 시민권 보유 관련 질문에 대한 응답과 응답 중단율의 범위(응답을 중간에 그만두는 비율과 그만두는 시점)를 보면 두 가지 사실이 분명하게 드러난다. 첫째, 전체적인 응답 중단율은 백인이 아닌 히스패닉계, 비히스패닉계 응답자가 비히스패닉계 백인 응답자보다 1.5-1.9배 높았

[표 5] 시민권 관련 질문의 억제 효과(%, 미국 지역사회조사)

	비히스패닉계 백인	비히스패닉계 흑인	히스패닉계
시민권 관련 질문에 대한 무응답 비율(우편 조사), 2013년-2016년	6.0-6.3	12.0-12.6	11.6-12.3
인터넷, 2013년	6.2	12.3	13.0
인터넷, 2016년	6.2	13.1	15.5
	비히스패닉계 백인	백인이 아닌 비히스패닉계	히스패닉계
시민권 관련 질문에서의 응답 중단율	0.04	0.27	0.36
시민권 관련 질문 3개 중 1개에서의 응답 중단율	0.5	1.2	1.6
전체 응답 중단율	9.5	14.1	17.6

출처: 2018년 1월 19일, 존 어바우드, '2020년 센서스에 시민권 관련 질문을 추가해 달라는 법무부의 요청에 대한 기술적 검토', 윌버 로스 주니어 상무부 장관의 회고록.

다. 응답자가 시민권 질문을 보게 되는 구체적인 시점에서의 응답 중단율은 훨씬 더 높았다.

둘째, 시민권 관련 질문에 대한 무응답 비율은 히스패닉계, 비히스패닉계 흑인 응답자가 비히스패닉계 백인 응답자보다 2배 높았다. 2013년 인터넷 기반 조사에서의 히스패닉계, 비히스패닉계 흑인 응답자 무응답 비율과 2016년 조사에서의 무응답 비율을 비교하면 이 격차가 점점 더 커진다는 것을 알 수 있다. 하지만 비히스패닉계 백인 응답자의 무응답 비율은 변화가 없었다.

수석 과학자의 메모를 종합해보면 2020년 센서스에 시민권 관련 질문을 포함시킬 경우, 시민권이 없는 집단들을 포함해 이미 상당히 소외된 집단들에 불균형적인 영향을 미치게 돼 집계되지 않는 사람들의 수가 상당히 늘어날 것이 확실하다는 결론을 내릴 수 있다. 센서스의 역할을 고려할 때, 이렇게 집계가 되지 않는 현상은 이런 집단들이 가장 많은 지역들에 대한 연방 자금의 배당과 그 지역들의 정치적 영향력을 줄이는 데 광범위한 영향을 미칠 것이다.

미국 상무부 장관 윌버 로스Wilbur Ross는 이런 분석에도 불구하고 계속 밀어붙이기로 결정했다. 트럼프 행정부의 속셈에 대해서는 이의 제기를 거의 하지 않으면서, 또는 최소한 완전한 무관심으로 일관하면서, 차별적인 결과를 낼 수 있는 정책을 계속 진행하기로 한 것이다. 하지만 센서스를 조작하겠다는 이런 노골적인 시도는 언론의 질타를 받고 있으며, 하원 감독 및 개혁 위원회 등은 격렬한 반대 입장을 표명했고, 여러 주의 검찰총장들이 법적인 문제를 제기하고 있다. 결국 2019년 6월 대법원은 시민권 관련 질문을 포함시키지 않아야 한다는 결정을 내렸다.

이미 센서스국 예산이 대폭 삭감돼 (푸에르토리코와 아메리카 원주민 보호구역에서 실시 예정이었던) 2017년 '예행 연습'이 취소됐으며, 2018년에 예정됐던 예행 연습 3건 중 (히스패닉계 인구가 상당히 많은 지역에서 실시될 예정이었던 1건을 포함한) 2건도 취소됐다.

정권이 바뀐다고 2020년처럼 문제가 많은 센서스가 개선될 수 있을 것이라는 기대를 해서는 안 된다. 1990년 센서스 집계에서 약

1,000만 명이 제외되는 일이 발생하자 센서스국은 집계를 더 정확하게 하기 위한 통계학적 조정 실시를 제안했다. 집계되지 않는 상당히 많은 수의 소외 집단들을 포함시킨다는 내용이었다. 하지만 당시 하원 의장이었던 공화당의 뉴트 깅리치는 이 제안을 거부했으며, 대법원은 이런 표본 수집 방법을 금지해야 한다는 결정을 내렸다. 집계 문제는 원천 데이터를 개선하는 방법으로만 이루어져야 한다고 사실상 확정한 결정이었다. 하지만 2020년 센서스에서는 개선이 아니라 개악이 예정돼 있다.

중국(약 14억 명, 2010년 센서스 기준)과 인도(약 12억 명, 2011년 센서스 기준)의 센서스 집계는 규모가 상당히 크다. 미국에서 집계되는 사람 수의 4배 이상이 집계된다. 그리고 의도적인 집계 불이행은 다른 시기, 다른 나라에서 더 노골적인 형태로 이뤄져왔다. 하지만 미국 센서스는 1조 달러에 이르는 연방 지원금 할당의 기초가 되며, 현재까지 세계에서 가장 영향력이 큰 나라의 선거 관련 결정에도 기초가 된다.

2020년 미국 센서스를 조작하기 위한 노력은 우리 시대 최대 규모의, 또는 적어도 21세기 들어 최대 규모의 집계 불이행으로 가는 길을 밟고 있다. 현재 제도의 힘으로 시민권 관련 질문을 포함시키지 못하게 만들 가능성은 여전히 존재한다. 하지만 정치권력을 훨씬 더 극적으로 전복시키지 못한다면 지금까지 조성돼왔던 공포 분위기만으로도 상당한 피해가 있을 것이다.

집계되지 않는 바다 사람들

이 책의 1부에서 다룬 집계 불이행의 모든 영역에 걸쳐 존재하는 하나의 진실이 있다. 집계 불이행은 권력 불균형에서 비롯되며, 권력 불균형을 악화시키는 현상이라는 것이다. 이런 현상의 가장 두드러진 예는 정부가 의도적으로 소외시키고 있는 사람들, 국가 기능에 의한 혜택에서 배제되고 있는 사람들에 대한 데이터를 억제하는 것이다. 특정 지역을 우선시하는 정책을 숨기려 했던 수단의 바시르 정권, 국가의 자원과 미래의 선거인단 비율을 백인 공화당원에게 유리하도록 배정하려던 미국의 트럼프 행정부를 다시 생각해보자.

인간의 진보를 촉진하기 위한 국가 차원의 노력, SDGs 같은 전 세계 차원 노력의 무게를 감당해야 하는 데이터에 결함이 계속 생기고 있다. 소외된 집단들이 집계되지 않거나 과소 집계되는 일이 계속 발생하고 있으며, 실제로 그나마 집계된 데이터에 따르면 이 집단들 대부분은 불균형으로 빈곤 속에 살고 있다. 개발의 데이터 문제는 정치적인 문제이지 기술적인 문제가 아니다. 기술적인 대응이 이런 불균형에 대처하지 못한다면 기술적인 대응만으로는 해결 방법을 얻을 수 없을 것이다.

최하층의 집계되지 않는 사람들은 사회계약의 혜택에서 적지 않게 배제된다. 이들은 정치적 대표자를 선출할 권리가 축소되며, 법치주의에 따라 기본적인 서비스를 누릴 권리도 제한된다. 또한 이들은 정치적 주목도가 떨어지기 때문에, 사회가 이들을 더 넓게 포용할 가능성 역시 떨어진다.

이런 배제는 중립적인 것도, 수동적인 것도 아니다. 적극적으로든 소극적으로든, (집계를 하고 있지 않다는) 의식을 얼마나 가지는지와 상관없이, 소외된 집단들을 집계하지 않는 현상은 권력을 가진 사람들의 의지에 따른 것이다. 때로는 이런 행동들을 그대로 사람들에게 보여주는 것만으로도 변화를 일으킬 수 있다. 하지만 집계 불이행은 더 큰 규모로, 더 의도적으로 이뤄지는 배제의 한 부분에 불과할 수도 있다. 인종차별적 이데올로기, 백인 지상주의 이데올로기 또는 불균형한 상태로 권력을 유지하려는 단순한 욕망 때문에 이뤄지는 배제의 한 부분일 수 있다는 뜻이다.

권력은 스스로 아무것도 넘겨주지 않는다. 하지만 집계되지 않는 것들에 우리가 눈을 더 크게 뜰수록 배후에 존재하는 권력에 대한 도전 가능성은 높아진다.

상기한 신탁자는 브라질 국적자이지만, 지난 15년 동안 캐나다에서 살았으며 캐나다를 영구 거주지로 생각하고 있습니다. 수탁자는 바하마에 전문 신탁보호자를 둔 케이맨 제도 소재 신탁 기관입니다. 신탁자의 자산은 다음의 2개 자회사의 주식으로 구성될 예정입니다. 신탁자의 라틴아메리카 기업 그룹의 지주회사는 버뮤다 소재 면제기업exempt company으로 설립되며, 영국령 버진 아일랜드에 채권과 주식을 보유한 국제 비즈니스 회사IBC가 설립됩니다. 재량권을 가진 수익자는 유럽과 남아메리카 전역에 걸쳐 거주하는 특정한 사람들로 구성됩니다.

—스마트직업훈련 플랫폼 교육 매뉴얼의 고객 시나리오

IMF의 국제수지BOP 통계에 대한 우리의 평가는 그리 희망적이지 않다. 보고된 숫자들은 예상보다 훨씬 더 부정확하고, 사용자들이 연상하는 이론적 개념들에 대부분 부합하지 않는다. 이와 동시에, 경제 생산의 초국가화transnationalization가 BOP 통계의 유효성을 서서히 잠식하는 동안 측정의 질도 계속 낮아지고 있다. 우리의 평가는 이런 숫자들이 국제 정치와 경제에 대한 학술 연구와 공공 토론에서 정확한 것처럼 널리 인용되는 현상에 심각한 의문을 제기한다.

—루카스 린지, 다니엘 뮈게

좋은 돈, 나쁜 돈 같은 것은 없다. 그냥 돈이 있을 뿐이다.

—럭키 루치아노

언머니: 불법적으로 숨겨지는 자본

4장 반사회적 이익을 용인하는 시스템

이 장은 전 세계에 걸쳐 체계적인 금융 비밀주의 관행이 어떻게 부유하고 힘이 있는 개인과 기업들에게 그들이 속한 국가의 법과 의무를 벗어날 수 있는 기회와 사회적 법적 의무 준수를 하지 않을 목적으로 집계를 피해갈 수 있는 기회를 제공하는지, 이것이 가장 기본적인 경제 통계를 어떻게 왜곡하는지 다룬다.

전 세계에서 일어나는 모든 주요한 부패, 세금 남용 사례의 기저에는 영국령 버진아일랜드에서 미국 델라웨어주에 이르는 조세피난처 소재 익명 소유의 기업과 신탁, 세계 최대의 주식시장들에서 소득이전profit shifting과 조세회피를 은폐하는 불투명한 기업회계, 은행 계좌를 숨길 목적으로 금융 정보 교환을 이행하지 않는 관행이 자리하고 있다.

이런 의도적인 비밀주의 관행은 전 세계 경제 금융 시스템의 한가운데에 자리 잡고 있다. 비밀주의 관행은 국제 무역, 투자, 금융의 깊은 곳에 '집계 불이행'이라는 이름표를 단 채 굳건하게 자리 잡고 있다고 할 수 있다. 또한 이런 집계되지 않는 것들의 속성은 더 나은 삶을 향한 지속 가능한 진보라는 희망 전체에 치명적인 위협이 되고 있다.

이 위협은 세 가지 요소로 구성된다. 첫 번째이자 가장 눈에 띄는 요소는 대규모 조세 수입 손실을 일으키는, 최상층에서의 집계 불이행이다. 정부가 국민의 삶을 개선하는 데 필요한 자금을 빼앗기는 것이다.

두 번째 요소는 더 점진적이지만, 궁극적으로는 더 강력한 요소다. 최상층의 의무 회피는 다른 계층에 악영향을 미칠 수 있다. 다른 사람들이 자신의 의무 준수에 대해 회의를 느낄 수 있기 때문이다. 이는 사회계약, 국가-국민 관계 그리고 궁극적으로 정부의 정통성을 모두 훼손시킨다. 부패가 성행하면서 정치적 대표성과 거버넌스도 약해진다. 조세 수입의 사용을 포함한 정부의 행동이 국민을 위한 포용적인 혜택을 목표로 삼기도, 그 혜택을 제공하기도 점점 힘들어진다.

마지막으로, 최상층에서의 집계 불이행을 용인하면 사회는 그 사회에 불평등이 얼마나 많이 존재하는지 인식할 수 없게 된다. 토마 피케티가 1789년 프랑스 대혁명의 중요한 유산 중 하나로 지적한 토지 등록에 대해 생각해보자. 토지 등록은 토지 불평등(당시에는 토지 불평등이 사실상 부의 불평등이었다)에 대한 당시 대중과 정책 입안자들의 인식을 확실하게 만들었다. 또한 토지 등록은 과세 여부와 과세 시점을 결정할 수 있는 수단을 제공하기도 했다. 수단의 《블랙 북》 사례에서처럼, 토지 등록은 토지 재분배 요구를 억압하고 불평등에 대한 무지를 유도하는 정교한 조작을 분쇄하는 수단이다.

이 책의 1부는 '결정자 선택'과 '사람들이 얻는 것'과 관련해 집계되지 않는 사람들을 주로 다뤘다. 2부는 '사람들이 해야 하는 것'과 관련해, 집계되지 않는 사람들에 초점을 맞춘다. 핵심은 다른 관할권, 즉 '역외offshore'의 이용에 관한 것이다. 다국적기업의 전 세계 곳곳으로의 소득 이전부터 독점적 지위 은폐와 정치적인 이해 충돌, 범죄 수익 세탁, 국가 자산에 대한 명백한 절도에 이르기까지 이런 예는 수없이 많으며 형태도 매우 다양하다. 이 모든 예의 공통점은 금융 비밀주의가 다른 모든 사람을 위한 사회의 필수적 요소가 되는 과정을 피해 가도록 해준다는 사실이다. 집계를 피하겠다는 선택은 말 그대로 반사회적인 선택이다.

2016년 4월 국제탐사보도언론인협회International Consortium of Investigative Journalists, ICIJ는 이와 관련한 대규모 폭로 기사를 내보냈다. 한 파나마 법률회사에서 유출된 1,150만 개의 파일을 공개한 것이다. 이 기사에는 수천 개에 이르는 익명 소유 회사의 소유주들과 운영자에 대한 정보가 담겨 있다. 이들은 이 법률회사가 고객들을 위해 전 세계 곳곳에서 지난 수십 년 동안 설립한 회사들이다. 제일 먼저 폭로된 이야기 중 하나는 당시 아이슬란드 총리 시그뮌뒤르 다비드 귄뢰이그손Sigmundur Davíð Gunnlaugsson이 중요한 이해 충돌 상황을 밝히지 않았다는 내용이었다.

귄뢰이그손은 충격적인 금융 스캔들이 차례로 밝혀진 2008년 글로벌 금융위기 직후 아이슬란드 금융기관들이 외국 채권자들에게 정부 예산으로 채무를 상환하는 것에 반대하는 단체를 이끌었던 사람이었다. 인디펜스InDefence라는 이름의 이 단체가 주동한 국민투표가 이뤄진 후 귄뢰이그손은 청산을 명분으로 의회에 입성했다. 2013년에는 총리에 당선됐으며, 당시 정부는 아이슬란드 은행들의 외국 채권자들에 대한 최종 지급 조건 협상 책임을 안고 있었다. 2015년에

타결된 협상에 대해 인디펜스는 정부가 너무 많은 것을 내줬다는 비판 입장을 표명했다.

《파나마 페이퍼》는 귄뢰이그손이 아내와 함께, 협상 대상 은행의 채권 수백만 달러어치를 보유한 익명 회사의 소유주라는 사실을 공개했다. 귄뢰이그손은 이 회사의 실제 소유주가 자신이 아니라 아내라고 해명했음에도 불구하고, 이틀 후 사임했다.

2012년 2월의 일이다. 1899년에 회사로 설립된 레인저스 축구 클럽이 법정관리에 들어갔다. 같은 해 10월에는 청산 절차에 들어갔다. 스코틀랜드 최대 축구팀 중 하나로, 유럽 대회에 자주 출전했던 레인저스는 20세기 말부터 세금 문제가 점점 불거지는 상태였다. 레인저스 구단은 영국 왕실령 저지섬에 있는 신탁사를 통해 국제적으로 유명한 스타 선수들을 포함한 시니어 선수들에게 임금을 지급하는 방식으로 수천만 파운드에 달하는 세금을 피했다(당시의 축구계 규모로는 상당히 많은 돈이었다).

이런 식으로 세금을 피해 확보한 자금으로 레인저스는 다른 구단보다 더 유리한 조건으로 우수한 선수들을 확보할 수 있었고, 10년이 넘는 기간 동안 여러 차례 우승 트로피를 거머쥘 수 있었다. 결국 조세 당국에게 적발됐을 때, 이 구단은 이미 잘못된 재정 관리로 너무 오랫동안 어려움을 겪고 있는 데다 세계 금융위기 이후 구단의 거래 은행들에 의해 압박을 받는 상태였다. 채권자들과의 협상도 모두 실패했다.

레인저스 팬들은 100년도 더 된 구단이 사라지자 분노를 감추지 못했지만, 새로운 구단이 창설됐고 곧 리그에 진출했다. 하지만 다른 팀의 팬들은 축구 당국에 기록 수정을 요청했다. 레인저스 구단이

유럽 대회에서 획득한 트로피들과 막대한 상금은 자신들이 응원하는 구단이 받을 수 있었는데, 그들이 조세 포탈을 저지른 결과로 뺏겼다고 주장한 것이다.

2018년 8월. 도널드 트럼프 대선 캠프의 선거대책위원장이었던 폴 매너포트Paul Manafort가 탈세 등의 혐의로 유죄 판결을 받았다. 당시 특별검사 로버트 뮬러Robert Mueller는 다음과 같이 증거를 제시했다.

매너포트와 그의 동료 릭 게이츠는 우크라이나에서의 로비 활동에 대한 대가로 수백만 달러를 외국 명목회사들과 은행 계좌들로 우회해서 입금했다. 이 계좌들은 이 명목회사들과 공범들이 차명으로 키프로스, 세인트빈센트 그레나딘, 세이셸 등 다양한 지역에 개설한 것이다. 매너포트와 게이츠는 이 외국 회사들과 계좌들의 존재를 숨겼으며, 외국 은행 계좌가 없다고 세무사들과 미국 정부에 반복적으로 허위 보고했다.

전형적이고 평범한 탈세 방식이다. 위장을 시도하지도 않으며, 익명으로 만든 법인과 계좌를 의도적으로 신고하지 않는 간단한 방식이다. 구식 탈세 방식이다.

2008년 3월. 뉴욕의 국제 투자은행 베어스턴스Bear Stearns는 글로벌 금융위기 직전의 전조 증상에 의해 대규모 타격을 받은 첫 번째 기업이 된다. 시장은 베어스턴스와 이 은행의 신용도에 신뢰를 완전히 잃은 상태였다. 주택 담보 대출 심사에 통과하지 못하거나 신용 등급이 낮은 사람들을 위한 대출인 서브프라임 모기지subprime mortgage와 기타 의심스러운 자산들 때문이었다.

그 뒤 베어스턴스가 아일랜드의 국제금융서비스센터International

Financial Service Cenre를 통해 중요한 활동들을 벌여왔다는 사실이 드러난다. 아일랜드 수도 더블린에 있는 지주회사는 주식 100달러당 1만 1900달러 가치의 자산을 제공했다. 당시 국제 합의에 따르면 은행은 경기가 계속 침체되는 하방 리스크downside risk 방지를 위해, 주주 자본 100달러당 위험가중자산 제공이 1,250달러를 넘길 수 없었다. 이 비율은 세계 금융위기 이전에 '그림자 금융shadow banking' 시스템이 얼마나 신용을 부풀렸는지 보여주는 놀라운 예라고 할 수 있다.

아일랜드의 경제학자 제임스 스튜어트James Stewart는 이와 관련된 통계를 발견한 후, 그 어떤 규제 당국도 더블린에서 베어스턴스의 활동에 책임을 지지 않았다는 사실을 밝혀냈다. 아일랜드의 재정 서비스 규제 당국은 '아일랜드 은행들', 즉 아일랜드에 본사가 있는 은행들에 대해서만 책임을 지면 된다고 생각했던 것으로 보인다. 스튜어트는 미국을 포함한 다른 나라에 본사를 둔 은행들의 투자 구조에 대한 궁극적인 규제 감독 책임을 **아무도** 지지 않았다고 주장한다.

베어스턴스 문제에 대해 대중이 인식하기 시작한 것은 2007년 7월 이 은행의 수십억 달러 규모에 이르는 서브프라임 헤지펀드에 대한 정책적 지원이 발생하면서부터였다. 2007년 8월 베어스턴스 수석 경제학자 데이비드 맬패스David Malpass는 《월스트리트저널》에 '신용 시장, 걱정할 필요 없다: 주택 시장과 부채 시장 교정으로 미국의 경제성장은 더 지속될 것이다'라는 제목의 글을 기고했다. 그 몇 달 뒤 미국 경제는 후퇴 국면에 들어섰고, 다시 몇 달 뒤 베어스턴스는 결국 사라졌다. 흥미로운 사실은 데이비드 맬패스가 현재 세계은행 총재라는 것이다. 도널드 트럼프가 지명했다.

2013년 5월, 애플의 CEO 팀 쿡이 미국 상원 상임조사분과위원회에 출석했다. 이 위원회는 애플이 아일랜드 소재 자회사들을 이용해 수백억 달러의 세금을 회피한 증거를 공개한 상태였다. ICIJ 사이먼 바우어스Simon Bowers의 보도에 따르면, 쿡은 다음과 같이 말하면서 강력하게 회사를 방어했다. "우리는 내야 하는 세금을 1달러도 빼지 않고 모두 냅니다. (중략) 우리는 세금 조작을 하지 않습니다. (중략) 우리는 카리브해 섬에 돈을 숨기지 않습니다."

하지만 2017년 11월 ICIJ의 보도에서 밝혀진 대로, 애플은 아일랜드 정부가 규제를 강화하기 시작한지 몇 달 만에 다른 곳을 모색하기 시작했다. 애플의 법무를 대행하는 베이커 맥킨지Baker McKenzie는 역외 금융 및 절세 전문 법률회사 애플비Appleby에 '아일랜드 회사가 귀사가 있는 조세 관할권에서 과세 대상이 되지 않고 경영 활동을 할 수 있는지'에 대해 문의했다. 애플비는 케이맨 제도, 영국령 버진아일랜드, 버뮤다, 영국 왕실령 맨섬, 영국 왕실령 건지섬과 저지섬에 사무실이 있는 회사다. 이 폭로 기사는 실제 경제 활동이 일어나는 지역의 규제를 피하기 위한 하나의 과정으로 명목회사를 설립할 역외 공간을 모색하겠다는 기업의 노골적인 의도를 분명하게 보여준다.

이 이야기들은 모두 비밀 거래의 핵심 도구가 무엇인지 잘 보여주고 있다. 개인 차원에서 익명 소유를 가능하게 해주는 것은 익명 계좌와 익명 법인의 이용 가능성이다. 기업, 신탁회사, 재단을 익명으로 소유할 수 있는 것이다. 다국적기업의 경우는 기업의 활동, 수익, 세금 납부에 대해 완벽한 회계를 요구하지 않는 나라의 존재다.

하지만 이렇게 설득력 있는 기사들이 아무리 많이 나와도 이 문제의 중요성은 충분히 알려지지 않고 있다. 애플 같은 회사들이 몇 개 더 있다거나 주변부에서 집계되지 않는 다국적기업들과 개인들이 더 있다고 해도 큰 문제가 아니라는 생각이 널리 퍼져 있기 때문이다. 하지만 여러 가지 이유로 이런 상황은 문제가 된다. 실제로 이런 치명적인 관행들은 체계적으로 이뤄지고 있으며 순수하게 경제적인 현상으로서도 매우 중요한 의미를 가진다는 증거가 있다. 거버넌스에 미치는 영향을 고려하지 않더라도 그렇다.

소득 이전과 신고되지 않은 소유권

다국적기업 그룹들은 그들의 경제 활동이 일어나는 지역에서 과세 대상 소득을 이전할 수 있다. 부유한 OECD 국가들이 주도하는 국가 간 조세 조약들이 심각한 결함들을 가지고 있기 때문이다. 이 조약들은 1920-1930년대 국제연맹의 결정에 따른 것으로, 구분회계Separate accounting라는 접근 방법을 취하고 있다. 구분회계는 다국적기업 그룹에 속한 각 법인을 각자 이윤 극대화를 추구하는 분리된 법인으로 취급하는 접근 방법이다. 실제로 다국적기업 그룹에 속한 법인들의 이윤 극대화는 중앙에서 한꺼번에 통제되며, 이런 구분회계가 일반적인 경제 논리에 어긋남에도 불구하고 이 방식이 채택된 것이다.

이 시스템은 팔 길이 원칙arm's length principle을 따른 것이다. 같은 그룹 내 회사들 사이의 거래는 그 회사들이 같은 집단의 일부가 아니라, 서로 관계가 없는 것처럼 가격을 책정해야 한다는 원칙이다(즉, 서로 팔 길이만큼 떨어져서 활동한다는 뜻이다). 하지만 자유시장에서 공개적으로 거래되는 기본적인 물품들이라고 해도 그 가격이 어느 정도인지 검증하기는 매우 어려운 일이다. 그룹 내에서만 의미를 가지며, 공개적으로 거래되지 않는 지적재산 같은 무형자산의 경우 팔 길이 가격 책정은 거의 불가능하다.

127

OECD는 6가지 방법을 인정하고 있다. 이 방법들은 다국적기업들과 그 기업들이 일을 맡긴 수많은 법률회사나 회계법인들이 세금 납부에서 더 유리한 결과를 얻을 수 있도록 엄청난 자유를 부여하고 있다. 다국적기업 그룹들이 최근 몇십 년 동안 더 복잡하고 강력해짐에 따라 국제연맹의 결정은 점점 더 시대에 뒤처지고 있으며, 소득 이전 문제는 갈수록 규모가 커지고 급박한 문제가 되고 있다.

다국적기업 모델은 예전이나 지금이나 전혀 바뀌지 않았다. 일부 비판적인 시각을 가진 사람들은 다국적기업들의 접근 방법은 언제나 법에 상관없이 가난한 나라들로부터 가능한 모든 것을 빼앗고, 자신들이 누리는 혜택에 대해서는 최대한 적게 돈을 내는 것이었다고 주장한다. 이런 비판은 최초의 다국적기업 중 하나인 영국 동인도회사에도 매우 잘 적용된다.

식민지 인도의 노동자들은 처음에는 루피로 자신의 노동에 대한 대가를 '지급'받는다. 이 루피는 인도 정부의 예산에서 지출된 것이었고, 예산의 대부분은 이 생산자들에게 부과되는 세금으로 마련됐다. 그러다 후기 단계에 이르면 환어음이 지급됐다. 별로 큰 차이는 없었다. 어쨌든 동인도회사는 수출품에 대해 거의 돈을 지급하지 않았고, 다른 다국적기업처럼 지급한 돈보다 훨씬 높은 가격으로 수출품들을 전 세계 곳곳에 팔았다. 이는 인도를 세계 최대의 무역 흑자국 중 하나로 만들었다. 하지만 다른 나라에서 지불한 금과 은은 결국 모두 런던으로 흘러들어갔다. 경제학자 우트사 파트나이크[Utsa Patnaik]는 1765년부터 1938년까지 인도에서 이런 식으로 수탈한 돈이 45조 달러에 이른다고 추정했다. 현재 영국 GDP의 15배 정도 액수다.

오늘날 다국적기업과 조세 당국에 책임을 물을 수 없는 것은 식민주의자들 때문이 아니라, 의미 있는 데이터가 부족하기 때문이다. 단일 경제권에서 활동하는 개별 기업들은 기업의 회계와 소유 상태를 공개할 수 있다. 이런 투명성에 대한 기대는 유한 책임 개념의 도입과 함께 시작됐다. 유한 책임이란 회사의 임원들이 기업의 위험 부담을 지지만, 자신의 모든 자산을 담보로 하지는 않는 형태, 즉 보유하고 있는 부동산 등은 기업 담보에서 제외되는 형태의 책임을 말한다. 따라서 유한 책임은 위험을 회사가 아닌 다른 곳, 즉 회사의 공급업체, 고객, 경쟁사 그리고 국가로 이전시킬 수밖에 없다.

이런 식으로 임원의 책임이 제한되는 대신, 이 회사들은 투명성을 제공한다. 이는 공급업체, 고객, 경쟁사 그리고 조세 당국 같은 공식적인 공공기관들의 구성원이라면 유한 책임이 오용되고 있지 않으며, 그에 따라 임원들에 의해 다른 곳으로 이전되는 위험 또한 어느 정도 제한된다는 확신을 가질 수 있다는 뜻이다.

넓게 보면, 이렇게 기대되는 투명성은 회사가 활동하는 나라에서 그 회사가 어느 정도로 활동하는지, 회사가 소득과 납세를 얼마나 신고하는지 볼 수 있게 해준다. 하지만 다국적기업들은 국제 회계 기준에 실질적인 영향력을 행사하는 대규모 회계법인들의 활동을 십분 활용해 자신들에게 요구되는 투명성 정도를 기대 수준보다 훨씬 낮춰오고 있다.

이런 식으로 투명성을 낮추는 다국적기업의 힘과 책임성에 관해 다룬 문서들은 수없이 많다. 저소득 국가들은 투명성 기준을 높이기 위해 유엔 차원에서 수십 년 동안 노력을 해왔다. 하지만 다국적기업들과 그들의 모국인 고소득 국가들은 이런 시도에 성공적으로 저항해왔다. 그리고 동시에 국제 회계 기준에서의 지리적 위치 보고 요건은 적극적으로 약화 또는 제거돼왔다. 이렇게 조작된 복잡성과 조작된 불투명성의 조합을 통해 다국적기업들은 세금 관련 활동들을 점점 더 집계되지 않도록 만들고 있다. 그 결과는 미국 상무부 산하 경제분석국이 공개한 미국의 다국적기업들에 관한 집계 데이터 분석에 분명하게 나타나 있다. 이 데이터는 각국에서 미국 다국적기업들의 활동들을 한데 묶어 하나의 데이터로 만든 것이기 때문에 실제보다 왜곡(불일치) 정도를 낮게 평가할 가능성이 있다. 하지만 현재로서는 이 데이터가 시간에 따른 비교 데이터를 얻을 수 있는 가장 좋은 출처다.

불일치 정도를 알아보기 위해 페트르 얀스키Petr Janský와 나는 다국적기업의 수익이 신고되고 세금이 납부되는 지역을 실제 매출과 고용이 일어나고 유형자산이 존재하는 지역과 비교했다. 이 분석을 보면, 어떤 것을 활동의 척도로 쓰는지에 따라 달라지기는 하지만, 1990년대에는 표본 다국적기업들이 세계 곳곳에서 창출한 수익의 약 5-10%가 다국적기업의 기초 활동이 일어난 곳이 아닌 다른 곳에서 납세 목적으로 신고됐다는 것을 알 수 있다.

하지만 2010년 초가 되면서 상황은 극적으로 변하기 시작한다. 우리의 연구 결과에 따르면, 현재 전 세계에서 발생하는 수익의 25-30%가 활동과 일치하지 않는다. 2012년에 이전된 소득 추정치는 6,600억 달러에 달한다. 미국의 다국적기업들 총수익의 27%, 세계 GDP의 약 0.9%다. 다른 연구들에 따르면, 다국적기업들이 세계 4대 회계법인 중 한 곳에 회계 감사를 맡긴 경우 조세피난처 이용 비율이 늘어났으며, 이 두 현상은 단순히 상관관계에 그치지 않고 인과관계를 가졌다. 다국적기업 구조의 복잡성과 회계 기준 훼손이 소득 이전을 폭발적으로 늘리고 있는 것이다.

이런 문제의 규모가 커지는 현상은 금융위기 이후 정치권의 변화와 결합해, 이로 인한 재정 압박이 저소득 국가들의 문제라고 생각했던 OECD 국가들에게 국제 조세 규약의 포괄적인 개혁을 추구하게 만들고 있다. 2013년부터 2015년까지 2년 동안 시행된 세원 잠식 및 소득 이전Base Erosion and Profit Shifting, BEPS 프로젝트는 단 하나의 목표를 위한 것이었다. 실제 경제 활동이 일어나는 곳과 수익 사이의 불일치를 줄이는 것이다.

현재 많은 연구에서 전 세계 차원의 소득 이전과 관련된 세수 손실revenue loss 규모를 추정하기 위해 다양한 데이터 출처가 사용되고 있다. 이 모든 연구는 세수 손실액이 한 해에 1,000억 달러에서 6,000억 달러 사이일 것으로 추정하고 있다. 그중 가장 선도적인 학술 연구에 따르면, 다국적기업들의 수익 40%는 의도적으로 조세피난처로 이전되며, 이로 인한 세수 손실액은 한 해에 2,000억 달러로 추산된다. 전 세계 법인세의 약 10%에 해당하는 액수다. 유엔 무역개발회의The UN Conference on Trade and Development, UNCTAD와 OECD의 추산치도 이와 거의 비슷하다. IMF의 연구자들은 OECD 국가들의 장기적인 세수 손실 추산치는 4,000억 달러(OECD 국가들 GDP의 1%), 저소득 국가들의 장기적인 세수 손실액은 2,000억 달러(저소득 국가들 GDP의 1.3%)에 이른다고 추산했다. 하지만 페트르 얀스키와 내가 더 강력한 조세 데이터를 이용해 이 분석을 다시 검토해본 결과 얻은 추산치는 약간 더 적었다(고소득 국가들은 약 3,000억 달러, 저소득 국가들은 약 2,000억 달러다).

저소득 국가들에서 세수가 차지하는 비율은 보통 GDP의 15-25% 이거나 좀 더 낮은 반면, OECD 국가들에서는 보통 20-45% 정도 된다. 세수 일부가 손실되는 정도가 이렇게 차이 나는 현상은 소득 이전 문제가 고소득 국가들보다 저소득 국가들에서 훨씬 더 심각하다는 사실을 잘 드러낸다.

동시에 이 연구는 몇 안 되는 조세 관할권이 (1인당 소득 수준에 상관없이) 다른 모든 나라가 당하는 세수 손실 원인의 대부분을 제공하고 있다는 점을 분명히 하고 있다. 미국의 다국적기업들이 이용하는 조세 관할권은 네덜란드, 버뮤다, 케이맨 제도, 아일랜드, 스위스, 싱가포르. 정도가 다르기는 하지만, 영국령 버진아일랜드, 영국 왕실령 저지섬, 건지섬, 맨섬 그리고 키프로스나 몰타, 벨기에 같은 유럽연합의 작은 국가들과 모리셔스, 세이셸, 홍콩 같은 곳도 이용된다.

세수 손실과는 별도로, 소득 이전 및 이와 관련된 투자 조작(실제든 아니든)은 기초적인 경제 통계를 심각하게 왜곡한다. 기업 부가가치는 기업의 자본 지분에 적지 않은 영향을 미친다. 소득 이전으로 이득을 보는지 손해를 보는지에 따라 다르기는 하지만, 한 나라의 무역 적자, 심지어는 GDP에도 적지 않은 영향을 미친다. 나아가 그 영향의 규모는 매우 잘 알려진 경제적 '사실들'에 미칠 정도로 크다는 연구 결과들이 있다.

예를 들어, 소득 이전을 회계에 포함하면 2015년 일본, 영국, 프랑스, 그리스는 무역 흑자국이 된다. 이는 무역 적자를 보여주는 공개된 데이터와는 대조된다. 우리의 추정치에 따르면 2015년 미국의 실제 무역 적자는 공식 통계로 발표된 2.8%가 아닌 2.1%였다. 이는 발표된 미국의 무역 적자 중 4분의 1이 다국적기업의 조세회피가 만들어낸 허구라는 뜻이다.

IMF가 발표한 연구 결과에 따르면 전 세계의 모든 외국인 직접 투자 중 거의 40%가 가짜다. 실제로 경제적인 실체가 전혀 없는 외국 법인들을 통과하는 액수는 12조 달러에 이른다. 크고 작은 경제 규모를 가진 나라들에 대한 투자의 상당 부분이 작은 조세 관할권들로부터 서류상으로 이뤄진다. 이런 투자의 많은 부분은 국내 투자로 위장한 우회 투자로, 조세나 규제를 회피하거나, 이해 충돌을 숨기거나, 외국인 투자자 혜택을 얻기 위한 것이다.

통계 왜곡의 가장 두드러진 예로는 2015년 아일랜드의 GDP가 26% 급등하고, 이와 관련해 국가 자본이 거의 2,700억 달러 폭증한 현상을 들 수 있다. 이는 애플이 세금 문제 때문에 기업을 재정비하면서 2,000억 달러가 넘는 무형자산을 아일랜드의 애플 자회사 중 한 곳으로 재배치한 결과라는 분석이 지배적이다. 또한 아일랜드의 공식 GDP와 실제 경제적 성취 사이의 간극이 노동시장 정체 현상을 숨겼다는 연구 결과도 있다. 아일랜드의 보통 사람들은 거시적인 통계 왜곡으로 전혀 또는 거의 혜택을 받지 못했다.

2부의 도입부에서 인용한 암스테르담 대학의 정치학자 루카스 린지와 다니엘 뮈게는 자본주의 왜곡이라는 맥락에서 이런 현상을 오랫동안 연구해왔다. 'FickleFormulas.org'에 공개돼 있는 이들의 연구 목적은 소득 이전과 금융 비밀주의 행태에 관련된 데이터의 약점과, 데이터를 이용하는 분석자들의 주관적인 이해가 확산되는 현상을 추적하는 것이다. 이 연구는 다른 측면에서도 중요성을 가진다. 측정 오류의 문제가 구체적인 지식과 치밀한 접근 방법에 의해 어느 정도 묻힐 수 있다는 점에 주목하고 있기 때문이다. 일반적으로 통계 사용자들은 측정 오류가 제한적이고 무작위적이며, 데이터의 질이 시간이 지남에 따라 개선될 것이라고 생각한다. 하지만 이런 측정 오류는 강력하지만 잘못된 정책을 낳는 부주의한 분석이 이뤄질 위험을 훨씬 더 크게 만든다.

　소득 이전용 조세 관할권 대부분은 익명의 소유 수단과 익명의 은행 계좌도 제공하고 있으며, 다른 비밀주의 수단들도 같이 제공한다. 신고되지 않는 소유권들의 규모에 관해 가장 널리 인용되는 추정치 두 가지를 제공한 사람들이 있다. 맥킨지 수석 경제학자를 거쳐 TJN 수석 고문으로 일하고 있는 제임스 헨리James Henry와 UC 버클리 대학 경제학과 교수 게이브리얼 주크먼Gabriel Zucman이다. 헨리의 추정치는 다양한 자산 유형들을 고려해 자산이 맡겨진 모든 조세 관할권을 살펴본 결과다. 21조-32조 달러 범위에 있다. 이와는 대조적으로 주크먼은 미리 결정된, 조세피난처 역할을 하는 관할권 그룹에 맡겨진 금융자산으로 범위를 한정해 약 8조 달러로 추정했다. 이 두 연구 모두 신고되지 않은 역외 소득을 연간 약 1,900억 달러로 잡아 관련된 세수 손실을 추정했다(헨리의 추정치가 훨씬 큰 이유는 주식에 대한 추정치를 훨씬 높게 잡았기 때문이다).

　헨리의 분석과 궤를 같이해 TJN이 공개한 연구 보고서 〈불평등: 당신은 그 절반도 모른다(불평등이 우리 생각보다 더 심한 이유)〉는 이렇게 부를 숨길 때 나타나는 또 다른 결과에 대해 다뤘다. 일단 세수 손실이 심각해지고, 이 세수 손실은 그 자체로 불평등을 심화한다. 건강, 교육 등에 대해 이미 이뤄진 공공지출 부담을 저소득 집단들이 주로 감당해야 하기 때문이다. 하지만 문제는 여기서 그치지 않는다. 이런 피해가 세 가지 방식으로 더 심화되기 때문이다.

　첫째, 실제 불평등은 기록되는 불평등보다 더 심할 것이다. 공식 통계는 신고되지 않는 부와 소득을 반영하지 않기 때문이다. 또한 대중과 정책 입안자들이 불평등의 실제 규모를 분명히 알게 된다면 재분배 압력이 거세질 것이다. 하지만 그렇지 않기 때문에 재분배 압력은 시간이 흐름에 따라 약해질 가능성이 높다.

둘째, 데이터의 부재는 정책 비효율성과 직결된다. 역외의 부와 소득이 실제로 얼마나 되는지 모른다면 조세 당국의 집행을 기대할 수 없다. 이렇게 되면 조세 정책이 개선되기 힘들어지고, 그 결과로 최종적인 불평등의 정도는 더 커질 것이다.

셋째, 데이터의 부재는 시간이 흐름에 따라 정책을 더 퇴행시킬 가능성이 높다. 정책 입안자들이 소득과 부를 위한 활동에 직접세를 부과하지 못한다면 재정 압박은 소비 감소 그리고/또는 부가가치세 같은 소비세에 더 의존하는 조세 정책 퇴행을 일으키게 될 것이다. 이 두 경우 모두에서 더 많은 부담을 져야 하는 것은 저소득 집단들이며, 그 결과는 불평등의 심화가 될 것이다.

전체적으로 볼 때, 역외의 부와 소득을 집계하지 못하면 기록되든 그렇지 않든 국가적 불평등 수준의 상승을 일으킬 것이다.

게이브리얼 주크먼과 동료 연구자들은 세계 불평등 데이터베이스 내의 조세 당국 데이터, 폭로 내용 등 다양한 출처의 보조 데이터를 이용해 신고되지 않은 역외 자산 위탁이 미치는 영향, 국가 수준에서의 불평등에 대해 많은 연구를 진행해오고 있다. 이들의 연구에 따르면, 나라에 따라 차이가 크긴 하지만 전 세계 GDP의 약 10%가 역외에 위탁돼 있다. 극단적인 경우지만, 일부 라틴아메리카 나라들과 러시아의 경우 GDP의 최대 60%가 역외에 위탁돼 있을 가능성이 있다. 서유럽의 경우 약 15%다. 중요한 발견 중 하나는 스위스에 지리적으로 근접해 있는 나라들이 역외에 부를 위탁하는 비율이 높다는 사실이다. 이런 나라들은 정치적, 경제적으로 불안정성이 높고 천연자원이 풍부하다.

또한 연구자들은 역외 자산의 분포 상태가 상당히 다양하다는 것도 발견했다. 하지만 일반적으로 역외 자산은 맨 위쪽에 거의 몰려 있다. 최상위 10%도, 1%도 아닌 0.1%에, 이 0.1% 안에서도 맨 위쪽 0.01%에 집중돼 있다. 노르웨이의 경우 역외 자산을 회계에 포함시키면 상위 0.01%의 부는 약 25% 늘어난다. 전체적으로 볼 때, 이 결과는 지난 세기 동안 유럽 내 불평등의 감소가 생각보다 훨씬 적었다는 것을 보여준다.

이렇게 잘 구축된 연구 결과라고 해도 의심을 받을 수 있다는 사실은 집계되지 않는 측면이 얼마나 중요할 수 있는지 분명히 보여준다. 우리가 실제 불평등이 어느 정도인지 거의 모른다면, 정치적으로 선호되거나 경제적으로 '효율적인' 부의 불평등 수준(그런 것이 있다고 가정한다면)을 가질 수 있는 가능성이 얼마나 될까? 우리가 정말 불평등에 대해 절반도 모른다면, 그건 기술적인 장벽 때문이 아니다. 집계를 위한 정치적인 노력의 부족 때문이다.

금융 비밀주의 관할권

유럽 기반의 국제투명성기구가 전 세계 국가들의 공공자금을 약탈하는 모든 강탈자를 받아주고 부추겨 그들의 약탈물을 더러운 금고에 안전하게 보관하도록 만드는 스위스를 부패 국가 명단의 첫 번째 또는 두 번째 위치에 집어넣는 것을 적당하다고 생각하지 않는 것은 매우 아이러니하다.

—나이지리아 장관 겸 교수 알리야 바브스 파푼와, 전 대통령 사니 아바차의 송환을 위한 스위스와의 협상에 대해

부패인식지수는 아프리카를 세계에서 가장 부패한 지역으로 꼽는다. 2006년 지수에서 '가장 부패한' 5분위 국가들의 반 이상이 아프리카 국가들이기 때문이다. 하지만 이 지수를 비판적으로 들여다보면 가장 덜 부패했다고 인식하는 나라들의 53%가 역외 조세피난처라는 것을 알 수 있다.

—존 크리스텐슨

지난 2000년대에는 부패를 아프리카 국가들을 중심으로 한 가난한 나라들의 문제, 가난한 나라들을 위한 문제로 주로 생각했다. MDGs는 이런 생각에 대해, 우리의 도움이 더 나은 결과를 낳지 못하고 있는 이유가 당신의 부패 때문이라고 직설적으로 해석했다. 이런 해석의 근간인 집계 불이행의 핵심은 국제투명성기구의 부패인식지수Corruption Perceptions Index, CPI였다. 현재 CPI 웹사이트에는 다음과 같이 명시돼 있다. "1995년 시작된 이래 국제투명성기구의 대표 연구 결과물인 CPI는 공공영역 부패의 가장 선두적인 글로벌 지수로 기능해왔다. 이 지수는 해마다 전 세계 국가와 영토에 순위를 부여함으로써 상대적인 부패 정도에 대한 인식을 제공한다."

인식 기반 지수는 누구의 인식이 집계되는지가 매우 중요하다. CPI의 경우, 13가지 조사가 합쳐져 산출되지만, 인식이 평가되는 사람들 사이에는 확실한 공통점이 존재한다. '국가의 경제학자 집단',

'인정받는 국가의 전문가들', '국가당 전문가 2명', '주로 런던을 근거지로 하는 전문가들(뉴욕, 홍콩, 베이징, 상하이 소재 전문가들도 있다)로 국내 전문가들의 글로벌 네트워크가 지지하는 사람들', '정직원과 자문위원', '국내 프리랜서, 고객 및 기타 지인의 전문가적인 견해에 의존하는 100명 이상의 사내 국가 전문가들', '회사 중역 4,200명', '각 나라의 회사 중역 100명', '30개 나라/영토의 회사 중역 100명', '(현재까지) 전 세계 전문가 2,000명 이상과 기타 개인 6만 6,000명의 참여'다.

이 인식 기반 지수를 객관적이고 검증 가능한 평가 도구로 대체하려는 시도가 바로 TJN의 금융비밀지수Financial Secrecy Index, FSI다. 전혀 다른 관점에서 수량화를 위한 집계 시도라고 할 수 있다. FSI는 금융 불투명성, 법적·사법적·행정적 협력 노력의 다양한 측면들을 면밀하게 분석한 후, 표 6에서 보이는 것처럼 4개 주요 범주로 20개의 핵심적인 금융 비밀 지표들을 분류해 산출하는 지수다. 이 4개의 범주는 은행 계좌를 포함한 소유의 투명성, 회사 회계를 포함한 법인의 투명성, 조세 및 금융 규제 시스템에 대한 광범위한 평가, 내부 협력이다. 이 결과로 산출되는 전반적인 비밀주의 점수들은 다시 각각의 조세 관할권이 비거주자에게 금융 서비스를 제공하는 과정에서 전 세계적으로 차지하는 비중을 평가한 수치와 결합된다.

실제 위협을 이해하려면 전체 규모를 고려해야 한다. 예를 들어, 미국은 나우루보다 약간 덜 비밀주의적이다(미국의 비밀주의 점수는 100점 중 60점, 나우루는 67점이다). 하지만 미국은 외국인에 대한 전 세계 금융 서비스의 22.3%를 제공하고 있다. 나우루의 이 비율은 0.00%다. 비밀주의 순위만 고려하면 규제를 강화해야 하는 나라

[표 6] 핵심적인 금융 비밀주의 지표들(2018년)

소유권 등록	법인 투명성	조세 및 금융 규제 시스템의 무결성	국제 기준과 협력
1. 은행 비밀주의	6. 공개 회사 소유권	11. 조세 행정 역량	16. 공공 통계
2. 신탁회사 및 재단 등록	7. 공개 회사 회계	12. 일관성 있는 개인소득세	17. 자금 세탁 방지
3. 회사 소유권 기록	8. 나라별 보고	13. 탈세 조장 회피	18. 자동 정보 교환
4. 기타 부의 소유	9. 법인세 자진 신고	14. 조세 법원 비밀주의	19. 양자 간 조약
5. 유한 파트너십의 투명성	10. 법인식별기호	15. 해로운 구조	20. 국가 간 법률 공조

[표 7] 2018년 금융비밀지수. 비밀주의와 규모 면에서의 상위 10개국

순위	금융비밀지수	비밀주의 점수(SS)	전 세계적 규모 가중치(GSW)
1	스위스	바누아투	미국
2	미국	앤티가 바부다	영국
3	케이맨 제도	바하마	룩셈부르크
4	홍콩	파라과이	독일
5	싱가포르	브루나이	싱가포르
6	룩셈부르크	아랍에미리트(두바이)	스위스
7	독일	몰디브	홍콩
8	대만	볼리비아	케이맨 제도
9	아랍에미리트(두바이)	케냐	아일랜드
10	건지섬	태국	프랑스
GSW	57.8%	0.35%	79.2%
평균 SS	69.6	83.4	60.9

출처: 2018년 금융 비밀 지수, TJN

는 나우루임이 분명하다. 하지만 정책 입안자들이 금융 비밀주의에 의한 전 세계적인 위협의 규모를 줄이는 데 관심이 있다면, 미국이라는 거대한 존재를 무시한 채 나우루에 대한 대책을 먼저 세우는 것은 어처구니없는 일이다.

그동안 IMF나 OECD의 '조세피난처' 리스트는 큰 나라들은 건드리지 못하면서 가장 작은 조세 관할권에 집중해왔다. FSI는 이런 관행에도 도전한다. FSI 순위는 다른 곳에서의 (탈세와 조세회피를 포함한) 부패를 조장하는 각 조세 관할권의 상대적인 위협 정도를 잡아내기 위한 것이다. FSI는 CPI와는 전혀 다른 이야기를 한다. 예를 들어, 2018년 CPI에서 가장 부패가 덜한 나라로 인식된 10개국 리스트와 FSI에서 전 세계에 가장 큰 위협으로 꼽힌 10개국 리스트에는 공통적으로 세 나라가 들어있다. 싱가포르, 스위스, 룩셈부르크다.

표 7은 전체 리스트의 최상위 10개 관할권을 가장 비밀주의적인 10개국과 가장 비밀주의 규모가 큰 10개국을 비교한 것이다. 전체적인 규모와 평균적인 비밀주의 정도의 차이는 표의 맨 밑에 표시돼 있다. 가장 비밀주의적인 10개 관할권의 비가중 비밀주의 점수 평균은 100점 중 80점이 넘지만, 전 세계 금융 서비스 수출 총량의 0.35%밖에 차지하지 않는다. 이 수출 총량의 약 80%는 가장 비밀주의 규모가 큰 10개국이 차지하고 있으며, 이 국가들의 평균 비밀주의 점수는 100점 중 61점에 불과하다. FSI 최상위 10개국은 비밀주의 점수와 비밀주의 규모를 조합해 선정된 것이다. 이들 10개국은 금융 서비스 수출의 58%를 차지하고 있으며, 평균 비밀주의 점수는 70점이다. 스위스와 미국을 필두로 하는 이 관할권들은 가장 비밀주의적인 나라들은 아니지만, 전 세계 비밀 금융 서비스의 대부분을 차지하고 있다.

이 나라들이 가장 큰 부패 위협이 되는 이유가 여기에 있다.

부패를 저소득 국가들만의 문제로 보면 이 문제의 핵심을 놓치는 것이다. 작은 관할권의 금융 비밀주의만 본다면 정작 큰 관할권들의 문제에 대처할 수 없다. 이 두 가지 잘못된 시각은 권력이 평가에 왜곡 효과를 미친 결과가 확실하다. 또한 이 두 가지 시각은, 다른 측면에서 보면, 대규모 경제 주체들 자신이 부패에서 어떤 역할을 하는지 생각하지 않으려는 현상이 반영된 것이기도 하다.

하지만 금융 비밀주의의 핵심을 인식하는 시각은 '왜 당신들 나라가 부패했는가'를 묻지 않는다. 대신 이 시각은 '부패의 동인이 무엇이며 어디에 있는가'를 묻는다. 이 새로운 시각은 지난 2009년 FSI가 처음 발표됐을 때 도입된 것이며, 그 뒤를 이어 국제기관들이 발표한 '조세피난처'나 '비협조적 조세 관할권' 리스트는 이렇게 객관적으로 검증 가능한 기준들을 포함하게 됐다.

두 가지 눈에 띄는 리스트가 있다. 첫째는 2009년 G20/OECD 리스트다. 이 리스트는 잉크가 마르기도 전에 거의 내용이 없다는 비판을 받았다. 이 리스트를 발표한 런던 정상회의도 은행 비밀주의와 조세피난처의 시대가 끝났다는 국가 지도자들의 선언 때문에 조롱의 대상이 됐다. 하지만 리스트 자체는 중요한 원칙을 확인했다. 당시 논의되던, 객관적으로 검증 가능한 기준을 '요청 시 조세 정보 교환'의 합의 내용에 포함시키려 하긴 했지만 말이다.

이와 비슷한 맥락의 현재 EU 리스트는 기준들의 깊이와 견고함 면에서 확실히 이목을 끈다. 하지만 이 기준들은 부분적으로만 객관적 검증이 가능한 상태다. 평가의 핵심 요소들이 밀실에서 정해지고, 이 기준들이 EU 회원국들에 평등하게 적용되지 않기 때문이다. 하지만 금융 비밀주의나 소득 이전 같은 지표들이 다양하게 포함돼 있다는 점에서 FSI와 가장 근접한 기관 리스트다. 또한 투명성의 범위가 넓어 독립적인 연구자들의 연구 결과와 상당히 가깝다.

EU 리스트가 처음 발표되기 전인 2017년 바우터 립스Wouter Lips 와 나는 객관적 검증이 가능한 기준을 만족시키지 못하는 조세 관할권 60곳을 찾아냈고, 그중 41개 조세 관할권, 추가적으로 EU 회원국 여섯 나라, 즉 키프로스, 아일랜드, 룩셈부르크, 몰타, 네덜란드, 영국이 이 리스트에 포함돼야 한다는 결론을 내렸다. 하지만 리스트에 실릴 가능성이 있던 41개 조세 관할권이 리스트에 포함되지 않기 위해 개선을 약속한 상태에서, 결국 EU는 17개 조세 관할권 리스트를 발표했다. 이 41개 조세 관할권은 우리의 연구 결과와 거의 겹치는 나라였다. 그 후로 이 리스트에서는 추가와 삭제가 계속 이뤄지고 있다. 선정 과정이 매우 동적이라는 뜻이다.

하지만 권력은 여전히 과거에서처럼 존재하고 있으며, EU는 미국이 기본적인 OECD 기준을 점점 더 노골적으로 준수하지 않고 있음에도 불구하고 미국을 리스트에 포함시키지 못하고 있다. 이 상황을 드러내기 위해서는 핵심 정책 의제를 더 구체적으로 작성하는 작업이 이뤄져야 할 것이다. 그렇게 한다면 집계 불이행에 도전할 때 전면적인 정치적 노력보다 앞서는 기술적 진보의 위험성도 다시 한번 부각될 수 있을 것이다.

조세회피에 대처하는 정책 플랫폼

2003년 TJN이 공식 출범한 후, 세계 각국의 법률, 회계, 경제 그리고 기타 분야의 전문가들은 조세피난처와 조세피난처 관련 탈세와 조세회피 문제에 대처하기 위한 정책 플랫폼 개발에 기여해왔다. 특히 이 정책 플랫폼은 최상층에서의 집계 불이행과 관련된 권력과 불평등 문제의 대처를 위한 것이었다.

이 정책 플랫폼의 핵심은 조세 투명성의 ABC로, 이 장에서 다룬 핵심 수단인 숨겨진 은행 계좌, 숨겨진 소유권, 불투명한 회사 회계에 각각 대응한다.

A(Automatic): 자동적이고 다각적인 조세 정보 교환

B(Beneficial): 수익 소유권(회사, 신탁사, 재단의 공개 등록)[*]

C(Country): 다국적기업들의 나라별 공개 보고

A와 B는 금융 비밀주의 영역과 주로 관련된다. 자동적이고 다각 적인 조세 정보 교환은 당시 OECD의 '요청 시 정보 교환' 기준에 정 면으로 도전하기 위한 것이었다. OECD가 제안한 정보 교환이 이뤄지 려면, 조사하고 있는 개인들과 그 개인들의 은행 계좌에 대한 정보를 상당히 자세히 공개하라는 당국의 요청이 있어야 했다. 또한 더 많은 정보를 요청하기 전에 당국이 이미 많은 것을 알고 있어야 했고, 비밀 주의 조세 관할권들이 근거 부족을 들어 당국의 요청을 지체시키고 거부할 수 있는 충분한 기회를 가질 수도 있었다. 이와는 대조적으로, **자동적인** 정보 교환은 관련된 모든 예금주에 대한 정기적인(예를 들 어, 해마다 이뤄지는) 다각적인 데이터 교환을 가능하게 한다. 이 형 태로 정보 교환이 완벽하게 시행된다면 말 그대로 은행 비밀주의는 종말을 맞을 것이다.

* 실질적인 소유권을 행사하면서 이익을 얻는 것을 말한다.

　수익 소유권 공개 등록의 목적은 자산의 비밀 소유를 없애는 것이다. 비밀 소유는 실제 개인과 그 개인이 익명으로 소유하면서 통제하거나 금융 이익을 얻는, 또는 그 두 가지가 다 이뤄지는 회사, 신탁사, 재단 또는 기타 법적 실체 등의 수단을 분리함으로써 가능하다. 세계은행이 공개한 〈꼭두각시 조종자들Puppet Masters〉이라는 제목의 연구 보고서와 그 뒤를 이은 〈파나마 페이퍼스〉, 〈파라다이스 페이퍼스〉 등의 유출 문건에서 잘 드러났듯이, 이런 비밀주의 관행은 역외 탈세의 대부분과 다양한 범죄, 부패 사례들의 핵심에 자리 잡고 있다. 공개 등록은 이런 행위를 하고도 처벌받지 않는 상황을 끝내기 위한 핵심적인 단계다.

　조세 투명성의 C는 다국적기업들의 나라별 공개 보고에 관한 것이다. 이런 공개 보고가 이뤄지려면, 활동이 일어나는 각 조세 관할권에서의 매출과 고용을 포함한 경제 활동의 절대량, 이윤 신고와 납세액, 해당 다국적기업 그룹을 구성하는 모든 실체에 대한 데이터가 제공돼야 한다. 이렇게 공개 보고가 이뤄지면, 다국적기업들의 투명성은 한 나라에서 활동하는 개별 기업들의 투명성 수준으로 상승할 것이며, 활동이 일어나는 장소와 그 활동으로 발생하는 이윤이 신고되는 장소 사이에 존재하는 의도된 간극의 범위와 속성이 밝혀질 것이다. 이런 나라별 공개 보고는 다국적기업 그리고 전 세계의 다른 나라들을 희생시키는 소득 이전을 가능하게 하는 조세 관할권 모두에 책임을 지울 강력한 도구가 되는 것이다.

　OECD 같은 국제 조직들은 처음에는 이런 ABC 제안이 유토피아적이고 비현실적이라는 이유로 거부했다. 하지만 얼마 지나지 않아 이 제안은 추동력을 얻었다. 2013년이 되자 이 제안은 G20, G8, G77

그룹의 지도자들로부터 전폭적인 지지를 받는 글로벌 정책 의제의 기초로 자리매김했다.

자동 정보 교환으로의 전환은 OECD 공통보고기준의 제정으로 공식화됐다. 2018년 9월에 이뤄진 합의는 미국을 제외한 100여 개 주요 국가가 참여한 완전히 다각적인 정보 교환 합의이며, 투명성 구조와 기대치를 확정한 주요한 진전이라는 의미를 가진다. 하지만 이 기준을 우회하기 위한 움직임에 대처하려면 아직 많은 노력이 필요하다. 무엇보다 이 합의에 저소득 국가를 모두 포함시키려면 엄청난 노력이 필요할 것이다. 또한, 이 기준은 해외금융계좌신고법FATCA*을 통한 미국의 일방적인 자동 정보 제공 요구 후에 처음 만들어지기 시작했음에도 불구하고, 미국이 보이는 비협조적인 태도 때문에 다른 많은 조세 관할권들이 일부 다른 합의국에게 정보 제공을 거부할 길을 열어주고 있다. 예를 들어 스위스는 대형 무역 파트너, 즉 정보를 요구할 수 있을 정도로 힘이 있는 상대가 아니면 정보를 교환하지 않는다.

작은 조세 관할권들과 비밀 기업을 팔아서 이윤을 창출하는 미국 주들의 저항에도 불구하고, 수익 소유권의 공개 등록은 현재 국제 표준으로 부상하고 있다. 2016년 영국의 회사공개등록법 제정, 현재 신탁사와 회사 모두에 대한 공개 등록을 요구하는 EU의 반자금세탁 지침, OECD 글로벌 포럼의 작지만 꾸준한 움직임 등을 통해 공개 등록은 서서히 표준으로 자리 잡고 있다.

가장 크게 저항하고 있는 나라는 미국이다. 델라웨어주를 필두로

---

* 해외 금융기관으로 하여금 미국 납세자가 보유한 해외 금융 계좌 정보를 연방 국세청(IRS)에 제공하도록 하는 법이다.

한 미국의 주들은 다른 곳에서 발생하는 피해를 신경 쓰지 않으면서 오랫동안 익명 회사 설립 비용을 경쟁적으로 낮춰오고 있다. 또한 이런 상황은 케이맨 제도 같은 소규모 조세 관할권이 새로운 기준을 준수할 필요가 없다는 주장을 하도록 만들어 왔다.

마지막으로, 나라별 보고 면에서도 상당한 진전이 이뤄지고 있다. 예를 들어, 2013년 G20은 OECD 국가들이 TJN의 원래 제안을 따르는 기준을 준수하도록 의무화했다. 하지만 이 기준은 기술적 결함이 크고, TJN의 제안과 결정적으로 다른 점도 있다. 데이터는 각 국가의 조세 당국 본부에만 전달되면 되고 대중에게 공개되지 않는다는 점이다. 조세 당국은 이 데이터를 다양하게 이용할 수 있으며, 2020년부터 OECD 국가들은 관할권 수준의 소득 이전 패턴을 드러낼, 부분적으로 종합된 통계를 발표하기로 했다.

하지만 여기서도 저소득 국가들은 배제된다. 예를 들어, G20의 의무화 조치 발표 6년 후 미국은 결국 인도와 나라별 정보를 완전히 공개한다는 내용의 합의를 체결했다. 미국 입장에서 작은 나라들은 별 필요가 없을 것이다.

ABC 각각의 측면에는 기술적인 해결 방법이 담겨 있으며, 이 해결 방법은 기준의 일부로 자리 잡고 있다. 하지만 여전히 정치적인 장애물은 남아있다. 정보는 권력이다. 그리고 저소득 국가들이 필요한 데이터를 OECD 국가들, 그 국가들의 다국적기업과 금융기관들로부터 얻을 수 있는 방법은 안타깝게도 여전히 매우 제한적이다.

거기서 그치지 않는다. 현재 상황으로 보면, 이런 기술적 해결 방법의 부분적인 도입이 실제로는 과세권 분배 면에서의 글로벌 불평등을 심화해왔을 가능성이 있다. 실제로 고소득 국가들, 경제 규모가

4장 반사회적 이익을 용인하는 시스템

큰 국가들은 역외 금융과 다국적기업의 조세 정보에 대한 접근을 단계적으로 확대해온 반면, 경제 규모가 작은 국가들, 저소득 국가들은 대부분 이런 정보에 접근할 수 없었다. 투명성이 전반적으로 상승했음에도 불구하고 이런 국가들에게 이 분야는 거의 확실하게 기울어진 운동장이었던 것이다.

기술적인 해결 방법이 정치적인 맥락에서 적용돼야 한다는 것을 이보다 잘 보여주는 상황은 없을 것이다. (부유한) 회원국들은 소프트 파워soft power* 중 가장 하드 파워에 근접하는 수단을 동원한다. 이 국가들은 (저소득 국가들이자) 비회원국들에 적용되는 규칙을 만드는 국제 포럼을 이용해 투명성 규칙이 비회원국들에게만 일방적으로 적용되게 만드는 동시에 자신들은 그 규칙에서 제외시켜 큰 이득을 본다.

정치권력 양도에 대한 합의 없이 기술적인 해결 방법들을 수용한 결과는 미래의 진보를 위한 유엔 포럼 창설 주장에 구체적인 근거를 제공한다. 이런 해결 방법의 수용 과정에 뿌리 깊게 자리한 핵심적인 불평등 요소로 인해, 부유한 나라들의 집단인 OECD가 감독을 하는 입장에 서게 됐기 때문이다. 하지만 이런 상황은 시각과 기준을 바꿔야 할 필요성을 드러내기도 한다. SDGs는 이 부분에서도 집계 불이행 문제에 대처할 수 있는 기회를 제공한다.

---

* 연성권력. 군사력이나 경제력과 같은 물리적·경합적인 힘을 지칭하는 하드 파워hard power, 즉 경성권력에 대응되는 개념이다.

5장 조세 저항에 대한 우리의 도전

이 장은 증세와 불법 자금 흐름이라는, 연결돼 있지만 서로 다른 문제를 MDGs의 보이지 않는 문제들과 SDGs의 핵심 세부 목표들과 관련해 설명하고, 지금도 계속되고 있는 조세 저항에 대해서 다룬다.

SDGs와 조세

1부에서 다룬 데이터 세분화와 수평적 불평등 영역에서처럼, SDGs도 최상층에서의 집계 불이행에 관련된 새로운 의제들을 반영한다. 이 새로운 의제들은 다음의 세 가지 중요한 요소로 구성된다. 모든 목표 달성에서 과세가 차지하는 중심적인 역할, 불법 자금 흐름illcit financial flow, IFF 범주로 묶을 수 있는 집계 불이행의 초국가적인 특성, 6장에서 다룰 수직적 소득 불평등에 관한 요소다.

MDGs를 원조 공여국의 의제라고 말하는 것은 일종의 희화화라고 할 수 있다. 하지만 MDGs에 과세에 대한 언급이 없는 것은 확실하다. 이는 21세기 초에 이뤄지던 담론을 직접적으로 반영한 결과다. 당시에는 조세 관련 연구가 거의 이뤄지지 않았으며 정책 초점도 조세에 거의 맞춰지지 않았다. 금융 비밀주의가 개발에 미치는 영향에 대해서는 훨씬 더 관심이 적었다. 오랫동안 간과돼왔지만, 개발에서 조세가 차지하는 중요성은 상당히 크다. 이 중요성은 다음과 같은 4R의 틀로 요약할 수 있다. 세수Revenue, 재분배Redistribution, 재평가Repricing, 대표성Representation이다.

세수는 의료, 교육, 사회간접자본에서 효율적인 행정과 법치에 이르는 국가의 공공서비스 제공 역량에 필수적이다. 재분배는 수평적 불평등과 수직적 불평등 모두를 억제하거나 근절하는 데 필수적이다. 재평가에서의 과세의 역할은 별로 두드러지지 않을 수 있다. 하지만 과세는 진정한 공공 비용과 교육 등의 사회적 재화 혜택, 담배 소비나 이산화탄소 배출 같은 사회적 병폐가 시장 가격에 반영되도록 만든다.

하지만 과세의 결과 중에서 너무 흔하게 간과되는 것이 있다. 바로 정치적 대표성이다. 천연자원이나 외국 원조에 대한 의존이 오랫동안 계속되면, 정부가 반응할 수 있는 통로들이 훼손돼 부패가 발생하고 책임성이 광범위하게 약해지는 결과를 낳는 경우가 많다. 납세 행위는 국가와 시민 사이의 중요한 연결고리인 책임성을 제공함으로써 사회계약을 뒷받침하기 때문이다. 실증적 연구들에 따르면, 정부 지출에서 조세가 차지하는 비중이 높아질수록 거버넌스와 대표성 과정이 강력해진다. 특히 직접세(소득, 이윤, 자본 이익에 부과되는 세금)의 영향력이 크다.

하지만 개발 정책의 핵심적인 영역으로서의 조세는 그동안 상대적으로 주목받지 못했다. 따라서 가장 단순하고 파괴적인 정책 제안들이 소위 조세 합의tax consensus라는 이름으로 포장되는 결과가 발생해왔다. 조세 합의는 오랫동안 IMF와 양자간 다자간 원조 공여국들이 전 세계 곳곳에서 제공해온 권고의 기초를 형성했던 개념이다. 존 윌리엄슨John Williamson이 이름 붙인 넓은 의미의 워싱턴 합의Washington Consensus에는 조세개혁이 10개 요소 중 3번째로 포함돼 있다. 이 10개 요소는 '워싱턴(즉, 미국 워싱턴 DC의 정치 엘리트와 기술 관료 엘리트)이 합리적인 수준으로 적절한 배치 합의를 할 수 있는' 요소다.

워싱턴 합의는 저소득 국가들 모두에게 한결같이 강요된 신자유주의 세계관을 요약한 것이라는 오명을 쓰곤 한다. 하지만 윌리엄슨의 원래 의도는 정책에 대한 견해들이 이루는 지형을 있는 그대로 묘사하는 것이었다. 이 점은 다음과 같은 윌리엄슨의 조세에 대한 논의에 특히 분명하게 드러나 있다.

증세는 재정 적자에 대한 처방으로서 공공지출 축소의 대안이다. 대부분의 워싱턴 기술 관료는 증세를 열등한 대안으로 여긴다. (우익 싱크탱크 사람들을 제외한) 많은 워싱턴 기술 관료는 워싱턴 정치 엘리트들이 증세에 대해 가지는 거부감이 무책임하고 이해 불가능하다고 생각한다. 세수 확대의 이점에 대한 태도 차이에도 불구하고, 어떤 수준으로 세수를 늘려야 하는지 판단하는 가장 바람직한 방법에 대해서는 매우 광범위한 합의가 이뤄진 상태다. 그 원칙은 과세 기반이 넓어야 하고 한계 세율은 적정해야 한다는 것이다.

윌리엄슨의 개념과 연결돼 있지만, 더 발전된 형태인 조세 합의 개념은 2004년 유엔대학 세계개발경제연구소가 발간한 책에서 처음 제시됐다. 옥스퍼드 대학의 크리스토퍼 애덤Christopher Adam과 데이비드 베번David Bevan이 기본 개념을 확립하고, 당시 OECD 수석 조세 정책 및 통계 연구관 크리스토퍼 헤디Christopher Heady가 구체적인 내용을 제시한 조세 합의의 핵심 요소들은 다음과 같다.

첫째, 조세 시스템의 중립성을 목표로 한다.
둘째, (가능한 한) 과세가 아니라 지출을 통해 재분배 목표를 추구한다.
셋째, (고소득 OECD 국가들의 세수 비율은 보통 30-40%이지만) GDP의 15-20% 수준으로 세수를 달성한다.

조세 시스템이 생산이나 소비에 대한 결정들을 왜곡해서는 안 된다는 조세 중립성 개념은 현실에서 직접 과세, 효율성을 위한 무역 자유화, 세수 마련을 위한 매출세 징수의 대폭적인 강화를 이끈다.

조세 중립성 개념의 중심에는 경제성장을 주요 정책 목표로 보아야 하며, 세금은 장애물이라는 생각이 자리 잡고 있다. 이 개념은 세금을 부과하지 않을 때 경제가 효율적인 결과를 달성할 수 있다는 암묵적인 가정에 기초하고 있다. 이는 세금이 가능한 한 왜곡을 적게 일으켜야 한다는 생각으로 이어진다. 하지만 이런 가정은 당연히 틀렸다. 현실에서 정부의 모든 간섭을 없앤다면 이 가정에 따른 고성장이 아니라 대혼란이 발생할 것이다.

이 분석은 국가 형성과 재분배에서 조세가 갖는 중요성을 전혀 고려하지 않은, 경제학 개론 교과서 수준의 매우 기초적인 거시경제학적 상호작용만을 고려한 분석이다. 이 극단적인 가정을 완화해서 생각한다면, (왜곡적인) 과세가 효율을 높일 수 있다는 결론이 나올 수 있다. 그렇게 되면 아무리 지속적인 인간 개발보다 경제성장을 중시하는 정책 입안자라고 해도 조세 합의에 기초한 주요 정책 제안을 지지할 수는 없을 것이다.

재분배를 위해 조세를 이용하지 않겠다는 결정은 정부가 가계에 대한 직접적인 현금 지원을 포함한 모든 수단을 마음대로 이용할 수 있다는 가정에 기초한다. 이론상으로 비누진적 과세와 직접적인 현금 지원을 결합하면, 이를테면 소득세처럼 누진세 효과를 낼 수 있다. 하지만 정부가 이런 현금 지원을 할 능력이 없거나 현금 지원을 가능하게 하는 세수 수준을 확보하지 못하는 상황에서 조세 합의가 이뤄지기 위해서는, 정부가 불평등을 감소시키는 능력 대부분을 포기해야 하고, 그 포기로 인해 얻을 수 있는 것은 거의 없어진다.

가장 위험한 가정은 숨겨져 있다. 조세 합의는 정부가 세수, 재분배, 재평가, 경제적 개발과 광범위한 인간 개발의 결과들과 연결된 최적 과세 문제에 대한 해결책의 기초라는 생각에 사실상 근거하고 있기 때문이다. 정책 입안자들은 자신들(또는 유권자들)이 선호하는 결과를 얻기 위해서 적절한 과세 수단에 대해서만 생각하면 되는 것이다.

하지만 현실에서는 얘기가 다르다. 정부 자체가 과세의 **결과**다. 효율적인 정치적 대표성 수준과 부패의 수준은 세수의 원천으로서 조세에 대한 장기적 의존과 관련이 있을 수 있기 때문이다. 지속적이고 합법적인 대표성을 가진 정부가 오랫동안 유지돼왔다는 것은 중기적으로 국가를 외생적인 존재로 취급할 수 있다는 뜻일 수 있다. 하지만 서유럽 국가들에서도 독재를 겪고 얼마나 지났는지에 따라 조세와 국가 합법성에 대한 태도는 차이가 많이 난다. 불법적인 식민 지배를 오래 겪은 상태에서 최근에도 비민주적인 통치를 경험한 저소득 국가들은 최적 과세 문제에서 국가를 계속 외생적인 존재로 취급할 수 없기 때문이다.

조세 합의는 이 문제를 고려하지 않는다. 따라서 현실에 적용하기에 적합하지 않다. 일반적으로 그렇고, 특히 저소득 국가들에서 그렇다. 개발 결과가 형편없는 것이 오로지 조세 합의 때문이라고 할 수는 없다. 하지만 조세 합의는 세금 징수, 재분배, 정부에게 책임을 지울 수 있는 튼튼한 정치 시스템 창출 실패에 대한 책임까지 피해갈 수 없다. 나쁜 거버넌스는 나쁜 조세 구조와 직결돼 있다. 그리고 조세 합의는 이런 나쁜 조세 구조를 수없이 만들어낸다.

현실적인 제안으로는 (저소득 국가에서는 주요 세수 원천이 되긴 하지만) 거래세를 없애고, (부가가치세 부과는 조세/GDP 비율이 최소인 저소득 국가에서 세수 감소의 원인이 된다는 IMF의 연구 결과에도 불구하고) 부가가치세를 도입해 확장하는 방법을 들 수 있다. 이외에도 소득, 이윤, 자본 이익에 대한 직접세를 방치 그리고/또는 잠식하는 행위는 다국적기업들과 엘리트들의 로비 활동과 관련이 있다. 이런 로비 활동은 정부가 더 효과적이고 누진적인 조세 정책을 추구하지 못하도록 압력을 가중시키고 있다.

윌리엄슨은 워싱턴 합의의 조세개혁 관련 요소에 대해 다음과 같이 설명했다.

라틴아메리카 상황에서 발생하는 특정한 문제 중 하나는 과세 기반(과세 표준)에 해외 소유 자산(도피 자본)에 대한 이자 소득을 포함시켜야 하는지에 관한 것이다. 이런 소득에 대한 과세를 규정하는 한, 국가의 법은 그 자체로는 별로 효과가 없을 수 있다. 법 집행의 문제 때문이

153

다. 하지만 한 국가가 도피 자본으로부터 나오는 이자에 세금을 부과하는 법을 제정하기 전까지는 조세피난처 국가들과 법 집행에 관한 논의를 시작할 수 있는 위치에 이를 수도 없다. (중략) 도피 자본에서 나오는 소득에 대해 효과적으로 과세를 하려면 많은 시간이 필요할 것이다. 하지만 국가들이 이런 노력을 시작했는지 아닌지에 대해 아는 것은 흥미로운 일이 될 것이다.

1990년만 해도 저소득 국가들이 자국 엘리트층의 역외 소득에 과세 시도를 하는 것 자체가 논란거리였다고 말한다면 이상하다는 생각이 들 것이다. 하지만 그 후 10년이 지난 후에도 국가 간 정보 교류가 급진적인 제안으로 받아들여진 이유를 설명한다면 이해에 도움이 될 것이다.

단기적인 정치적 압력은 대체로 직접 과세를 억제한다. 부가가치세 같은 간접세는 유권자들이 덜 의식하기 때문이다. 불평등을 완화하고 대표성을 강화하는 직접세의 잠재적, 장기적 이득은 정치적 편의성을 위해 희생되기도 한다. 이런 역학 관계는 강력하고 역사가 오래된 정치적 대표성을 제도적으로 구축해온 나라들에서 위협이 될 수 있다. 또한 이 역학 관계는 정치 제도가 덜 확립된 나라들에서 개발의 주요한 장애물이 될 수 있다.

이런 전체적인 압력은 정부가 정치적 계산과 외부 압력을 반영해 단기적인 행동을 취하는 악순환을 일으킬 가능성이 있다. 궁극적으로는 정부의 합법성을 훼손한다. 이런 악순환 구조는 누진적인 직접세를 포기하고 부가가치세 같은 간접세를 강화함에 따른 불평등을 계속 심화시킴으로써 더 나빠질 수 있다. 불평등의 심화는 사회적 신뢰

하락과 연관 관계가 있으며, 사회적 신뢰 하락은 부패 확산, 거버넌스 약화와 연관 관계가 있다. 조세 방식을 살펴보면, 불평등 심화를 일으키는 정책이 거버넌스도 약화시키는 경향이 있다는 것을 알 수 있다.

조세 시민의식tax citizenship 효과는 모든 체제에서 같은 정도로 나타나지 않을 것이다. 또한 그에 따라 과세 불평등이 미치는 영향은 그어떤 직접적인 재분배의 효과보다 훨씬 크다. 그림 2는 소득 수준이다른 가구가 직접세와 간접세 형태로 소득의 어느 정도를 냈는지 보여준다. 이 데이터는 2000년대 중반 브라질의 데이터로 극단적이긴하다. 하지만 전체적인 패턴은 1인당 소득 수준이 낮은 나라들과 높은 나라들에서 그리 다르지 않다.

그림 2의 (a)는 직접 과세의 누진적인 패턴, 즉 직접세가 소득 최하층 가구 소득의 3%에서 소득 최상층 가구들의 10%까지 꾸준히 늘어나는 패턴을 나타낸다. (b)는 간접세의 역진적인 패턴, 즉 저소득가구들이 소득의 더 높은 비율을 간접세로 지출하는 패턴을 보여준다. 하지만 간접세로 내는 소득의 비율이 더 높으며, 이런 역진적인패턴은 전체 세금을 나타내는 (c)에 그대로 반영된다. (c)에서 보면소득 최하층 가구들은 소득의 거의 절반을 세금으로 내지만 소득 최상층 가구들은 4분의 1밖에 내지 않는다는 것을 알 수 있다.

그림 2는 정치적인 영향은 보여주고 있지 않다. 한 브라질 정부산하 기구의 후속 연구에 따르면 조세 시민의식이 가장 강한 집단은전체 세금이 아니라 직접세 형태로 소득의 많은 부분을 낸 집단이었다. 즉, 정부가 **자신들의** 정부이며, **자신들에게** 책임을 지며, **자신들의**돈을 사용한다는 의식이 가장 강한 집단이었다. 따라서 이 그림에서나타난 조세 시스템은 경제적 불평등을 심화할 뿐만 아니라(소득 면

불공정한 숫자들

[그림 2] 브라질의 직접세, 간접세, 전체 세금(%)

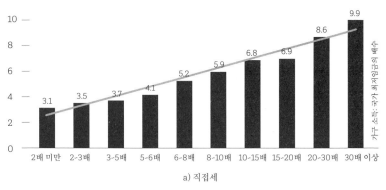

a) 직접세

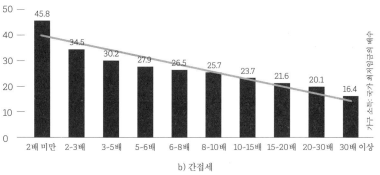

b) 간접세

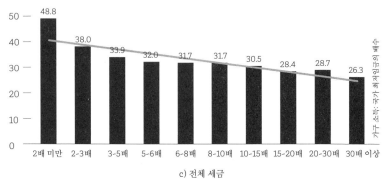

c) 전체 세금

출처: 제시카 에스피, 앨리슨 홀더, 누리아 몰리나, 알렉스 코밤. 2014년. 평등한 출생: 불평등 축소가 우리 어린이들에게 어떻게 더 나은 미래를 줄 수 있나. 런던, 세이브더칠드런, 그림 12.

에서 역진적이었다), 정치적인 불평등도 심화한다고 할 수 있다. 존재 감이 큰 직접세는 세금이 적게 부과되고 소득이 높은 가구들이 조세 시민의식을 더 많이 느끼도록 만들기 때문이다.

한 걸음 더 나아가 생각해보자. 저소득 가구와 고소득 가구의 구성은 어떤 면에서 가장 큰 차이가 날까? 일반적으로 여성 가구주 가구는 하층에 치우칠 가능성이 높다. 또한 가구 내에서도 남성이 (여전히) 더 많은 돈을 벌 확률이 높기 때문에 직접세를 더 많이 낼 확률도 남성이 더 높다(반면 여성은 가사를 위한 쇼핑을 할 확률이 높으므로 체감이 적게 되는 소비세를 낼 확률이 높다).

이 결과로 전체 세금에 대한 상대적 부담을 저소득층이 지는 데도 정치적 참여와 여성의 권리 향상 측면에서는 체계적인 왜곡이 발생한다. 이 밖에도 하층에 있는 원주민이나 장애인 집단처럼 상대적으로 소외된 집단들이 대표되지 못할 가능성이 상당히 높다는 사실도 생각해보자. 결국 이들은 정치적 참여 측면에서의 불평등 심화로 불이익을 당할 가능성이 높아진다.

고소득 집단들에게 누진 과세 시스템을 적용하지 않아야 한다는 뜻은 아니다. 하지만 이런 생각은 직접 과세와 간접 과세의 균형, 각 계층이 느끼는 세금의 상대적인 부담과 존재감에 대한 정책 입안자들의 태도에 확실한 영향을 미칠 것이다. 조세 합의를 무턱대고 적용한다면, 정치적 불평등을 치명적으로 심화할 수 있을 것이다.

납세는 다른 사람들의 납세 의무 준수에 대한 공통적인 체감과 믿음을 반영하는 사회적 행위다. 그리고 국가 측면에서 보면, 세금 부과 또한 사회적 행위다. 사회계약을 구축하거나 훼손시킬 가능성을 모두 가지고 있기 때문이다. 따라서 조세는 (세수 지출을 통해) 국가의 능력에, (효과적이고 책임 있는 정치적 대표성의 구축과 유지를 통해) 국가의 의지에, (대중의 정서 표현을 통해) 국가 행위의 동인들에 영향을 미침으로써 인권의 점진적인 실현에 중추적인 역할을 한다.

최소한 IMF와 세계은행 워싱턴 DC 본부의 입장은 상당히 많이 변화했다고 볼 수 있다. IMF의 재정국은 신설된 조세팀과 함께 좋은 정책에 관한 논의와 연구를 이전보다 훨씬 더 활발하게 진행하고 있다. 하지만 개별 국가에 대한 권고는 아직 이런 변화를 충분히 반영하고 있지 못하고 있으며, 이는 조세 합의의 뿌리가 매우 깊다는 것을 보여주고 있다.

조세 합의로 인해 발생하는 또 다른 문제는 이 영역에서의 악의적인 데이터 관리 소홀, 즉 기관에 의한 집계 불이행이다. 또한 이 문제는 조세 합의에 대한 도전이 오랫동안 이뤄지지 않았다는 사실을 반영하기도 한다. 2005년에 IMF와 세계은행 데이터를 연구한 경험 (조세의 4R을 제시한 논문을 쓰고 있을 때였다)으로 나는 이 점에 눈을 뜨게 됐다. 국제기구들의 연구는 데이터에 대한 관심이 부족하거나 데이터를 의미 있게 사용하지 못했기 때문에 납득이 전혀 가지 않는 숫자들이 포함된 경우가 매우 많았다. 가장 눈에 띄는 사실은 이런 연구들에서 국가별, 연도별로 공식 세수 총액이 GDP를 초과하는 현상이 밝혀졌다는 것이다.

현재 이 영역에서 국제적인 정보 구조의 일부를 형성하고 있는 국제조세개발센터International Centre for Tax and Development, ICTD와 유엔대학 세계개발경제연구소가 정부수입데이터세트Goverment Revenue Dataset, GRD 네트워크를 만드는 데는 9년이 더 걸렸다. 이 네트워크의 초기 발견 중 하나는 IMF의 조세 연구자들조차 IMF가 공개한 데이터를 사용하지 않고, 민간이 보유한 데이터세트를 사용했다는 사실이다. IMF 데이터는 여전히 세수가 GDP를 초과한 사례들을 포함하고 있었기 때문이다. 2014년 공개된 GRD 네트워크의 초기 연구 결과들에 따르면, IMF 자체 데이터세트를 기초로 한 IMF 연구 보고서 대부분이 검증 불가능했다. 이 연구 결과들은 새로운 데이터에 의해 확실하게 뒤집히는 수많은 사례로 이뤄져 있었다.

그나마 긍정적인 점은 IMF가 최초로 자체 데이터세트를 공개했다는 것이다. 불행히도 심각한 오류들이 여전히 포함돼 있기는 했지만 말이다. IMF의 연구 결과는 시기별, 국가별 불일치가 심했으며 여전히 납득하기 어려운 숫자들로 구성돼 있다. 하지만 다행인 것은 이런 약점들이 이제는 공개된 상태라 연구자들이 어떤 조세 데이터를 사용할지 선택할 수 있다는 점이다. 그 후 OECD도 세계 곳곳의 국가 차원 조세 데이터를 발표하기 위해 노력하고 있다. 라틴아메리카의 라틴아메리카-카리브 경제위원회CEPAL 같은 지역 기관들도 선도적인 역할을 하고 있다.

조세와 조세 데이터에 대한 관리 소홀도 조금은 개선됐다. 하지만 크게 개선이 이뤄진 것은 MDGs의 확립 이후다. MDGs가 TJN의 출현과 맞물려 정책 입안자들과 연구자들의 관심을 폭증시켰기 때문이다. TJN은 성공과 실패 사례를 꼼꼼하게 들며 이 문제에 대한 언론과 시민사회의 참여를 유도했다.

조세회피와 금융 비밀주의 남용에 대한 언론 보도는 이제 매우 흔하다. 대규모 다국적기업들이 세금을 적게 내거나 전혀 내지 않은 이야기를 듣는 대중은 분노하고 있으며, 정치적인 진보를 위한 압력을 행사하고 있다. 영국의 국제 개발 NGO들도 선두적이고 핵심적인 역할을 했다.

조세 정의는 최근에야 전 세계적 움직임이 된 것이 아니다. 이런 움직임은 과거에도 계속 존재했다. 하지만 오랫동안 독립적으로 활동해온 수많은 나라와 지역의 단체들이 연결되기 시작한 것은 TJN이 탄생해 활동을 벌인 후부터다. 2013년에는 대중 동원 NGO들을 아우르는 상위 단체인 국제조세정의연맹Global Alliance for Tax Justice이 탄생했다. 조세 정의 운동의 요구 사항은 이런 대중 동원 능력과 미디어를 통한 소통 능력의 결합을 통해서 분명하게 전달됐다. 이는 특히 국제적인 요구의 기초가 되는 공통적인 기술적 바탕 때문에 가능했다.

기준 설정에서 중요한 순간 중 하나는 SDGs를 위한 주요 이행 수단으로 조세를 확립했을 때였다. SDGs 17은 '이행 수단 강화와 지속 가능 발전을 위한 글로벌 파트너십 재활성화'이며, 세부 목표 17.1은 '세금 및 기타 수입 징수를 위한 국내 역량을 개선하기 위하여 개도국에 대한 국제적 지원 등을 통한 국내 재원 동원을 강화한다'이다.

SDGs가 합의되기 전에 나는 다음과 같이 쓴 바 있다. "세금/GDP 비율에는 효과적인 조세 시스템의 이득보다는 세수를 중시한다는 결함이 있지만, 단일로는 지금도 여전히 가장 좋은 척도다. 이 비율의 국가-시민 관계 및 정치적 대표성 개선이라는, 가장 중요한 다른 이득은 세금/세수 총액 비율을 추가적인 지표로 포함시킬 수 있는 기초를 제공한다." 이렇게 선택된 두 지표는 다음의 개념들과 넓은 범위에 걸쳐 궤를 같이 한다.

SDGs 지표 17.1.1: 총 GDP 대비 정부 세수 총액(출처별)

SDGs 지표 17.1.2: 국내 세금에 의해 자금이 지원되는 국내 예산의 비율이 세부 목표와 지표들만 가지고 세상을 바꿀 수는 없다. 하지만 이는 많은 사람이 환영하는 진보, 개발에 자금을 지원하는 수단으로서의 과세에 대한 전 세계적인 노력을 보여준다. 조세를 주요 이행 수단으로 재확인함으로써 발생할 기준 설정 능력은 상당히 클 것이다. 국가 정책 담론에서 문제에 우선순위를 부여하고, 국제 정책 환경에서 저소득 국가들의 관심사에 우선순위를 부여하는 데도 도움이 될 것이다.

사용될 데이터의 질과 관련해서는 중요한 문제가 남아 있다. 하지만 전체적으로 보면, 이 지표들이 2000년에 채택됐다면 발생했을 결과들보다는 훨씬 더 좋은 결과가 나올 가능성이 높아진 상태다. 또한, SDGs에서 채택된 지표들은 데이터의 질을 개선할 수 있는 동력을 더 많이 제공할 수 있을 것이다.

또한 SDGs 세부 목표 17.1이 최소한 간접적으로라도 최상층에서 집계되지 않는 것들을 다루고 있는 것은 사실이다. 이런 집계 불이행으로 인한 수천만 달러의 세수 손실은 이제 글로벌 목표와 국내 예산에서 사라진 상태다. 하지만 여전히 두 가지 위험이 있다. 첫째, 장애물은 대부분 국제적인 성격을 가지는 반면, 마련된 수단들의 책임성은 국가 수준으로 제한될 수 있다. 낮은 성과에 대해 '피해자 비난'이 이뤄질 가능성이 있는 것이다. 둘째, 숫자들이 간접적일 수 있다. 세수 데이터에는 사라진 세수에 대한 데이터는 포함돼 있지 않다. 따라서 손실 정도는 여기서 집계되지 않는다. 하지만 SDGs 세부 목표 16.4에 매우 관련성이 높은 지표가 제시돼 있다. 물론, 로비에 의한 방해가 성공하지 못한다는 조건하에서의 얘기다.

SDGs의 불법 자금 흐름 대처 방식

MDGs와 비교할 때 SDGs가 이룬 세 번째 진보는 불법 자금 흐름을 줄인다는 세부 목표를 포함시킨 것이다. SDGs는 불평등을 비교적 심각하게 다루기도 했지만, 개발에서 조세가 차지하는 중심적인 역할을 인식했다. 세부 목표 16.4에서는 2000년 이후에 발생한 중요한 최종적 변화, 즉 부패에 대한 인식 전복에 대응했다.

'불법 자금 흐름'이라는 용어가 대중화된 것은 미국의 사업가 레이먼드 베이커Raymond Baker가 설립한 국제금융청렴기구Global Financial Integrity, GFI에 의해서다. 베이커는 사하라 사막 이남 아프리카 지역에서 수십 년을 일했으며, 2005년《자본주의의 아킬레스건Capitalism's Achilles Heel》이라는 책을 출간한 사람이다. 베이커의 평가에 따르면 불법 자금 흐름에는 세 가지 요소가 있다. 첫째, 거대 부패grand corruption*다. 불법 흐름 전체로 보면 몇 퍼센트에 불과하다. 둘째, 범죄 수익 세탁이다. 전체의 4분의 1에서 3분의 1 사이를 차지한다. 셋째, 상업적 조세회피commercial tax evasion다. 기업들의 거래가 조작을 통해 이뤄지는 이런 조세회피는 전체의 3분의 2 정도를 차지한다. 이 책의 목적은 부패에 대한 당시의 표준적인 시각이 놓치고 있는 부분을 부각하는 것이었다. 즉, 이 책은 부패가 저소득 국가 정부들의 문제라기보다는, 대부분 저소득 국가에서 활동하는 고소득 국가 출신 민간 영역 행위자들의 문제라고 주장한 것이다. 4장에서 살펴보았듯이, 이런 새로운 시각은 MDGs가 확립된 이후 계속 지지의 폭이 넓어지고 있으며, 베이커의 책 역시 광범위한 독자층을 확보했다.

* 고위 권력을 오남용해 다수의 희생으로 소수의 이익을 취하고, 개인과 사회에 심각하고 광범위한 해악을 끼치는 행위를 말한다.

불법 자금 흐름이라는 용어에 대해서는 합의된 정의가 없다. '불법illicit'라는 단어의 폭이 넓기 때문이다. 옥스퍼드 사전은 이 단어를 '법, 규칙 또는 관습에 의해 금지된'이라고 정의하고 있다. 이 정의는 '법에 의해 금지된', 즉 '비합법적인illegal'이라는 의미를 부분으로 포함하고 있다. 따라서 불법 자금 흐름은 비합법적이 아닐 수도 있다는 뜻이 된다. '규칙 또는 관습에 의해 금지된' 자금 흐름에는 사회적으로 그리고/또는 도덕적으로는 수용할 수 없지만, 반드시 비합법적이라고는 할 수 없는 자금 흐름이 포함될 수 있는 것이다. 우리가 우려하는 현상은 불법적인 기원을 가진 자본이나 불법적인 속성을 가진 거래가 의도적으로 은폐되는, 숨겨진 국가 간 자금 흐름이다.

숨겨져 있다는 공통적인 속성은 명백한 비합법성 **그리고** 사회적으로 금지된다는 속성과 결합한다. 어쨌든, 자신이 자랑스러워하는 행동이 집계되지 않기를 바라는 사람은 아무도 없기 때문이다. 이런 결합은 합법적일 수도 있는 부패 행동과 범죄가 이 불법 자금 흐름 범주에 포함되도록 만든다. 중요한 것은 다국적기업의 조세회피가 이 범주에 포함된다는 사실이다. 김용 전 세계은행 총재는 다국적기업의 조세회피를 '가난한 사람들에게 해를 끼치는 일종의 부패'라고 정의하기도 했다.

나는 불법 자금 흐름을 동기에 따라 네 가지 구성 요소로 분류할 수 있다고 본다. 첫 번째 구성 요소는 시장과 규제의 남용이다. 역외 비밀 수단을 이용해 규제되지 않는 독점적 지위를 구축하는 행위다. 두 번째 구성 요소는 더 흔한 형태인 세금 남용이다. 세금 남용은 신고되지 않는 역외 자산을 노골적으로 숨기는 행위(개인의 전형적인 조세회피 형태)와 실제 경제 활동이 일어나는 장소로부터 불투명한 방식으로 소득을 이전하는 다국적기업의 행위로 구성된다. 세 번째 구성 요소는 넓은 의미의 권력 남용이다. 국가 자금과 자산을 훔치는 행위다. 네 번째 구성 요소는 범죄 수익 세탁이다. 세 번째 구성 요소는 부패에 대한 전통적인 시각에 부합하며, 세 번째와 네 번째 요소는 모두 베이커의 상업적 조세회피와 궤를 같이한다.

이 구성 요소 중 세금 남용은 베이커의 분류에서 잘 드러나지 않는 문제를 명백하게 드러낸다. 즉, 세금을 피하기 위한 불법 자금 흐름에 다국적기업들의 행위뿐만 아니라 개인의 행위도 포함된다는 뜻이다. 반면, 첫 번째 구성 요소인 시장과 규제의 남용은 대부분 베이커의 분류를 넘어서는 것이다. 이런 불법 자금 흐름은 소유권이 숨겨진 국가 간 자금 흐름을 나타낸다. 규제나 독점금지법의 우회를 예로 들 수 있다. 정치적 이해 충돌에 대한 (법적 또는 사회적) 제한을 피해가는 행위, 예를 들어 규제 대상 기업의 주식을 소유한 정치인이나 관리들을 보호하는 행위가 여기에 포함될 수 있으며, 권력 남용 범주에 포함될 수도 있다.

그림 3은 기초 자본의 범죄 기원 여부, 발생 거래들의 불법성 여부에 따른 불법 자금 흐름의 네 가지 구성 요소들을 보여주고 있다. 부패에 대한 '오래된' 시각은 1사분면(오른쪽 위)에 위치한 비합법적인 자본 불법 흐름에 대체로 대응한다. 다른 곳의 행위자들보다는 저소득 국가의 행위자들에 중점을 둔 시각이다. 불법 자금 흐름에 대한 새로운 시각에는 시장 남용과 세금 남용이 포함되며, 이 경우 자본은 (주로 상업 행위를 통해) 합법적으로 획득되지만, 거래는 숨겨진다. 이 경우 핵심적인 행위자는 민간 영역의 행위자다.

불법 자금 흐름이 미치는 영향은 광범위하고 다양하다. 하지만

[그림 3] 자본과 거래의 속성에 따른 주요 불법 자금 흐름 유형

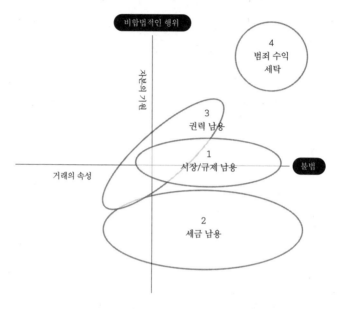

출처: 알렉스 코밤. 2014년. '불법 자금 흐름이 아프리카의 평화와 안보에 미치는 영향', 〈아프리카 평화 안보에 관한 타나 고위 포럼 논의 보고서〉.

이런 영향들은 국가의 **합법성**과 **행동 역량**에 해를 끼쳐 인권 신장과 개발을 저해한다는 공통점을 가진다. 아주 간단하게 말하자면, 불법 자금 흐름은 국가 수입을 감소시킨다. 역외 자산 미신고를 통한 다국적기업들의 조세회피와 개인의 탈세로 인한 전 세계 국가들의 수입 손실은 해마다 수천억 달러에 이르는 것으로 추정된다. 수입 손실 규모는 절대적인 액수로는 가장 부유한 국가들에서 가장 크지만, 수입 손실이 가장 절실하게 체감되는 것은 저소득 국가들에서다. 저소득

국가들의 수입 손실은 고소득 국가들과 비교할 때 전체 세수에서 차지하는 비율이 상대적으로 매우 높기 때문이다.

저소득 국가들은 의료나 교육 같은 핵심적인 공공서비스에 대한 1인당 지출도 적다. 따라서 이런 수입 손실은 이 국가들의 인간 개발 노력을 매우 직접적으로 방해할 가능성이 높다. 과세되지 않는 불법 자금 흐름은 이익을 숨길 수 있는 불법적인 시장으로 경제 활동을 유도하고, 공공 자산을 이용해 민간이 이득을 취하게 만듦으로써 이런 효과를 증대시킨다. 더 넓게 보면 시장 자체의 기능이 약해지고, 생산 활동 대신 임대료 수익을 추구하는 활동이 팽배할 것이며, 그에 따라 경제성장도 억제될 것이다.

두 번째 범주는 거버넌스에 미치는 영향, 즉 세수가 잘 사용될 수 있는 가능성에 미치는 영향이다. 이 부분에서의 피해는 다양한 방식으로 발생한다. 마약 밀거래 등과 관련된 불법 시장의 자금 흐름은 국가 통제의 상실, 심지어는 정통성에도 영향을 미친다. 범죄 행위자들의 힘이 더 강해지기 때문이다. 거대 부패는 광범위하게 공공 혜택을 제공하던 국가를 개인이 장악할 수 있게 만든다. 세금과 관련해 불법 자금 흐름은 이 문제를 더 심화시킨다. 불법 자금 흐름은 과세 효율, 특히 직접 과세의 효율을 떨어뜨려 조세의 4R 중 가장 중요한 요소인 국가의 정치적 대표성을 훼손한다. 예를 들어, 세수 의존도가 높은 정부는 공공 보건에 더 많은 세수를 사용할 뿐만 아니라, 재정 수준과는 상관없이 더 많은 사람에게 혜택을 줄 가능성도 높다는 증거가 있다.

그림 3은 타보 음베키가 주재하고 아프리카연합, 유엔 아프리카 경제위원회United Nations Economic Commission for Africa, UNECA가 후원한 아프리카 불법 자금 흐름에 관한 고위 패널의 보고서 내용을 재구성한 것

이다. 3년간의 증거 수집, 국가 현장 조사, 패널 구성원들의 광범위한 참여를 통해 2015년 최종 형태로 출간된 이 보고서는 SDGs에 불법 자금 흐름 감소 관련 세부 목표가 포함되도록 만들었으며, 원조 공여국이 아닌 국가의 지도자들이 확실하게 참여하도록 이끌었다. 음베키가 주재한 이 패널의 초기 활동을 이어 포스트 2015 의제 관련 고위급 패널도 유엔 사무총장에게 제출한 보고서에 '12e. 불법 흐름과 탈세를 줄이고 도둑맞은 자산을 복구한다'는 세부 목표를 포함시켰다.

이 세부 목표는 별 저항 없이 그대로 최종 SDGs에서 다음과 같이 수용됐다.

목표 16: 지속 가능 발전을 위한 평화롭고 포용적인 사회 증진, 모두에게 정의 보장과 모든 수준에서 효과적이고 책임성 있으며 포용적인 제도 구축.

목표 16.4: 2030년까지 불법 자금 및 무기 거래를 대폭 감소시키고, 불법 취득 자산의 환수와 반환 조치를 강화하며, 모든 형태의 조직범죄를 퇴치한다.

지표 16.4.1: 국내 및 국외 불법 반입 자금의 총 가치(현재 US달러 기준).

지표 16.4.2: 국제 규범 및 법적 절차에 따라 기록 및 추적되고 압수된 휴대용 소형 무기의 비율.

전 세계적인 동의를 얻은 이 세부 목표의 책임성은 불법 자금 흐름의 규모를 추정 또는 측정할 적절한 방법의 개발에 일정 정도 의존한다. 하지만 이 작업은 시작도 하기 전에 위협에 직면했다. 이 SDGs

세부 목표에 대한 정치적 합의가 가능했던 이유 중 하나는 불법 자금 흐름이라는 용어의 폭이 넓다는 데 있었다. 하지만 이 세부 목표를 위한 가시적인 진보가 이뤄지기도 전에 이미 다국적기업들은 로비를 통해 불법 자금 흐름에 대처하는 움직임이 자신들에게 적용되지 못하도록 하는 퇴행적 조작을 했다.

2017년 6월 TJN과 국제조세 정의 연맹, 다국적기업 조세개혁을 위한 독립위원회Independent Commission for the Reform of International Corporate Taxation, ICRICT는 이와 관련해 경종을 울리는 서한을 안토니우 구테흐스 유엔 사무총장에게 보냈다. ICRICT 위원장 호세 안토니오 오캄포José Antonio Ocampo가 쓴 내용은 다음과 같다.

우리는 유엔 시스템 내부의 일부 인물들이 '불법 자금 흐름'이라는 용어의 정의에서 다국적기업들에 의한 조세회피를 소급적으로 제외하기 위해 로비를 벌이고 있다는 것을 알고 있습니다. 이런 행위는 국내 자원 가동에 대한 SDGs의 기여에 명백한 위협이며, 회원국들이 이미 합의한 사항들을 투명한 방식으로 이행할 수 있다는 믿음을 훼손할 것입니다. 우리는 빈곤 근절과 지속 가능한 경제 발전을 위한 전 세계 차원의 노력의 핵심적인 요소라고 생각하는 일을 방해하는 로비 활동에 대항해 유엔 지도부가 저소득 국가들을 위한 굳건한 입장을 견지할 것이라고 믿습니다.

이런 로비 활동 증가에 대한 우려가 최고조에 이른 것은 SDGs 지표 16.4 개발 임무가 예상과는 달리 유엔 마약범죄사무소UN Office for Drugs and Crime, UNODC로 이관됐을 때였다. 이름에서 드러나듯이,

UNDOC는 조세나 자본금 관련 불법 자금 흐름에 대해서는 다뤄본 적도 없고 전문성도 없는 기관이다.

다국적기업의 조세회피가 불법 자금 흐름의 범위에 속하는 이유는 크게 세 가지가 있다. 첫째, 앞에서 다룬 정의 문제다. 불법과 비합법은 같은 말이 아니다. 따라서 불법의 범위는 **탈세**에 국한되어서는 안 된다. 게다가 조세회피의 상당 부분은 법을 피해 가기 때문에 엄격하게는 합법적이라고 말할 수 있다고 해도 불법 자금 흐름의 범주에서 제외돼선 안 된다. 둘째, 영향 면에서 볼 때, 앞에서 언급했듯이, 조세회피는 불법 자금 흐름 전체의 가장 많은 부분을 가장 확실하게 차지하고 있는 것으로 추정된다.

가장 중요한 세 번째 이유는 SDGs의 정치적 합법성이다. SDGs는 2015년에 글로벌 수준에서 합의된 것이기 때문이다. 이 부분은 더 자세하게 언급할 가치가 있다. 불법 자금 흐름에 대한 GFI의 정의, 즉 '한 나라에서 다른 나라로의 비합법적인 자본 이동이다. GFI는 국경을 넘어 자금이 비합법적으로 증식하고, 이동하고, 이용될 때를 불법 자금 흐름으로 분류한다'는 정의를 들어 (그리고 인용해) 그 반대의 주장을 하는 사람들도 있었고, 지금도 있기 때문이다. 당시 국제개발센터의 방문 연구자였던 마야 포스테이터Maya Forstater는 수많은 국제 조직들의 보고서에서 이 문구를 언급한 내용을 수집해, 조세회피를 불법 자금 흐름에 포함시키는 합의가 이뤄진 바 없다고 주장하기도 했다.

이런 접근 방법은 두 가지 이유로 잘못됐다고 할 수 있다. 첫째, GFI는 레이먼드 베이커가 자신의 2005년 책에서 밝힌 우려를 널리 알리기 위해 설립한 조직이다. 특히 GFI는 상업적 탈세를 불법 자금

[그림 4] SDGs를 전복하기 위한 로비 활동

출처: Tax Justice Network(https://www.taxjustice.net/2017/06/01/subversion-SDGs-16-4/)

흐름의 가장 큰 부분이라고 규정하고 있다. 이 책의 제1장은 '글로벌 자본주의: 구세주인가 포식자인가?'라는 삭막한 제목을 달고 있으며, 이 장의 의도는 첫 번째 단락에서 다음과 같이 분명하게 밝혀져 있다.

'수익을 내려는 것이 아닙니다!' 지금도 이 말을 들었을 때 놀라던 기억이 생생하다. 1962년 내가 나이지리아에 있는 한 기업의 경영을 맡아서 일하고 있을 때였다. 1800년대부터 활발한 영업을 해온 영국 기업인 존 홀트 무역회사의 임원은 자기 회사가 아프리카에서 어떻게 사업을 하는지 내게 알려주겠다고 했고, 나는 그에게 수입 자동차, 건축 자재, 소비재 상품에 가격을 어떻게 매기는지 물었다. 그는 이렇게 대답했다. "가격 책정은 문제가 안 됩니다. 매출만 높이면 됩니다."

베이커는 이어서 당시 다국적기업들의 남용 행위가 어떻게 엄청난 무역 가격 왜곡trade mispricing을 일으켰으며, 이 기업들이 진출한 저소득 국가들의 과세권을 빼앗았는지 자세하게 설명한다. 대부분의 소득 이전은 다국적기업 그룹 내 거래 가격 조작을 기초로 이뤄진다. 거래되는 품목이 물리적인 상품이든 경영 서비스, 집단 내 차용 같은 무형의 지적재산이든 이런 가격 조작은 똑같이 이뤄진다. 요즘은 지적재산 거래에 관한 가격 조작이 늘어나고 있다. 베이커가 이런 행위를 비합법적이라고 여겨 탈세로 규정한 것을 생각한다면, GFI의 불법 자금 흐름 정의에 다국적기업들, 또는 점잖게 말해서 다국적기업들의 조세회피를 제외하겠다는 의도가 있었다고 보기는 힘들다.

또한 우리는 베이커가 이 SDGs 목표를 뒷받침하는 가장 중요한 문서를 만들어낸 '아프리카 불법 자금 흐름에 관한 고위 패널'의 위원이었다는 사실도 알고 있다. 따라서 이 패널은 GFI의 언어를 그대로 선택했으며, 포스테이터는 이 정의가 핵심이므로 **다국적기업의 조세회피는 여기서 제외된다**는 주장을 폈다. 하지만 실제로 이 보고서는 조세회피가 불법 자금 흐름의 범주에 확실히 속한다는 매우 설득력 있는 주장을 펴고 있다. 인용된 GFI의 정의 다음 부분에는 다음과 같은 내용이 나온다. "우리는 법적인 납세 의무 회피를 비롯한 규칙과 기준에 반하는 활동들이 엄밀한 의미에서 모두 비합법적이지는 않다고 해도, 이 활동들을 '불법적'이라고 묘사하는 것은 정당하다고 생각했다." 또한 이 문서는 조세회피에 대한 논의에 그 어떤 것보다 많은 부분을 할애했다.

우리는 불법 자금 흐름에 대한 대처 성공이 궁극적으로 정치적인 문제라고 확신한다. 불법 자금 흐름 연구의 기술적인 측면은 이전 가격 조작transfer pricing, 거래 송장 조작trade misinvocing, 탈세, 공격적인 조세회피, 이중 과세, 조세 인센티브, 불공정 계약, 금융 비밀주의, 돈세탁, 밀수, 밀거래, 위탁받은 권력의 남용과 같은 문제들과 이 문제들 사이의 상호 관계에 대한 것이다. 하지만 행위자들의 속성, 이 현상의 초국가적인 속성, 불법 자금 흐름이 국가와 사회에 미치는 영향을 생각한다면 이 문제는 결국 정치적으로 다뤄야 할 중요한 문제라는 사실을 알 수 있다.

앞에서 언급했듯이 포스트 2015 의제 관련 고위급 패널 보고서는 그 뒤를 이어 발표된 SDGs 합의의 핵심 문서다. 따라서 이 문서도 좀 더 자세하게 살펴볼 가치가 있다. 이 문서의 특징은 두 가지다. 첫째, 이 문서는 부패에 대한 '새로운' 시각을 담고 있다. 둘째, 이 문서는 다국적기업의 조세회피를 반복적인 주제로 다루고 있다. 다음과 같은 부분을 예로 들 수 있다. "선진국들은 불법적인 자본과 부패로 인한 수익을 안전하게 위탁할 수 있는 조세피난처가 존재하지 못하게 만들고, 다국적기업들이 활동하는 국가에서 공정하게 세금을 납부하도록 만들 특별한 책임을 지고 있다."

일부에서는 불법 자금 흐름과 조세회피의 분리가 이 두 문제를 별개의 문제로 대하려는 의도를 드러낸다는 주장을 하고 있다. 하지만 나는 이 주장이 문서 초안자들의 확실한 의도를 회피하려는 너무 지엽적인 주장이라고 생각한다. 이 패널이 제안한, 불법 자금 흐름 관련 세부 목표를 포함하는 목표 12에 정당성을 부여하는 이 문서의 마지막 부분을 보면 이해가 잘 될 것이다. 목표 12에는 여기서 언급된 목표 외에는 다른 목표가 포함돼 있지 않다. 따라서 우리는 이 패널이 불법 자금 흐름 관련 세부 목표에서 다국적기업의 조세회피에 대한 대처를 의도했다고밖에 결론지을 수 없다.

선진국들은 탈세에 대처하기 위해 개발도상국들과의 정보 교환에 더 많은 관심을 기울일 수 있다. 또한, 수익을 세금이 적은 조세피난처로 이전시키기 위해 이전 가격 조작을 하는 다국적기업들의 조세회피를 단속할 수도 있다. 개발도상국이 관련된 경제 범죄를 탐지할 경우 선진국들은 협력해 이 범죄에 대한 기소를 우선순위로 처리해야 한다. 국내 세수는 지속 가능한 발전 투자, 빈곤 완화, 공공서비스 제공에 필요한 자금의 가장 중요한 출처다. 국가는 충분한 국내 자원 동원을 통해서만 재정 자립을 확립하고 지속 가능한 성장을 촉진할 수 있다.

나는 다국적기업들의 로비 문제에 대해 지나치게 많이 설명하고 있다고는 생각하지 않는다. 이런 로비는 최근 들어 새롭게 펼쳐지고 있으며, 관련된 문서들도 매우 많다. 다국적기업의 조세회피가 SDGs 목표 16.4의 핵심이라는 사실만으로도 우리는 이 문제가 충분히 표면화되고 있다고 생각할 수 있다.

하지만 로비는 최소한 SDGs 세부 목표 16.4의 지표들에 확실한 변화가 있기까지는 계속될 것이다. 한편, 우리가 이런 문제들을 제기한 데 대한 반응으로 UNCTAD는 이 세부 목표 달성 과정에 대한 공동 책임을 맡게 됐다. UNCTAD는 다국적기업들에 대한 연구를 한 경험이 있다. 또한 이 기구의 대표작인 2015년 세계투자보고서에서 룩셈부르크나 모리셔스 같은 관할권에 외국인 직접 투자[FDI]를 하는 방법으로 저소득 국가로부터 소득을 이전하는 행위 때문에 1년에 약 1,000억 달러의 세수 손실이 발생했다고 추정한 바 있다. 이 연구에는 우리도 긴밀한 협력을 제공했다.

하지만 이와 동시에 비즈니스 로비는 규모가 점점 더 커지고 있다. UNCTAD 본부가 있는 스위스 제네바에는 이 기구의 고위층과 친분을 쌓기 위해 다양한 집단들이 모여들고 있다. 그중 가장 눈에 띄는 집단은 국제세금투자센터International Tax and Investment Center, ITIC다. 베를린 장벽 붕괴 후 미국 기업들이 구소련 국가들에서 세금과 규제를 적게 적용받기 위해 만든 로비 집단으로 출발했다. 하지만 이 집단은 곧 담배 회사, 주류 회사, 채굴 회사에 의해 장악당했고, 활동 범위를 전 세계로 확대하기 시작했다.

ITIC의 핵심 전략은 단순히 세금을 낮추기 위한 로비를 벌이는 것이 아니었다. 기술적으로 믿을 만하고 객관적인 정책 조언을 제공한다고 재무장관들과 고급 관료들을 설득시키는 것이었다. 이런 목적으로 ITIC는 세계은행, IMF 등과의 관계를 구축하면서 파트너십을 제안하거나 요구했다. 2016년 우리는 의료 단체, 금연 운동 단체, 경제 정의 단체들과 연대를 맺고 ITIC의 이런 속임수를 폭로했다.

관계된 기관들에 서한을 보낸 결과, 우리는 세계은행, 아프리카 조세행정가포럼African Tax Administrators Forum 같은 기관들로부터 ITIC와의 파트너십이 전혀 없다는 답장을 받았다. 카타르 재무부에서 네슬레에 이르기까지 ITIC가 후원자 또는 파트너라고 주장하는 조직들도 관계가 없음을 분명히 했다. ITIC는 이런 관계에 관련된 주장들을 모두 철회해야만 했다. 이와 관련해《파이낸셜타임스》는 매우 비판적인 기사를 내보내기도 했다. 2017년 5월에는 ITIC가 담배 회사의 중역들을 모두 퇴출하고 이 회사들의 후원을 더는 받지 않겠다고 결정한 사실이 유출됐다.《파이낸셜타임스》는 '거대 담배 회사들의 로비 집단이 담배 산업을 포기하다'라는 제목의 기사를 실었다.

담배 회사들에 대한 효과적인 과세를 방해하기 위한 ITIC의 전 세계적인 로비가 계속됐다면, 담배 소비가 더 증가해 사망률이 더 높아졌을 것이다. 특히 담배 시장이 성장하고 있는 유일한 시장인 저소득 국가에서는 상황이 심각해졌을 것이다. 이제 ITIC는 '거대 담배 회사들의 로비 집단'은 아니지만, 여전히 ITIC는 효과적인 과세에 저항하기 위해 전념하고 있다. 현재 비공개로 전환된 상태인 ITIC의 전략 보고서 작성에는 영국 세입관세청 청장을 지낸 데이비드 하트넷David Hartnett이 참여했다. 이 보고서는 ITIC가 이익을 대변하는 다국적기업 그룹들에게 어떤 존재인지에 대한 설명으로 시작된다.

현재의 국제 법인세 체계가 저소득 국가들의 과세 기반을 축소한다는 인식이 널리 퍼져 있다. 자산과 소득 흐름에 대한 정보 교환 부족, 조세 행정 역량의 비대칭성은 신흥 시장과 프론티어 시장으로 분류되는 국가들이 다국적기업 그룹으로부터 받아야 할 세금을 받아내는 능력에 영향을 미친다고 생각하는 사람들도 많다. 특히 일용소비재FMCG*, 호텔, 주류, 이동통신, 식품, 담배, 금융, 에너지 등과 관련된 '개척자' 산업 영역에서 활동하는 기업들과 이 시장에 막 뛰어든 기업들에 대해서 이런 생각이 널리 퍼져있다.

---

* 일반적으로 식음료, 공산품, 소비 용품 등 대량생산되는 저가 저용량의 제품들로 재고 회전율이 높은 제품들을 말한다.

보고서 작성자들은 여기서 더 나아가 이런 생각은 잘못되었다고 주장한다(실제로 다국적기업들은 자신들이 '다국적기업들의 가격 이전 정책을 조세 당국이 이해하는 데 매우 유용한 역할을 할 수 있다'는 생각을 하고 있다). 이들의 입장에서 더 나쁜 상황은 이런 잘못된 생각이 실제로 조세 당국이 다국적기업들을 감사하도록 만든다는 것이다. 하지만 보고서 작성자들은 '다행히도' 해결 방법을 가지고 있다. 다른 활동에 집중하는 것이다. 이들은 다국적기업과 관련해 '협력적 납세 순응 제도cooperative compliance regime'(이들이 점잖게 사용한 언어를 그대로 인용한 것이다)를 적극적으로 이용할 수 있는 리더십 역량을 구축하려 한다. 나아가 다국적기업들 대신에 지저분한 '그림자 경제' 활동 행위에 이르는 7가지 '초점 강화' 방법을 제안하고 있다. 이들은 이런 방법들을 사용해 서로 '윈윈'할 수 있다고 다음과 같이 주장하고 있다. "이 계획들은 새로운 이전 가격 조작을 하거나 온라인 매출과 소비를 유도해 세수 손실을 발생시키는 방법을 사용하는 것보다 노력과 전문 지식이 훨씬 덜 필요한 계획이다."

당연히 ITIC는 SDGs 세부 목표 16.4를 결정하기 위한 제1회 공개 회의에 이틀 내내 참석해 의견을 개진했다. 다국적기업을 이 목표에 포함시켜서는 안 된다는 주장을 하기 위해서였다.

그 후 계속해서 열린 회의들은 우리가 제안한 지표를 포함해, 다양한 나라에서 다양한 지표들을 설정했다. 앞에서 한 불법 자금 흐름에 대한 분석 그리고 소득 이전을 제외한 불법 자금 흐름의 대부분이 역외 자산에 대한 신고 불이행을 이끈다는 생각에 따라 우리는 SDGs 세부 목표 16.4의 두 가지 지표를 제안했다.

첫 번째 지표는 소득 이전에 관한 것이다. 이 지표는 나라별 데이터 보고 방법의 사용 여부에 의존한다. 이 방법이 완전히 공개적으로 시행되려면 실제 권력이 투명성 조치를 시행할 수 있어야 한다. 이 지표는 기본적인 경제 활동이 일어나는 곳으로부터 멀리 떨어진 곳에서 신고되는 다국적기업의 수익 총액을 제공한다. 이 방법은 자국 내 수익이 다른 나라로 유출되는 국가가 그 유출 규모를 추적할 수 있도록 완전히 분석 가능한 방법이어야 한다. 또한 소득 이전으로 이득을 얻는 조세 관할권이 어디인지 완전히 밝혀야 하며, 이 조세 관할권들이 다른 조세 관할권들에 끼친 피해에 책임을 물을 수 있도록 하는 방법이어야 한다.

두 번째 지표는 금융 정보 자동 교환을 통해 수집한 데이터로 조세 관할권 차원과 글로벌 차원에서 신고된 역외 자산의 규모를 추정하게 해준다. 예를 들어, 이 지표를 사용하면 핀란드의 세법상 거주자들이 다른 조세 관할권 보유하고 있는 총자산과 핀란드 조세 당국에 신고된 총자산 간의 차이를 볼 수 있다. 이렇게 되면 국가는 세법상 거주자들이 자산을 숨기는 관할권이 어디인지 알아낼 수 있고, 이는 이 세법상 거주자들의 조세 순응도를 높일 것이다. 또한 이 지표는 국가가 자동 정보 교환 시스템을 구축하거나 대응 조치를 취해야 하는 조세 관할권을 즉각적으로 확인해줄 것이다.

이런 방식으로 이 두 지표는 불법 자금 흐름에 대처해 전 세계 국가들에 자금을 확보해 준다는 SDGs 세부 목표를 충족시킬 수 있다. 책임성을 높이고 진보를 촉진하는 데 필요한 조세 관할권 차원의 세부 사항들을 제공할 수도 있다. 하지만 불법 자금 흐름 영역은 그 규모의 추정과 측정이 여전히 매우 어려운 영역이다. 정의에서 알 수 있듯이 불법 자금 흐름은 의도적인 은폐의 결과이기 때문이다. 게다가 어떤 불법 자금 흐름에 관해 완벽하게 데이터가 확보돼 그 실체가 공개된다고 하더라도, 그때쯤이면 그 불법 자금 흐름은 이미 사라지고 난 뒤일 가능성이 높다.

전체적으로 이 SDGs 세부 목표는 불법 자금 흐름을 추적하고 감소시킬 수 있는 전례 없는 기회를 제공한다. 또한 이 세부 목표는 집계되지 않는 현상이 정확히 어떻게 경제적 금융적으로 큰 비중을 차지하는지를 조명한다. 불법 자금 흐름을 집계하지 않는 것이 기술적인 어려움 때문이 아니라 집계를 하지 않겠다는 선택의 연속 때문이라는 사실도 드러낸다. SDGs 세부 목표에 기준을 설정할 능력이 있다고 한다면, 그 능력은 이런 정치적인 장애물들을 극복하는 능력일 것이다.

하지만 이 기준 설정 능력은 집계 불이행 로비가 계속되도록 만들기도 한다. 최근 설립된 국가간불법거래대응연대Transnational Alliance to Combat Illicit Trade, TRACIT는 '불법 거래로 인한 경제적·사회적 피해를 완화하기 위한 민간 영역 프로젝트'를 자임한다. 이 단체는 불법 시장에 집중해, 이전에 ITIC 회원이었던 대형 담배 회사들을 비롯한 파트너들의 명단을 게시하고 있다. 최근에는 TRACIT가 UNCTAD와 함께 대규모 행사를 개최할 예정이라는 보도가 있었다. UNCTAD는 조세와 관련된 불법 자금 흐름 세부 목표인 SDGs 16.4 달성 책임을 맡고 있는 기구다.

진보를 추구하는 사람들은 긴장을 늦출 여유가 없다.

6장 불평등은 과소평가되고 있다

지니 계수 같은 요약 수치는 일반적으로 완벽하게 '과학적인' 수치로 제시되지만, 사실 이런 요약 수치들에는 바람직한 소득 분배에 관한 가치들이 명백하게 포함돼 있다. (중략) '공정한' 수준에 대한 판단을 하지 않는다면 불평등의 정도를 측정하는 것은 불가능하다. 이런 기존 수치들로 불평등의 정도에 관한 결정을 내려서는 안 된다. 이 수치들에는 소득 분배에 관한 매우 자의적인 가치가 포함돼 있기 때문이다.

—앤서니 애트킨슨

이 장은 소득 불평등의 측정 방법, 그 측정 방법의 문제들이 부주의하게 선택된 측정 기준과 결합해 우리에게 사회에 대한 긍정적인 관점을 잘못 제공하는 방식에 대해 다루며, 어떻게 SDGs 세부 목표가 부분적인 성공밖에 거두지 못했는지에 대해 살펴본다.

최상층의 소득은 어떻게 숨겨지는가

가구 조사와 센서스 결과는 소득의 최하층에 대부분 몰려있는 집단들이 체계적으로 배제됐음을 보여준다. 한편, 그 반대편에는 최고 소득 집단들이 이런 조사에 응답하지 않은 결과로 불평등이 과소평가된다는 확실한 증거가 있다. 최근 들어서 이런 문제는 조세 당국의 데이터를 이용해 최상층의 소득을 집계하는 방식으로 대처하고 있다. 세계 최고의 소득 불평등 전문가인 앤서니 애트킨슨Anthony Atkinson, 토마 피케티 등이 구축한 세계 불평등 데이터베이스는 조세 당국이 보유하고 있는 데이터를 이용해 상위 10%, 1%, 0.1%로 최대한 범위

179

[그림 5] 지니 계수

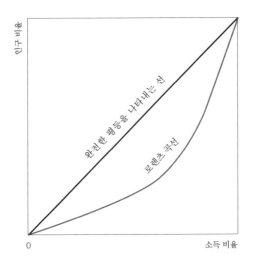

를 좁히면서 새로운 데이터베이스를 만들어내고 있다. 아직도 채워야 할 부분이 많긴 하지만, 이 데이터는 집계되지 않는 최상층의 소득을 파악할 수 있는 강력한 도구가 되고 있다.

보정돼야 할 불평등의 규모는 여전히 상당히 크다. 연구자들과 통계학자들은 대부분 지니 계수를 이용해 불평등 상태를 요약해왔다. 따라서 이 지니 계수가 어떻게 만들어진 것인지 살펴보면 도움이 될 것이다(그림 5). 지니 계수 값은 그림에서 45도 각도로 그어진 직선(완전한 평등 상태를 나타냄)과 로렌츠 곡선(실제 소득 분배를 나타냄) 사이의 차이에 해당하는 값이다. 따라서 지니 계수 값은 인구에서의 완전한 평등 상태를 나타내는 0과 완전한 불평등 상태를 나타내는 1 사이에 위치한다(지니 계수 값이 1이라는 것은 전체 인구 중단 한 명이 모든 분배치, 즉 모든 소득을 다 가지고 있다는 뜻이다). 그림 5에서 로렌츠 곡선은 이런 소득 불평등을 나타낸다. 전체 인구를 왼쪽에서 오른쪽으로, 가장 소득이 적은 사람에서 가장 소득이 많은 사람 순으로 정렬한다고 가정한다면, 로렌츠 곡선은 X축 임의의 점에서의 전체 인구 중에서 최저 소득층이 인구 전체 소득의 어느 정도 비율을 가져가는지 보여준다.

애트킨슨, 피케티, 이매뉴얼 사에즈Emmanuel Saez는 미국의 최상층 소득 데이터를 이용해 2006년 지니 계수를 원래 발표된 수치인 0.470에서 0.519로 상향 조정했다. 4.9%포인트 상승한 수치다. 글로벌 접근 방법을 사용한 수드히르 아난드Sudhir Anand와 폴 시걸Paul Segal은《소득 분배 핸드북Handbook of Income Distribution》에서 18-23개국의 소득세 1년 치 데이터를 샘플로 사용해 최상위 10%의 소득, 평균 소득, 상위 1%의 소득 사이의 관계를 분석해, 지니 계수가 최대 4%포인트나 변화할 수 있다는 사실을 발견했다(지니 계수의 분명한 한계를 보여주는 결과다. 대체 지표의 일종인 타일 지수Theil's T*를 사용하면 이 변화 폭은 22%포인트로 엄청나게 늘어난다).

불평등이 숨겨진 두 번째 영역은 신고되지 않는 소득과 부에 관련된 영역이다. 이에 대한 데이터는 조세 행정 데이터와 조사 응답 결과 모두에서 빠져있다. 우리는 UNECA 동료들과 불법 자금 흐름에 대한 보수적인 추정치를 이용해 공동 연구한 결과, 중·저소득 국가 30개국의 소득 불평등 수준 보정 규모가 아난드와 시걸이 발견한 조세 데이터 보정 수준과 거의 같다는 사실을 발견했다.

* 횡단적으로 관찰되는 개인과 집단에 대한 자료를 엔트로피 개념으로 측정한 불평등 지표다.

지니 계수는 잘못된 지표다

숨겨진 불평등의 세 번째 측면은 불평등 측정 방법의 선택과 관련돼 있다. 이 장의 도입부에서 인용한 애트킨슨의 비판은 불평등 측정 수단으로서 지니 계수의 약점을 그대로 드러낸다. 특히 애트킨슨은 지니 계수가 중간 소득 계층에 영향을 미치는 이전소득transfer*에 가중치를 부여하고 있다는 점을 부각한다. 앤디 섬너와 나는 연구를 통해 이 점을 확인했다. 불평등 수준이 높아질수록 지니 계수의 상대적 민감도가 떨어진다는 사실도 발견했다.

하지만 애트킨슨의 비판은 지니 계수의 불완전성에 초점을 맞춘 것이 아니다. 그가 실제로 주장한 것은 그 어떤 지표도 지표 하나로는 분배의 모든 변화를 잡아낼 수 없다는 점이다. 문제는 지니 계수도 다른 모든 지표처럼 특정한 이데올로기를 반영하고 있고, 이 사실이 숨겨지거나 망각되며, 이 계수를 사용하는 사람들 대부분이 이 사실을 알거나 이해하지 못한다는 것이다.

앤디 섬너, 루카스 슐뢰글Lukas Shlögl, 그리고 나는 지니 계수의 이런 숨겨진 요소들이 두 가지 이유로 중요하다고 주장해왔다. 첫 번째 이유는 우리가 '지니 계수의 독재'라고 부르는 현상에 있다. 이 특정한 지표는 불평등에 대한 언론 보도, 학자들과 공식 통계 연구자들의 기초 연구 대부분에서 거의 항상 언급되고 있다. 두 번째 이유는 2000년대에 발견된 정형화된 사실, 즉 불평등의 변형 형태 대부분은 양극단에서 나타난다는 사실에 있다. 이 두 가지 이유로 지니 계수는 흔하지 않은 변화에 가장 민감한 반면, 변화가 나타날 가능성이 더 높

---

* 수입이 발생하는 어떤 활동에도 참여하지 않고 정부, 비영리단체, 다른 가구에서 이전받은 현금과 재화, 서비스다.

고 우리가 더 신경을 써야 할 분배의 부분에 가장 민감성이 떨어지는 불평등 지표가 되는 결과가 발생한다. 게다가 지니 계수는 높은 불평등 수준에는 민감하지 않으며, 이런 불평등 수준에 대해 확실한 규범적 판단을 내리지 못하게 만든다.

앞에서 언급한 정형화된 사실은 케임브리지 대학 경제학자 가브리엘 팔마Gabriel Palma가 발견한 것이다. 팔마는 2006년과 2011년 연구를 통해 국가들의 소득 분배가 가지는 공통점이 두 가지 힘에 의해 나타난다는 것을 발견했다. 하나는 '원심력'이다. 이는 소득 상위 10%와 하위 40%가 차지하는 소득 비율이 다양성을 증가시키는 힘이다. 다른 하나는 '구심력'이다. 이는 (소득 최하층을 1분위로 보았을 때) 소득 10분위 중 5-9분위가 차지하는 소득의 균일성을 증가시키는 힘이다. 따라서 팔마 이론에 따르면 소득 불평등의 변화는 거의 전적으로 가장 소득이 많은 층(D10)과 가장 소득이 적은 층들(D1-4)의 비율 변화에 의해 발생한다. 소득 5-9분위인 중간 계층은 소득 비율이 변화하지 않는다.

팔마 이론에 기초한다면, 각 나라에서 세계 인구의 절반(중간과 중상위 집단들)이 나머지 절반에 비해 강력한 '재산권'을 가지고 있는 반면, '부유한 사람들'(인구의 최상위 10%)과 '가난한 사람들'(인구의 최하위 40%)의 소득은 가변성이 높다는 뜻으로 해석할 수도 있다.

우리는 국제 패널을 동원해 이 정형화된 사실을 좀 더 면밀하게 관찰했고, 그 결과 1인당 소득 수준이 다른 많은 나라에서 시기에 상관없이 그리고 심지어는 다양한 조세와 이전 시스템 단계에 있는 일부 국가들에서도 중간층이 상대적으로 안정성이 높다는 사실을 발견했다. 우리는 이어 양극단의 비율, 즉 최하위 40%의 소득 비율로 최상위 10%의 소득 비율을 나눈 값이 소득 집중을 측정하는 대체 지표로 사용돼야 한다고 제안했다. 바로 팔마 비율Palma ratio이다.

이 제안은 크게 두 가지 면에서 비판을 받고 있기도 하다. 팔마 이론의 안정성 문제와 중간층에 대한 팔마 비율의 '맹점' 때문이다. 하지만 우리가 2016년 발표한 논문에 따르면, 팔마 이론은 시간이 갈수록 더 강력해지고 있다. 또한 2013년 우리가 발표한 논문은 도출 과정이 다르기는 하지만, 실제로 지니 계수가 팔마 비율보다 많은 정보를 포함하고 있지 않다는 것을 입증했다.

팔마 비율이 데이터 포인트를 두 개밖에 사용하지 않는데도 분배 전체의 데이터 포인트를 사용하는 지니 계수와 비교될 수 있는 이유는 무엇일까? 답은 소득 분배의 패턴이 규칙성을 가진다는 데 있다. 소득 최상위 10%와 최하위 40% 집단만을 사용해 지니 계수에 대한 회귀 분석을 하면 거의 완벽하게(99-100%) 들어맞는다. 지니 계수가 도출 과정의 특성상 중간층에 대한 민감도가 지나치게 높음에도 불구하고, 실제 지니 계수는 팔마 비율을 구성하는 두 개의 데이터 포인트만을 사용해도 거의 완벽하게 예측될 수 있다.

이는 또한 지니 계수와 팔마 비율 사이의 매우 높은 상관관계를 설명하기도 한다. 그렇다면 둘 중 어떤 지표를 사용해도 별 차이가 없을 것이라는 생각이 들지도 모른다. 하지만 분명한 차이가 존재한다. 팔마 비율의 가장 큰 장점은 정책 논의에서 사용하기 간편하다는 것이다. 지니 계수 0.5는 심각한 불평등을 뜻하지만, 전문적인 지식이 없는 사람은 직관적인 이해가 불가능하다. 반면 같은 불평등 정도를 나타내는 팔마 비율 5.0은 한 나라에서 가장 부유한 10%가 가장 가난한 40%의 5배를 번다는 뜻으로 바로 해석될 수 있다. 정책 논의에서 팔마 비율이 유용하게 사용되는 이유는 바로 이 간편함에 있다. 또한 팔마 비율은 불평등과 소득/소비 집중도를 추적하는 데도 지니 계수만큼 유용하게 사용될 수 있다.

이외에도 팔마 비율은 불평등에 대한 정책 논의가 효과적으로 수행되는 일에 초점을 맞추도록 도와줄 수 있다. 생각해보자. 중간층이 이미 50%의 소득을 차지하고 있지만 그 이상을 초과하지 못하고 정체 상태에 있다면, 불평등을 해소하기 위해서는 우선 양극단 사이에 있는 균형점을 이동시켜야 한다. 지니 계수는 비전문가들에게 모호하기도 하지만, 전문가들에게도 이 사실을 숨겨왔다.

마지막으로, 팔마 비율이 매력적인 이유는 바로 이데올로기가 너무나 분명하게 드러나 있다는 점에 있다. 애트킨슨이 지니 계수에 대해 지적한 이데올로기 편향성과는 다른 의미의 편향성이 팔마 비율에 존재하는 것이다. 팔마 비율은 가장 관심을 두는 부분, 즉 대처해야 하는(또는 대처할 필요가 없는) 불평등의 유형을 투명하게 드러내고 있다. 반면, 현재 지배적인 지표이지만 편향성이 충분히 알려지지 않은 지니 계수는 '숨겨진', 즉 집계되지 않는 불평등의 문제를 더욱 크게 만들고 있다.

불평등 측정 지표의 선택이 중요한 두 번째 이유는 현실에 미치는 영향에 있다. 특정 지표의 선택은 학술적인 의미와 별 상관없이, 특정한 상황에서 비롯되는 의견을 상당히 크게 변화시킬 수 있기 때문이다. 그림 6은 1961년부터 2012/2013년까지 영국의 주거비 지출 전 가구 소득과 지니 계수, 팔마 비율을 비교하고 있다(비교를 위해 지니 계수와 팔마 비율이 같은 곳을 시작점으로 했다). 지니 계수와 팔마 비율 모두 영국 내 불평등의 특징 중에서 가장 잘 알려진 특징, 즉 1970년대 후반부터 1990년대 후반까지 불평등이 크게 늘어난 현상을 확인해주고 있다. 하지만 그 시기 이후의 두 지표는 매우 다른 양상을 보인다.

지니 계수로 보면 불평등은 중간에 약간 변동은 있지만, 1990년대 후반부터 2010년까지 거의 일정하게 유지됐다. 이는 1997년 집권한 토니 블레어와 고든 브라운의 노동당 정권이 불평등을 역전시키지 못하고, 기껏해야 불평등 상승을 억제하는 수준에 머물렀다는 것을 나타낸다. 하지만 팔마 비율은 같은 기간 동안 실제로 소득 불평등이 매우 많이 감소했다는 것을 보여준다. 1970년대 초반에는 팔마 비율과 지니 계수가 차이를 나타내기 시작했다. 지니 계수와 팔마 비율 중 어떤 것이 '맞는지는' 정확하게 어떤 분배 결과가 우선시되는지에 따라 답이 달라지는 규범적인 질문이다. 그림 6의 예가 드러내는 것은 측정 지표의 선택에 따라 패턴이 매우 달라질 수 있으며, 그에 따라 어떤 한 측정 지표의 독재는 더 깊은 이해를 방해할 수 있다는 사실이다.

팔마 비율이 중간층을 고려하지 않는다는 지적과 관련해, 섬너와 나는 2013년 논문에서 팔마 비율이 중간 50%의 소득 비율과 매우 밀접하게 연결돼 있으며, 대체적으로 팔마 비율이 높다는 것은 중간 50%의 소득 비율 감소를 뜻한다는 것을 입증했다. 현실에서 팔마 비율은 비율로 직접적으로 드러내지는 않지만, 소득 집중을 반영하는 경향이 있을 것이다.

궁극적인 문제는 다음과 같다. 대략 중간 계층들이 국민 전체 소득의 절반을 차지한다면 불평등은 양극단, 즉 소득의 나머지 반을 가져가는 계층들과 관련된 문제일 것이다. 이 상황에서 중간층에 과도

[그림 6] 지니 계수와 팔마 비율로 본 영국의 소득 불평등

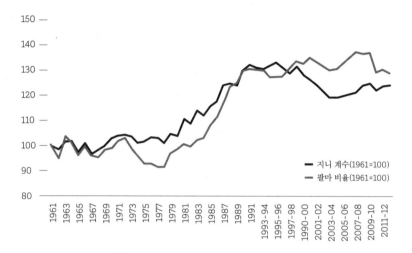

출처: 알렉스 코밤, 루카스 슐뢰글, 앤디 섬너. 2016년. '불평등과 양극단 계층: 팔마 이론고 비율', 글로벌 폴리시 7(1), 그림 1, 27쪽.

하게 민감하고 양극단에는 과도하게 둔감한 불평등 측정 지표를 선택해야 할까, 아니면 그 반대의 특징을 가지는 측정 지표를 선택해야 할까?

팔마 비율로 불평등을 개선할 수 있을까

MDGs 목표 대부분이 불평등 문제를 다루지 않았다는 사실은 MDGs 기간에 개발로 인한 분배 문제에 관심이 증가한 현상(제1장 참조), 2008년 글로벌 금융위기 이후의 고소득 국가들의 정치적인 긴장 고조와 결합해 우려를 증폭시켰다. 그 이전에 이미 IMF는 불평등 고조

가 경제성장에 미친 영향의 규모에 대한 증거를 발표하기 시작하면서 이 문제를 보수적인 정책 입안자들과 진보 진영 모두의 토론 대상으로 만든 상태였다.

당시 포스트 2015 의제의 고위급 패널은 유엔 사무총장에게 소득 불평등은 명백한 세부 목표가 되기에는 너무 '정치적'이라는 취지의 보고서를 제출했었다. "우리는 모든 나라가 소득 불평등 대처를 위해 분투하고 있다는 것을 인식하지만, 이 문제에 답을 주어야 하는 것은 글로벌 목표 설정이 아니라 각 나라의 국가 정책이라는 점을 통감한다. 과거의 예를 보아도, 전통적인 방법으로 측정되는 국가들의 소득 불평등에는 주기가 있으며, 허용할 수 있는 소득 불평등 수준에 대한 생각과 소득 불평등을 축소하기 위해 선택하는 전략이 나라마다 크게 다르다." 하지만 주제별 글로벌 논의 패널은 소득 불평등에 대한 세부 목표 채택에 광범위한 합의를 했으며, SDGs 공개실무그룹도 같은 결론을 냈다.

SDGs에 소득 불평등에 대한 세부 목표가 포함되는 것은 분명해진 상태였다. 문제는 정확하게 그 세부 목표가 어떤 것이 되는지였다. 세부 목표의 가치는 국가의 정책 과정 내부에서 엘리트층의 저항을 분쇄할 수 있는 SDGs의 기준 설정 능력에서 나올 것이었기 때문이다.

수없이 많은 팔마 비율 기반 세부 목표들이 제안됐다. 여기에는 모든 나라가 2030년까지 국가의 팔마 비율과 팔마 비율 1 사이의 차이를 반으로 줄여야 한다는 목표(라스 엥그베르크 페데르센Lars Engberg-Pedersen 연구소), 모든 나라가 2030년까지 팔마 비율 1을 달성해야 한다는 목표(마이클 도일Michael Doyle과 조지프 스티글리츠Joseph Stiglitz) 등이 포함됐다. 나는 국가 차원의 포괄적인 논의를 통해 모든 나라가 2030년까지 국가별 팔마 비율 달성 목표를 설정해야 한다고 제안했다. 저명한 경제학자, 개발 연구 석학 90명도 팔마 관련 세부 목표 설정에 동의하는 문서에 서명을 했다.

세계은행은 '공동 번영shared prosperity' 목표를 제안했다. 다른 분배 계층과는 상관없이 하위 40% 인구의 소득 성장을 이룬다는 목표다. 세계은행은 이 목표에 대해 다음과 같이 밝혔다. "우리는 최대한 빠른 성장, 가난한 사람들을 위한 복지에 집중해야 한다. 하지만 우리는 국가가 특정한 규모의 경제적인 파이를 재분배하거나 부자들로부터 빼앗아 가난한 사람들에게 주어야 한다고 제안하는 것은 아니다."

결국, 불평등에 정면으로 도전하는 세부 목표는 좌절됐다. 최종 결정된 목표와 세부 목표를 보면 알 수 있다.

목표 10: 국내 및 국가 간 불평등 감소
세부 목표 10.1: 2030년까지 소득하위 40% 인구의 소득 성장률을 국가 평균보다 높은 수준으로 점진적 달성 및 유지
지표 10.1.1: 위 40% 인구 및 총 인구 중 가구 지출 또는 1인당 소득의 성장률

분배의 최상층에는 관심이 없는 이 측정 지표는 상대적인 빈곤을 측정하는 지표 중 하나로 보인다. 하지만 그게 다는 아니다.

이 세부 목표는 하위 40%에만 집중한 세계은행의 제안과 팔마 비율의 최상위 10% 요소 사이에서 절충을 한 것이다. 이 세부 목표는 **특정한** 공통 요소(평균 소득 성장)가 있다는 점에서는 팔마 비율에 가까우며, 따라서 포용성 목표가 아니라 형평성 목표다. 하지만 국가

의 소득 성장을 공통 요소로 설정했다는 것은 이 세부 목표가 최상층에 있는 특정한 집단에 대한 팔마 비율의 초점 설정 측면이 없고, 최상층의 불평등이 중요하지 않다는 세계은행의 공동 번영 제안을 지지하며, 최하층만 포용하면 된다는 뜻이다.

팔마 이론이 완벽하다면, 즉 소득 중간층이 차지하는 비율이 2016년부터 2030년까지 절대적으로 일정하다면, SDGs 세부 목표는 모든 나라에서 팔마 비율을 줄인다는 세부 목표와 수학적으로 같아질 것이다. 하지만 현실은 그렇지 않을 것이다.

최상층을 언급하지 않는 세부 목표를 설정함으로써 SGDs는 조작의 가능성을 더 높이고 있다. 소득 중간층의 비율은 과거부터 현재까지 안정적으로 유지돼왔기 때문에, 국가 평균이 아닌 최상위 10%의 소득 성장률만 낮추면 이 세부 목표는 달성될 수 있기 때문이다.

하지만 엘리트층이 저항한다면, 중간층을 희생하면서 하위 40%와 최상위 10% 모두의 소득 비율을 상대적으로 늘리는 방법을 사용해 달성할 수도 있을 것이다. 하지만 이렇게 해서 나온 결과를 불평등 감소라고 할 수 있을까? 이 결과는 명백한 팔마 기반 세부 목표를 회피함으로써 가능해질 수 있는 '성공적인' 시나리오다.

SDGs 세부 목표가 명백하고 다양한 팔마 기반 목표들보다 약한 이유는 두 가지가 더 있다. 첫째, SDGs 세부 목표는 최상층의 소득 불평등을 드러내지 않고 오히려 숨긴다. 둘째, 실제로 이 세부 목표는 (중간층의 소득 비율이 일정하다고 가정하고) 최대한 약하게 설정된 목표다. 팔마 비율 1과의 거리를 반으로 줄이는 것 같은 구체적인 감소 목표가 아니라 **모든 불평등 감소**를 목표로 잡았기 때문이다.

또한 관련 지표에도 최상위 10%에 대한 언급이 따로 없다. 하지만 이 10%에 대한 데이터는 점점 늘어나고 있다. 따라서 세계은행 소득 데이터베이스와 조세 데이터로 보정한 소득 분포 등을 활용하면 몇몇 나라에서는 이들에 대한 소득 추적이 가능하게 될 것이다.

사키코 후쿠다-파는 SDGs 세부 목표 10.1과 관련된 과정을 구체적으로 연구한 결과, 최종적으로 확정된 이 세부 목표가 불평등 대처에 반대하는 사람들, 즉 절대적인 빈곤에 초점을 맞추는 방법을 유지하는 것이 더 편한 사람들에게 승리를 안겨주었다는 결론을 내렸다.

공동 번영 측정 지표를 이 세부 목표와 그 최초 시안에 포함시킨 것은 전략적인 행보였다. 그 결과 세부 목표 후보들이 대부분 이와 관련된 목표들로 채워져, 대체 측정 지표를 배제되게 만들었기 때문이다. 일단 세부 목표가 이 측정 지표를 이용해 정의되자, 이 세부 목표의 지표 선택 폭은 좁아졌고, 불평등, 특히 극도의 불평등에 초점을 맞춘 다른 세부 목표들과 측정 지표들은 논의에서 사라졌다.

이 상황은 세부 목표 정의와 지표 선택에서 기술적·정치적 고려를 분리하는 것이 어렵거나 불가능하다는 것을 잘 보여준다. 공동 번영 세부 목표의 대안들은 정책 포럼에 포함되기는 했지만, 논의 대상에서 제외됐다. 이 대안들은 측정 방법의 기술적 장점을 내세웠기 때문이다. 또한 기술적인 문제를 논의하는 협의체에서는 공동 번영 관련 세부 목표의 대안이 너무 정치적이라는 이유로 배제됐다.

이 상황에서 정치적인 측면과 기술적인 측면의 분리는 불가능하다. 세부 목표는 정치적인 선택일 수 있지만, 수량적인 세부 목표를 설정하려면 여러 가지 측정 방법 중에서 불가피하게 반드시 하나만을 사용해야 한다. 또 그렇게 하는 것이 선호되기도 한다. 팔마 비율, 지

191

니 계수, 공동 번영 지표 중에서 하나를 선택하는 것은 기술적인 문제가 아니다. 이 선택은 문제의 정의 방식에 의존하는 정치적인 선택이다. 측정 도구는 측정 대상에 따라 강점과 약점이 다르다. 가장 좋은 지표는 가까운 미래의 정책적 관심에 가장 잘 반응하는 지표다. 팔마 비율은 최상층과 최하층 사이의 거리에 민감하며, 극도의 불평등에 대한 관심에 반응하는 지표다. 지니 계수는 분배 중간층의 움직임에 민감하며, 공동 번영 지표는 빈곤 의제에서 가장 정책 관련성이 높은 지표다.

하지만 팔마 비율은 기술적인 측면에서 상당한 개선이 있었다. 현재 팔마 비율은 OECD 소득 분배 데이터베이스, 유엔 인간 개발 보고서 데이터베이스, 영국 통계청 가구 소득 데이터 등 광범위한 국제 데이터베이스와 국가 데이터베이스에서 정기적인 보고를 위한 수단으로 사용되고 있다. 또한 팔마 비율은 전 세계 학술 연구와 정책 중심 연구에서도 점점 더 사용 빈도가 높아지고 있다. 우리는 SDGs 세부 목표 설정 싸움에서 승리하지는 못했다고 할 수 있다. 하지만 이 특정한 집계 분야에 대해 주장을 계속할 수는 있다.

또한 우리는 아주 조금일지라도 지니 계수의 독재를 약화시켰다. 하지만 대부분의 국가에서 기초 데이터가 조세 데이터를 통해 보정되지 않고, 탈세를 고려한 보정이 이뤄지지 않는 상황에서 국가 차원, 글로벌 차원의 소득 불평등 요소 중 집계되지 않는 부분은 여전히 많이 남아있다. 보정되지 않은 지니 계수는 불평등 정도를 실제보다 5-8%포인트 적게 평가할 것이다.

지니 계수를 계속 사용한다면 불평등이 실제보다 적게 관찰될 것이고, 우리가 불평등에 대해 확실히 말할 수 있는 부분도 줄어들 것이다. 또한 이 책에서 다룬 다른 문제들은 바로 인식이 가능해 거센 저항을 불러일으킬 수 있지만, 불평등 측정 지표의 문제는 거의 모든 사람이 순전히 기술적인 문제, 다른 사람들이 다뤄야 하는 문제로 받아들인다. 상황이 결국 집계 불이행으로 끝나는 이유가 바로 여기에 있다.

우리는 우리가 사는 세상을 모른다

7장 집계 이행 촉구 선언문

불평등은 우리가 지켜보지 않을 때 발생한다.

집계 불이행이 문제가 되는 이유는 이렇다. 우리가 숫자들을 지켜보고, 감시하고, 추적하고, 대상으로 삼을 수 없다면, 그 결과는 훨씬 더 큰 부의 집중화일 가능성이 매우 높다. 이미 소외되고, 이미 밑바닥에 근접해 있는 사람들, 집단들은 더 많이 **배제될** 것이다. 부와 소득의 최상층에 있는 사람들, 기업들은 규제와 과세로부터 더 많이 **탈출할** 것이다. 모든 종류의 불평등이 더 확대되고 심화될 것이다.

우리가 실제로 가지고 있는 숫자들은 지금 언급한 문제들로 인한 약점이 있긴 하지만, 그 숫자 중 일부에 대해서 생각해보자. 첫째, 바닥에서 집계되지 않는 사람들의 숫자다. 세계 인구의 약 5%인 3억 5,000만 명이 넘는 사람들은 우리가 개발과 불평등에 대해 이해하는 데 가장 좋은 데이터인 조사 데이터와 센서스 데이터로부터 체계적으로 배제되고 있다. 이렇게 집계되지 않는 사람들에는 노숙 인구와 시설(병원과 교도소) 거주 인구, 유목 목축 집단을 비롯한 이동성이 높은 인구가 포함된다. 이들은 조사와 센서스의 설계 구조 때문에 집계되지 않는 사람들이다. 표본 추출을 하지 않기 때문에 집계되지 않는 사람들도 있다. 무허가 주거 시설 거주자들, 취약 가정 그리고/또는 해체된 가정에서 사는 사람들, 상대적으로 불안정한 지역에 사는 사람들이다. 원주민 인구도 거의 비슷한 숫자를 차지한다. 카스트 제도에 의해 배제된 사람도 2억5,000만 명 정도에 이른다. 세계 인구의 약 15-20%는 정신 장애를 비롯한 장애를 가지고 있다. 장애는 세계 인구의 약 2-4%에서 중증 형태로 나타나고 있는 것으로 추정된다. 60세 이상 인구는 전 세계 인구의 11%를 차지하고 있다. 2050년에는 이 수치가 2배가 될 것이다.

여기서도 데이터의 약점이 있기는 하지만, 이 모든 집단은 빈곤 또는 권리 박탈 상태에 있다. 이 집단들 사이에 중첩이 없다고 가정하면, 소외되고 집계되지 않는 집단들은 세계 인구의 40% 이상을 차지할 것이다. 30억 명 정도다. 불평등은 교차성이 있기 때문에 실제 합계는 이 숫자보다 적겠지만, 불평등의 정도는 더 깊을 것이다. 게다가 이 상황은 성별이나 계층은 전혀 고려하지 않은 것이다.

세계 곳곳에서, 인간 개발의 모든 단계에서 정치적 목소리를 낼 권리, 자기 결정권 등과 관련해 이 집단들은 배제되고 있다. 또한 이렇게 배제되는 사람들은 집계되지 않는다. 우리는 정체성에 상관없이 모두 이런 배제와 집계 불이행으로 손해를 보고 있다. 불평등은 우리 사회의 최하층뿐만 아니라, 사회 전체에 해를 끼치기 때문이다.

집계되지 않는 것들이 완전히 의도적으로 숨겨지는 최상층에서 그 숨겨지는 숫자들은 불확실한 추정치일 수밖에 없다. 하지만 다국적기업들의 조세회피로 인한 세수 손실 범위 추정치는 저소득 국가에서는 1,000억~2,000억 달러, 고소득 국가에서는 2,000억~4,000억 달러라고 추정하는 것이 매우 합리적일 것이다. 신고되지 않은 역외 자산으로 인한 세수 손실도 약 2,000억 달러에 이를 것으로 추정된다. 전체적으로 볼 때, 이런 세수 손실 규모는 현재 저소득 국가 수입에서 조세가 차지하는 비율이 불균형적으로 높다는 사실을 반영한다. 하지만 이런 피해는 저소득 국가뿐만 아니라 거의 모든 국가가 당하고 있다. 몇 안 되는 조세 관할권들이 다른 모든 조세 관할권들을 희생시키면서 이득을 취하고 있기 때문이다. 게다가 세수 손실은 훨씬 더 광범위한 피해의 한 부분에 불과하다. 이런 금융 비밀주의는 정치적 대표성을 가지는 관행과 제도를 훼손하는 부패와 면책을 조장하기 때문이다.

이런 손실은 직접적으로는 공공지출을 증가시키고, 더 큰 범위에서는 누진적 과세 시스템을 약화시켜 불평등과 바닥으로의 경주race to the bottom*를 가속한다. 또한 이런 손실은 우리 사회에 존재하는 부와 소득의 불평등에 대한 우리의 제대로 된 이해를 방해한다. 이 문제는 극도의 불평등, 양극단에서의 불평등에 둔감한 지니 계수의 독재에 의해 더 심화된다. 정치적 불평등의 폭도 넓어진다. 국가가 포용 국가에서 멀어져 민간 기업의 도구로 전락하기 때문이다. 답은 무엇일까? 오픈 데이터나 빅데이터가 필요할까? 아니다. 중요한 것은 강력한 데이터다. 힘이 있는 데이터는 분배 전체를 포괄할 수 있는 데이터다. 우리의 데이터에 체계적으로 분배의 특정 부분에 관한 데이터가 포함돼 있지 않다면, 즉 집계되지 않는 현상이 나타나고 있다면, 그 데

---

*   각국이 외국자본을 유치하기 위해서 경쟁적으로 임금 인하, 사회보장 축소, 규제 완화 등으로 치닫는 현상을 말한다.

이터는 힘이 없다.

힘이 있는 데이터는 절대적일 뿐만 아니라 상대적이기도 하다. 힘이 있는 데이터는 적절한 범위의 비교를 가능하게 하는 데이터, 적절한 기준denominator이 있는 데이터다. 우리 데이터에 기준이 없다면 그 데이터는 힘이 없다. 우리는 공정성이 상대적인 개념이라는 것을 태어날 때부터 알고 있다. 기준을 통제하는 사람은 공정성에 대한 우리의 생각도 통제한다. 꼬리감는원숭이가 나오는 유명한 영상을 생각해보자. 이 원숭이는 일에 대한 대가로 오이를 받고 좋아하지만, 다른 원숭이가 같은 일에 대한 대가로 포도를 받자 분노한다. 부러움이 아니었다. 분노의 대상은 자기보다 더 좋은 보상을 받은 원숭이가 아니라, 잘못된 보상을 한 시스템 자체다.

다른 예로는 채취산업투명성기구Extractive Industries Transparency Initiative, EITI를 들 수 있다. 이 기구는 다국적기업이 저소득 국가에서 정당한 몫을 내도록 하기 위한 소프트파워 접근 방법의 일환으로 2000년대 초반에 설립됐지만, 곧 다국적기업들에 의해 장악됐다. 이로 인해 집계, 특히 기준이 상당히 큰 영향을 받았다. 기업들이 세금과 로열티 형태로 정부에 내는 돈의 공개가 자발적인 형태로 바뀌고, 기업들은 이 점을 적극적으로 활용하기 시작했다.

채굴되는 자원은 자원 소유 국가가 최종적으로 받는 몫을 명시하는 방법으로 그 기준을 책정해야 기업의 책임성이 확보될 수 있다. 하지만 EITI는 정부가 초기에 받는 돈(정부는 기업이 낸 모든 돈을 공개했는가?)과 정부가 지출한 돈(정부는 기업들이 낸 돈을 잘 사용했는가?)을 기준으로 책정했다. 이는 중요한 문제이며, 풍부한 자원이 부패를 촉진하는 상황에 대한 정부 책임의 핵심을 이룬다. 이 상황과 함께, 기업의 책임성 확보 실패는 자원 개발 영역의 투명성을 몇 년은 후퇴시켰다. 기업들은 이 영역에서 정부에 주어야 하는 돈을 규정한 국제 회계 기준에 맞서기 위해 EITI의 존재를 이용했다. 미국과 EU 의 정책 입안자들이 회사 회계를 무시하고 관련 데이터를 직접 요구할 수 있도록 한 법을 통과시키기 10년 전의 일이다. 현재 EITI는 채굴 관련 기업들의 수익 소유권 등과 관련해 진정한 투명성을 확보하기 위한 강력한 움직임을 보이고 있지만, 과거의 일들에서 교훈을 얻고 있기도 하다.

힘이 있는 데이터는 절대적인 정의뿐만 아니라 상대적인 정의에 대한 판단도 가능하게 만든다. 우리는 우리를 가두고 있는 새장을 외면하지 말아야 한다. 태어날 때부터 정의와 공정성에 대해 알고 있는 것들도 잊어서는 안 된다. 따라서 우리는 힘이 없는 데이터에 만족해선 안 된다. 궁극적으로 보면, 힘이 결핍돼 있는 것은 우리다. 집계되지 않는 사람들은 바로 우리다. 우리가 집계 불이행에 도전하지 않는다면 우리가 받아들여야 하는 불평등은 더 심화될 것이다.

하지만 하나는 확실히 해야 한다. 데이터 체계data framework 같은 해결 방법은 존재하지 않는다는 사실이다. 우리가 수집에 동의해 모든 문제를 해결할 수 있는 이상적인 데이터 같은 것은 없다. 그 이유는 이렇다. 첫째, 완벽한 숫자들이 확보된다고 해도 현재의 불평등을 야기한 정치적인 토대는 쉽게 사라지지 않을 것이기 때문이다. 집계 불이행이 시스템의 문제인 데는 확실한 이유가 있다. 둘째, 이 문제는 복잡하며, 우리가 어떤 변화 이론을 생각해낸다고 해도 그 이론을 더 복잡하게 만드는 관계의 순환성이 존재하기 때문이다.

밑바닥에서의 특정한 불평등은 집계되지 않는다. 절대적으로도

(사람과 집단이 데이터에서 완전히 빠지는 경우), 상대적으로도(특정 집단이 데이터에 포함되긴 하지만 차별화가 되지 않아 눈에 띄지 않는 상태를 유지하는 경우) 그렇다. 데이터의 이 같은 약점은 집계되지 않는 집단들이 다양한 방식으로 정치적인 힘을 잃게 만들고(유권자 명부에서 배제되는 경우가 가장 직접적인 예다), 이들에 대한 정치적인 주목도도 떨어뜨린다. 따라서 이 집단들은 정책 결정에서 배제되거나 중요성이 과소평가되며, 이는 다시 이들이 당하는 불평등을 심화시킨다. 또한 이런 불평등은 집단의 정치적 힘을 감소시켜 이들이 제대로 집계될 가능성을 떨어뜨린다. 이런 악순환은 계속 반복된다.

하지만 이런 순환이 우리에게 유리하게 작용할 가능성도 있다. 악순환이 일어난다고 해도 진보의 가능성이 전혀 없는 것은 아니기 때문이다. 오히려 결정적인 지점에서 목표를 가지고 개입을 한다면 좋은 결과가 나올 수도 있다. 낮은 주목도가 수단 바시르 정권의 적극적인 부당 행위 같은 특정한 불평등을 일으키는 경우를 생각해보자. 집계 행위에 변화를 일으키는 개입은 일회성이라도 불평등의 가시성을 높인다. 따라서 정책 혜택을 결정하기 위해 사용되는 데이터에서 배제된 집단에 대한 가중치 부여 상태와 그 집단의 정치적 주목도를 동시에 개선할 수 있다. 바시르 정권 유형에서조차 불평등을 더 부각하면 의도적인 부당 행위를 계속하는 정권에게 정치적 대가를 치르게 만들 수 있다.

그렇다면 여기서 '집계가 어떻게 변화해야 정치적 우선순위에 가장 강력한 영향을 미칠 수 있을까?', '집계를 가장 크게 변화시킬 수 있는 정치적인 과정은 무엇일까?'라는 의문을 가질 수 있을 것이다. 어떤 형태의 개입이 방향을 역전시키고, 더 좋은 데이터와 더 좋은 정책이 서로 보완할 수 있는 선순환을 일으킬 수 있을까?

개입은 촉진제 역할을 할 수 있다. 사람들이 갑자기 진실에 눈을 뜨게 돼 정책 입안자들과 손을 잡고 평등과 정의를 다시 추구하기 시작할 수도 있다. 하지만 개입은 부당한 현재 상태에 균열을 내는 점진적인 과정 중 하나에 불과할 수도 있다. 흔히 하는 말이지만, 정치인들은 빛을 본다고 움직이지 않는다. 그들은 뜨겁다고 느낄 때만 움직인다. 우리에게 필요한 것은 뜨거운 데이터다.

이 선언문에서 데이터가 차지하는 역할은 집계 불이행 문제를 참거나 조장하는 사람들에게 책임을 지울 기회를 사회에 돌려주는 핵심적인 방법들, 즉 정치적 요소가 핵심인 기술적 방법, 권력을 이동시킬 수 있는 방법을 찾아내는 데 집중된다.

궁극적인 돌파구는 관련된 정치 수준에서 마련되어야 한다. 이 수준은 권력 균형을 반영하고 이동시킬 수 있어야 한다. 하지만 이 돌파구는 대화를 가능하게 하는 발판을 제공할 수 있어야 한다. 필요한 경우, 수단의《블랙 북》과 같은 유형의 주장이 이 대화에 포함될 수도 있을 것이다.

또한 불가피하게 이 선언문은 더 직접적으로 정치적인 방법들을 포함하고 있다. 그리고 이 정치적인 방법들을 효과적으로 만드는 것은 숫자들을 만들어내는 과정과 그 숫자들 자체다.

우리는 대테러 기준 강화가 여러 나라에서 합법적인 시민운동 공간 폐쇄에 악용되고 있는 것처럼 어떤 기준이라도 악용될 가능성이 있다는 것을 알아야 한다. 순위, 지수를 비롯한 기타 데이터 도구들이 환영을 받는 것은 현재 권력의 시각에 도전할 때가 아니라 부합할 때다. 또한 SDGs에서처럼, 강력한 수단에 대한 확실한 합의도 집계 불이행을 목적으로 하는 로비에 의해 훼손될 수 있다.

누가 집계에 우선순위를 부여해야 할까? 시민사회 지도자들일까? 아니면 유엔 기구가 글로벌 차원의 리더십을 가지고 모든 사람의 기대를 충족시킬 수 있는 공정한 운동장을 만들어야 할까? 또한 누가 비용을 댈까? 외부 자금과 국가에 대한 소유권이라는 핵심적인 역할을 맞바꿀 수 있는 것일까?(채굴 분야 기업들의 경제적 지원에 발목을 잡힌 EITI가 초기에 집계를 제대로 이행하지 않았던 상황을 생각해보자) 또한 자금이 국내에서 조달되든 국외에서 조달되든, 통계 기관이나 데이터 관련 기구의 독립성을 어떻게 보장할 수 있을 것인가?

내가 제안하는 방법들은 복잡하지 않다. 그 방법 중 일부는 바로 실현할 수 있다. 이미 어느 정도 실현되고 있는 것도 있다. 완전히 비현실적으로 보이는 방법들도 있다. 하지만 TJN의 역사에서 배울 수 있는 것이 있다면, 그건 불가능한 것을 요구하는 것이다. 권력은 요구하지 않으면 아무것도 넘겨주지 않는다. 하지만 수백만 명이 정의를 요구한다면 놀라울 정도로 빠르게 권력으로부터 받아낼 수 있다. 현재는 정치적으로 불가능한 것도 몇 년이라는 짧은 시간 안에 글로벌 의제가 될 수 있다.

지역 차원에서 글로벌 차원에 이르기까지 모든 불평등은 정치적이다. 지속 가능한 진보에 필수적인 정치적 가중치 부여와 집계에 변화를 일으키는 데 핵심적인 역할을 하는 것은 민중의 움직임이다. 하지만 이 책이 밝히고자 하는 것은 불평등이 잘 보이지 않기 때문에, 집계는 우리 모두 관심을 가져야 하는 기술적인 영역에 속한 것이 아니라 다른 누군가에게 맡겨진 기술적 영역에 속한다는 기본적인 생각 때문에 방치되는 경우가 많다는 사실이다. 집계 불이행은 침투성이 강하다. 집계 불이행은 불평등을 계속 숨기고, 정치인들이 자신의 정책 때문에 발생한 부당한 일들에 대해 자신을 변호할 최소한의 필요성조차 제거한다.

따라서 일회성의 '기술적인' 개입이 계속되면 정치의 근간을 영구적이고 강력하게 변화시켜 집계 개선, 더 포용적인 정치 실현, 불평등 감소로 이뤄지는 선순환을 만들어 낼 수 있다. 물론 이런 개입만으로 모든 나라의 문제들을 해결할 수는 없을 것이다. 하지만 이런 개입은 집계 불이행으로 인한 악순환을 끊고, 점진적이고 바람직한 대안을 선택하는 기회를 제공할 것이다.

이 방법들은 최하층과 최상층에서의 집계 불이행에 대한 투명성을 확실히 높일 수 있는 상호 연결된 방법들이며, 밝혀진 불평등의 정도를 줄일 수 있는 수단이 될 것이다. 이상적으로 생각하면, 이 방법들은 글로벌 차원에서 시행돼야 하지만, 개별 국가의 전폭적인 참여역시 필수적이다. 이 방법들을 구성하는 각각의 단계들을 반드시 개별 정부들이 진행해야 한다는 뜻이다. 각국 정부들은 단독으로 그리고/또는 지역 경제 블록 안에서 지체 없이 앞으로 나아가 글로벌 동력을 구축해야 한다. 개인에서 개별 정부와 통계 기관, 유엔 기구까지 폭넓은 참여가 필요한 작업이다.

바닥에서의 집계 불이행

집계 불이행은 계속 불어나는 빚이다. 최하층이 체계적으로 데이터에서 오래 배제될수록 이들이 겪는 불평등도 그만큼 오랫동안 보이지 않게 되며, 이런 불평등이 대처하는 정책 수단의 기초도 그만큼 오랫동안 부재 상태를 유지할 것이다. 따라서 인간 개발 기회에 대한 거부도 누적될 것이다. '아무도 뒤처지지 않는다'는 SDGs의 약속을 뒷받침하는 데이터 혁명은 아름다운 소망이 아니라 보기 흉한 필요조건이다. 데이터 혁명은 빚이 불어나는 것을 중단시키고 이 빚이 미치는 광범위한 영향에 대처하기 위한 최소한의 움직임이다.

'우리가 사는 세상' 위원회

우리가 그 존재에 대한 가장 기본적인 데이터도 가지고 있지 않은 모든 집단에 대해 생각해보자. 최하층에 대한 집계 불이행에 대처하기 위해서는 기초적인 연구가 절실히 필요하다. 세계 사람들에 대해 '당신은 누구인가?'라는 질문을 던지는 연구다. 이 연구를 위해서는 긴급 상황이라는 가정하에 중요한 두 가지 방법을 사용해야 할 것이다.

첫 번째 방법은 이 책에서 간단히 언급한 정도로 그친 데이터를 수집하고 비판적으로 평가해 우리 사회에서 소외된 주요 집단들에 대해 우리가 몰랐던 것들을 알아내는 것이다. 두 번째 방법은 SDGs 체계가 구축되기 전에 유엔이 실시한 '우리가 원하는 미래The Future We Want' 협의의 후속 논의로, 무엇보다도 '우리는 누구인가?'를 먼저 묻는 협의다. 집계 여부와 상관없이 어떤 사람들이 중요한지, 중요도와 상관없이 어떤 사람들이 집계되는지를 묻는 논의다. 우리가 원하는 세상이 아니라, 현재 우리가 사는 세상에 대해 살펴보는 국제 위원회가 설립되어야 할 것이다.

글로벌 수준에서 집계되지 않는 것으로 확인되는 집단 각각에 대해서 이 위원회는 다음의 세 가지 사항을 확실히 해야 할 것이다.

— 각 집단에 대해 확보할 수 있는 가장 좋은 데이터의 최소 기준(가장 심각한 데이터 간극 포함)

— 데이터와 신분을 모두 가지고 미래의 집계에 반드시 참여해야 하는 선도적인 파트너들의 확인

— 데이터 간극에 대처하고 현재 상황에서 모든 데이터를 확보하기 위한 비용 기반 계획

이 위원회는 개발 데이터 확보를 위한 윤리 헌장, 특히 집계되지 않는 집단들을 위한 윤리 헌장 작성을 논의해야 할 것이다. 위원회는 데이터의 소유와 통제, 데이터 수집 분석과 관련된 중요한 문제들을 논의해야 한다. 또한 이 논의에는 국제기관들이 준수해야 하는 종합적인 가이드라인 설정과 회원국 국민의 모든 데이터가 공개돼야 할 때 예외가 있을 수 있는지에 대한 확인 작업이 포함돼야 한다.

이상적으로 이런 위원회는 유엔 통계학자들의 도움을 받아 상당한 통계적 역량을 갖추어야 하지만, 기술적인 성격이 아닌 정치적인 성격을 반드시 가져야 한다. 위원회의 핵심 파트너로는 국가적·지역적 차원 활동과 국제 차원 활동을 연계하는 독보적인 역할을 하는 불평등 투쟁 연맹Fight Inequality Alliance 같은 단체가 참여할 수 있을 것이다.

국가 차원에서도 '당신은 누구인가?', '(어떤 방식으로) 집계되길 원하는가?' 같은 핵심적인 질문과 관련된 데이터 분석과 참여를 유도하는, 정확하게 똑같은 과정이 진행돼야 할 것이다. 국제 통계 기관이나 민간 영역 통계 기관이 아닌, 국가의 통계 기관이 집계되지 않는 집단들과 협력해 독립적인 답을 할 수 있도록 힘을 실어준다면 미래의 데이터는 더 강력하고, 독립적이고, 정체성이 분명하고, 신뢰성이

높은 데이터가 될 것이다. 또한 국가들의 경험을 비교 분석하면 자금 조달, 작업 방식 결정, 국가 기관과의 관계 구축 등을 어떤 수준으로 할지에 대한 귀중한 데이터를 얻을 수 있을 것이다.

스코틀랜드에서 법적 기관으로 새로 설립된 빈곤 및 불평등 위원회Poverty and Inequality Commission가 이런 위원회의 모델이 될 수 있다. 내가 위원으로 속해있는 이 위원회는 빈곤 경험자들과 전문가들을 연결하는 역할을 하고 있다. 법으로 정해진 이 위원회의 역할은 스코틀랜드 자치 정부가 아동 빈곤 감소라는 특정한 목표에 책임을 지게 만들고, 스코틀랜드 사람들이 직면한 모든 불평등에 광범위하게 대처하도록 만드는 것이다. 이 위원회는 지역의 단체들과 네트워크들의 활동을 기초로 불평등과 데이터 이용 가능성 관련 최저선을 구축하고, 책임지고 진보를 이룰 기관으로서도 기능할 것이다.

지역 단체들에는 지역의 우선적인 문제들을 해결하기 위한 방법을 찾는 많은 지역과 도시의 '공정성 위원회fairness commission'들이 포함될 것이다(정신 건강, 돈, 빈곤 관련 문제에 집중해온 던디 위원회, 도시 지역들 사이의 심각한 기대 수명 차이 해소를 목표로 해온 영국 셰필드 위원회를 예로 들 수 있다). 국가의 빈곤 및 불평등 위원회들은 지역 기반 활동과 글로벌 차원 활동, 불평등 문제 등 우선적으로 해결해야 할 문제들에 대한 확인과 해결 과정 참여, 통계적 과정과 그에 반드시 대응해야 하는 정책 과정에서 구심점 역할을 할 수 있을 것이다. 이 과정들에는 상당한 양의 자원이 필요하다. 글로벌 차원에서 생각하면, 이 과정에서 양자 간 원조 공여국의 역할이 필요할 것이다. 하지만 여기서 주의해야 할 두 가지 중요한 점이 있다. 첫째, 공여국은 위원회의 투명성 외에는 다른 어떤 조건도 내걸어서는 안 되며, 다른 나라의 참여 수준을 넘어서는 그 어떤 대표성도 가져서는 안 된다. 예를 들어, DFID는 2030년까지 데이터 세분화를 완수하겠다는 공약에 기초해 처음부터 핵심적인 자금을 제공할 수 있었다. 하지만 DFID는 영국의 원조 예산을 국가의 이익을 위해서만 사용하겠다는 공약도 했기 때문에 이 비개입 공약을 지켰다.

둘째, 양자 간 공여국은 다른 모든 나라처럼 전적으로 참여해야 할 것이다. 2018년 DFID는 세계 장애 정상회의Global Disability Summit를 개최함으로써 국제적인 참여에 중요한 원동력을 부여했다. 하지만 정작 개최국인 영국은 자국 장애인들의 핵심적인 사망률 통계 작성을 위한 자금 지원은 거부해오고 있다. 자금 지원과 참여는 반드시 연계돼야 할 것이다. 이런 제약을 고려한다면, 이런 일은 재단에 더 적합한 일일 수도 있다. 물론 이상적으로 생각하면, 국가 내의 과정에 대한 투자는 그 국가의 정부가 책임지는 것이 가장 좋을 것이다.

우리가 사는 세상이 어떤 세상인지 정확하게 알아낸다고 해도 불평등이 사라지지는 않겠지만, 적어도 밝혀진 불평등과 집계 불이행에 대한 도전의 기초는 마련할 수 있을 것이다. 이는 선순환 구조로 들어가게 해주는 집계의 핵심적인 부분이다. 또한 우리가 우리 자신에게 요구해야 하는 최저선이자 우리가 우리 자신에 대해 알아야 하는 최저선이며, 인간다움의 토대가 되어야 한다.

집계를 하는 사람들은 누가 집계할 수 있을까? 국가 그리고/또는 엘리트층이 불편한 불평등에 대한 데이터의 수집이나 공개를 적극적으로 방해하거나, 늘 하던 대로 실제로 가장 소외된 사람들을 제대로 집계하지 않을 위험성이 매우 높다(예를 들어, 학습장애인, 원주민 인구에 대한 글로벌 차원의 집계 불이행이나 고소득 분배 데이터에서 엘리트층이 사실상 제외되는 현상을 생각해보자). 트럼프 행정부가 미국 센서스에서 비백인들을 배제하기 위해 기울였던 노력을 생각해 보자. 이런 의도적인 집계 불이행은 우리가 노력하는 분야에서도 발생할 것이다.

최소한, 각각의 목표에 관련된 각각의 불평등 유형에 대한 보고의 이행 또는 **불이행 자체도 보고되는** 구조가 확립돼야 한다. 그렇게 되면 문제별로, 불평등 유형 그리고/또는 집단별로, 국가와 지역별로 집계 불이행 정도를 비교하고 순위를 매길 수 있게 된다. 소득 빈곤 데이터보다 건강 데이터가 더 잘 집계되는지, 장애와 관련된 집계가 제대로 이뤄지는지 아닌지, 어떤 나라가 앞서가고 어떤 나라가 뒤지는지, 그 이유는 무엇인지, 전체적인 진보를 지체시키는 자금 관련 문제가 있는지, 정치적인 요소들이 특정 집단이나 영역에 대한 집계를 방해하는지가 모두 분석될 것이기 때문이다.

이런 분석을 한다면 합리적인 우선순위가 드러날 수 있다. 또한 그에 따른 효과적인 선택의 공개는 그 선택에 대한 책임성과 미래의 선택에 대한 참여도도 높일 수 있을 것이다. 이런 생각은 오픈 데이터 인벤토리Open Data Inventory의 '공식 통계의 범위와 개방성을 평가해 데이터 간극을 확인하고, 오픈 데이터 정책을 촉진하고, 데이터 접근성을 높이고, 국가 통계 기관과 데이터 사용자 사이의 대화를 장려한다'는 목표에서 찾아볼 수 있다. 자금이 확실히 확보되고 초점이 적절히 맞춰진다면 이런 활동은 최상층과 최하층에서의 집계 불이행 정도를 측정하는 국가의 활동에 대한 종합적인 평가라는 가치 있는 역할을 할 수 있을 것이다.

이와 동시에, 활동을 실제로 잘 진행하기 위한 체계적인 참여가 반드시 있어야 한다. 이런 참여의 핵심은 소외된 집단들과 그들이 직면하고 있는 불평등을 적절하게 반영하는 질문의 개발과 보완이다. 이를 위해서는 우리가 사는 세상 위원회는 참여 지역과 참여 지역 내외의 핵심적인 활동가들의 네트워크가 생겨날 수 있도록 지원을 해야 한다. 이런 활동 단체로는 인도 달리트 연구센터Indian Institute of Dalit Studies*, 장애 통계에 관한 워싱턴 그룹, 도미니크공화국 내 아이티인 인권 증진을 위한 비정부 기구인 센트로 몬탈보Centro Montalvo 등을 들 수 있다. 불평등과 집계 불이행은 교차성이 매우 높다. 따라서 참여의 교차성도 높아야 한다.

데이터의 수집, 시험, 검증 과정 모두에서 핵심적인 역할을 차지하는 요소는 참여다. 조너선 그레이Jonathan Gray는 국제앰네스티의 디코더Decoders 프로젝트(다양한 종류의 인권 침해 사례를 기록하기 위한 집단 참여 온라인 플랫폼을 제공한다)에 대해 쓰면서 '데이터 목격data witnessing'이라는 용어를 만들어내기도 했다. 우리의 목표는 집계 불이행을 이렇게 목격하고, 세계 곳곳의 집단들과 불평등 사례에 대한 이용 가능한 가장 좋은 데이터를 수집하고 검증하는 것이 될 것이다. 우리가 사는 세상 위원회와 별도의 실체지만, 이 위원회의 활동을 지원하고 위원회의 조사 결과에 대한 책임성을 외부적으로 높이기 위해 집계되지 않는 데이터 목격 플랫폼을 만드는 것도 한 방법이 될 것이다.

꼭대기에서의 집계 불이행

집계 불이행은 계속 불어나는 빚이다. 사람들과 다국적기업들이 데이

---

*   인도의 불가촉천민(달리트)의 소외, 불평등을 연구하는 비정부기구다.

터 집계, 조세와 규제를 오래 피해 갈수록 이들이 세수 손실, 국가와 글로벌 거너번스 훼손, 숨겨진 불평등 심화를 통해 미치는 누적 피해는 더 커진다. 숨겨진 소득 이전으로 인해 입는 세금 손실은 수조 달러에 이른다. 해마다 이 액수는 수십억 달러씩 늘어나고 있다. 지금은 제국의 시대가 아니다. 따라서 이런 현상은 가장 큰 규모의, 가장 불평등을 크게 심화시키는 자산의 이전에 의한 것이라는 데 의심의 여지가 거의 없다. 이 상황은 진작에 끝났어야 한다. 첫 번째 단계는 이런 상황의 규모를 파악하기 시작하는 것이다.

유엔 과세권 모니터링 센터

최상층에서의 집계 불이행 현상은 국가의 누진 과세 4R 추구를 방해한다. 집계 불이행은 국가들로부터 세수를 빼앗고, 재분배를 방해하며, 담배 소비나 탄소 배출 같은 해로운 행위들에 대한 국가의 재평가 능력을 훼손하며, 궁극적으로는 사회계약과 정치적 대표성을 침식한다.

관련 연구들은 기업의 소득 이전과 부의 역외 유출이 1인당 소득이 낮은 나라들에서 가장 많이 나타난다는 데 의견 일치를 보이고 있다. 이런 식으로 전 세계의 과세권은 체계적으로 저소득 국가에 불리한 방향으로 기울어 있다. 이보다 더 안 좋은 것은, 그 결과가 저소득 국가 사람들, 모든 나라의 저소득 계층 사람들의 인권과 개발 가능성을 저해하는 방향으로 흘러가고 있다는 사실이다. 최상층 사람들에 대한 집계 불이행이 글로벌 수준과 국가 수준 모두에서 불평등의 불필요한 은폐를 야기하고 있는 것이다.

이런 집계 불이행에 대처할 수 있는 최소한의 방법은 해마다 꾸준하게 데이터를 확보하는 것이다. 이 일은 유엔 과세권 모니터링 센

211

터Center for Monitoring Taxing Rights를 설립해 맡겨야 한다. 이 센터는 SDGs 세부 목표 16.4의 지표들과 관련된 데이터를 수집하고 공개해, 다국적기업들이 실제 경제 활동을 벌이는 곳에서 신고한 수익과 신고하지 않은 역외 자산이 있는 곳에서의 수익 차이를 국가와 글로벌 차원에서 드러낼 것이다. 또한 이 괴리로 인해 이득을 보는 조세 관할권과 손해를 보는 조세 관할권이 어디인지도 드러낼 것이다. 예를 들어, 어떤 나라의 세법상 거주자들이 자동 정보 제공을 하지 않는 조세 관할권에서 가장 많은 자산을 소유하고 있는지, 세법상 거주자들의 모국의 조세 당국에 정보를 제공하지 않는 조세 관할권 중 어떤 곳이 가장 많은 자산을 유치하고 있는지, 어떤 조세 관할권이 자신들이 유치하는 경제 활동과 관련이 없이 수익을 가장 많이 내고, 어떤 조세 관할권이 가장 큰 손해를 입는지도 드러날 것이다.

이런 식으로 세금 손실이 누락되지 않도록 한다. 그래야 세금 손실을 종식시킬 수 있으며, 금융 비밀주의를 실행하는 조세 관할권과 법인세 도피처들이 진 빚을 제대로 계산할 수 있다. 이런 일과 그에 수반되는, 글로벌 대표성을 가지는 정책 수단들을 시행하는 센터를 만들 수 있는 주체는 오직 유엔뿐이다.

조세 투명성의 ABC 실현을 위한 금융 투명성 협약

불법 자금 흐름에 관한 2018년 유엔 총회 결의안 협상에서 제안된 금융 투명성 관련 협약은 이기적인 세금 남용과 부패를 막기 위해 조세 관할권에 최소한의 기준을 적용하자는 내용을 담고 있었다. 이 협약은 최근의 조세 투명성 ABC 실현 성과를 압축해, 모든 소득 수준의 국가들이 모든 혜택, 즉 금융 정보의 자동 교환, 기업, 신탁사, 재단의 공개 등록을 통한 수익 소유권 투명성 실현, 다국적기업의 나라별 공개 보고 등의 혜택을 모두 누릴 수 있도록 해야 한다.

이 협약은 국가 수준의 조세 관할권 협력을 보장하고, 유엔 과세권 모니터링 센터가 필요한 데이터를 만들 각각의 방법들을 제공해야 할 것이다. 또한 이 협약을 관장하는 사무국은 매년 핵심적인 영역에서 각각의 조세 관할권이 제공하는 협력과 금융 비밀주의의 정도, 관련된 금액의 크기에 대한 데이터를 발표할 수 있어야 한다. 유엔 과세권 모니터링 센터는 이런 방식으로 집계와 공정한 분배를 방해하는 핵심적인 정책들을 찾아냄으로써, 해마다 과세권에 대한 평가를 할 수 있을 것이다.

글로벌 자산 등록: 부의 세계적 분배 상태를 드러내는 방법

게이브리얼 주크먼과 토마 피케티의 연구에 기초해 ICRICT가 제안한 바에 따르면 글로벌 자산 등록은 부의 최종적인 수익 소유권에 대한 데이터를 연결하고 개선할 수 있을 것이다. 금융 증권부터 부동산까지의 모든 자산, 기업, 신탁사, 재단의 소유권 투명성 공개 등록 등을 모두 포괄할 수 있는 글로벌 자산 등록은 국가와 글로벌 차원에서 부의 불평등에 대한 종합적인 집계를 사상 최초로 가능하게 할 것이다.

글로벌 자산 등록은 즉각적으로 부에 대한 과세를 가능하게 하지는 않겠지만, 부의 불평등과 사회의 선호에 대해 의미 있는 논의를 가능하게 할 것이다. 동시에 글로벌 자산 등록은 필요한 경우 부에 대한 과세를 효과적으로 시행할 수 있게 해줄 것이며, 익명 소유를 통해 가능한 불법 자금 흐름 전체를 조사하고 그에 대한 대책을 마련하기 위해 강력한 수단을 제공할 것이다. 한편, 글로벌 자산 등록은(기업 소

유권 정보 같은) 완전히 공개되는 정보와 (은행 계좌 정보 같은) 국가 차원 조사를 통해서, 수집은 되지만 개인 차원에서만 공개되는 정보를 구분하게 될 것이다.

전체적인 효과를 생각하면, 글로벌 자산 등록은 현재 전 세계 경제를 지배하고 있는 익명의 부와 소득 흐름의 가장 큰 부분을 제거해, 관련 기업과 법률회사들의 행위를 범죄로 규정하게 될 것이다. 전 세계에서 누진적 과세에 힘을 실어주는 효과는 엄청날 것이다.

합산 과세: 소득 이전을 끝내는 방법

금융 투명성 협약은 완전한 나라별 공개 데이터 보고, 신고된 수익과 실제 경제 활동이 일어나는 장소와의 불일치에 대한 정기적인 회계상 집계를 가능하게 할 것이다. 이 협약은 현재 우리가 사는 세계를 왜곡하는 거대한 규모의 글로벌 과세권 불평등을 완전히 드러내는 것만으로도 이 불평등 상황을 어느 정도 뒤집을 수 있을 것이다.

다양한 개혁 노력이 실패하자 이제는 OECD도 국제 조세에 대한 근본적인 개혁을 지지하고 있다. 하지만 이런 개혁도 반드시 유엔 차원에서 이뤄져야 한다. 궁극적인 혜택이 광범위하게 공유되기 위해서다. 이를 위해서는 팔 길이 원칙의 대안으로서 합산 과세가 반드시 시행돼야 한다. 합산 과세란 다국적기업 그룹 차원에서 글로벌 수익을 평가해 각국에서의 실제 경제 활동(고용과 매출)에 맞춰 과세 기반을 설정하는 것을 말한다. 합산 과세가 나라별 공개 보고와 결합된다면 조세 정의가 실현될 수 있을 뿐만 아니라, 조세 정의 실현 여부를 계속 **관찰할** 수도 있게 된다. 불일치를 보이는 기업과 조세 관할권 모두에게 해마다 분명한 책임을 물을 수 있게 되는 것이다.

*

우리는, 그리고 당신은 집계되지 않고, 목소리를 낼 수 없어선 안 된다. 더 나은 사회를 만들기 위한, 서로의 삶을 더 좋게 만들기 위한 전 세계적인 우리의 노력을 방해하는 불평등의 규모에 우리가 관심을 공유한다면 이제 행동을 시작할 준비가 된 것이다. 이 문제나 그 해결 방법이 너무 기술적이라는 말에는 귀를 기울이지 말자. **집계 불이행**은 정치적인 문제이며, 유일한 답은 정치적인 행동, 바로 당신의 정치적인 행동이다. 이제 결연히 일어나, 집계될 권리를 말해야 할 때다. 우리는 함께 뭉쳐 다른 사람들도 같은 목소리를 내도록 도울 수 있다.

우리에게는 빚이 있다. 집계되지 않기 위해 서로 공모하는 사람들에게는 받을 빚이, 너무나 소외돼 통계에서조차 제외되는 사람들에게는 갚을 빚이 있다. 집계되지 않는 사람들을 모르는 척하는 것은 부당함과 불평등을 받아들이는 것이며, 이들이 계속 눈에 보이지 않아도 그대로 용인한다는 뜻이다. 이제 눈을 크게 뜨고 모든 사람이 집계되게 만들자. 중요하지 않은 사람은 없다.

감사의 말

1998년 말, 옥스퍼드 대학 국제개발학부. 나는 처음으로 학계의 일자리를 구하기 위해 초조하게 앉아 다국적기업의 입지 선택 모델을 더듬거리면서 설명하고 있었다. 그때 나는 내 설명을 듣던 면접관 두 명이 당시의 내 주제와는 전혀 다른 '집계 불이행'이라는 주제를 학문적으로 지지하리라고는 꿈에도 생각하지 못했다. 부끄럽게도 그때 나는 이들이 어떤 연구를 하고 있는지 전혀 몰랐다. 면접관 중 한 명인 프랜시스 스튜어트 교수가 빈곤과 집단 불평등 연구의 선구자라는 사실도, 다른 한 명인 밸피 피츠제럴드Valpy FitzGerald 교수가 조세피난처, 국제 금융 및 개발 문제의 권위자라는 사실도 모르고 있었다. 하지만 이제 와 생각해보면 이 두 교수의 연구는 최상층과 최하층에서의 집계 불이행이라는 개념 구축에 다양한 방식으로 주춧돌을 제공하고 있었다.

집계 불이행은 일단 그 존재를 인식하면 어디에서나 발견할 수 있는 개념이다. 적어도 나는 그랬다. 따라서 이 책은 그날의 면접 이

216

후 내가 운 좋게 참여하게 된 연구의 많은 부분을 정제해서 낸 결과물이라고 할 수 있다. 내게 연구 기회를 제공해준 기관들, 지지하고 도와주면서 연구 결과를 기다려주고 영감을 불어넣어준 사람들 모두에게 감사드린다.

같이 연구를 진행한 옥스퍼드 대학 국제개발학부, 세인트앤스 칼리지의 헌신적인 동료들과 뛰어난 학생들에게 감사드린다. 크리스천 에이드의 찰스 어버거, 앨리슨 켈리와 수많은 캠페인, 미디어, 지원 스태프들은 나와 함께 조세 정의를 위한 최초의 국제비정부기구INGO 캠페인을 시작해 저지섬의 금융 서비스 분야에 대한 잘못된 비난부터 도미니크공화국 정부의 인종차별적 시민권 제도에 대한 올바른 분노에 이르기까지 다양한 문제들을 다뤘다. 세이브더칠드런의 누리아 몰리나, 제스 에스파, 앨리슨 홀더를 비롯한 직원들은 '포스트 2015' 논의의 안건이 유엔 차원에서 다뤄지는 데 꾸준하고 중요한 기여를 했다. '언카운티드'라는 이름의 블로그를 만든 것도 이 단체다. 국제개발센터의 오언 바더는 나와 함께 2013년 영국 G8 정상회의에 조세 투명성과 관련한 자료를 제공했으며, 앤디 섬너는 나와 함께 소득 불평등 지수의 대안으로 팔마 비율을 제안했다(이 책을 쓰도록 격려해준 찰스 케니에게도 특별히 감사의 말을 전한다).

유엔대학 세계개발경제연구소의 정부수입데이터베이스Government Revenue Database, GRD를 시작할 수 있도록 도와준 국제조세개발센터ICTD 의 믹 무어, 윌슨 프리처드, 앤드류 구달은 나의 연구에도 큰 도움이 됐다. 포스트 2015 경제 불평등에 대한 토론의 중재자 역할을 내게 맡긴 불평등 대처에 관한 유엔 국제 주제별 회의에도 감사를 드린다. 타보 음베키가 의장을 맡았던 아프리카연합/UNECA 고위 패널에서 알리스 레퍼시에는 나와 함께 불법적인 금융 흐름에 대한 새로운 접근 방법을 제시했으며, 조세 투명성을 받아들인 기업들을 인증하는 페어택스마크Fair Tax Mark의 설립에도 도움을 주었다. 글로벌리포팅이니셔티브 기술 위원회에서 조세 투명성 기준 초안 작업에 참여할 때는 ICRICT가 국제 기준 변경 노력을 위해 도움을 주기도 했다.

TJN의 역할 중 일부는 연구에, 다른 일부는 공적 권리 옹호에 있으며, 이 두 가지 목표를 모두 추구할 자유를 제공한다. TJN은 2003년 전 세계에 걸친 조세권의 더 평등한 분배를 통해 강력하고 포괄적인 인류의 진보를 지원하는 공정하고 효과적인 조세제도를 실현하고, 이런 노력을 방해하는 금융 비밀주의와 불공정한 국제적 규칙 설정에 맞서 싸우기 위해 공식 출범했다. 철저한 분석, 전문가 정책 참여, 대중과의 적극적인 소통을 통해 자칫 전문성에 빠져 폐쇄적이 되기보다는 사회 정의에 관한 우려를 반영해 근본적인 제안을 하는 것을 목표로 하고 있다.

이 책은 조세 정의 실현으로 해결할 수 있는 문제들의 다양한 측면을 모두 다룬다. 이 책의 첫 부분은 사람들이 정치권력으로부터 직접적으로, 또는 공공정책 우선순위 결정 과정의 **정치적인 가중치 부여에서** 제외되는 방식들을 탐구한다. 공정한 조세제도는 책임성을 가지는 투명한 정부와 모든 사람에게 적절하게 가중치를 부여하여 정치적 대표성을 포괄적으로 확보하기 위한 핵심 요소다. 이 책의 두 번째 부분은 소득의 최상층을 다룬다. 많은 사람은 역내 규제와 조세를 사회계약의 일부로 받아들이지만 부유한 개인들과 다국적기업들은 이를 피할 수 있다. 금융 비밀주의와 불투명성 때문이다. 마지막으로 이 책은 정책 제안들로 끝맺는다. 물론 이 제안들은 TJN의 뛰어난 구성원들과 관련 전문가들의 연구가 대폭 반영된 것이며, 이 책의 판매 수익금은 모두 TJN으로 돌아갈 것이다. 내 연구의 바탕을 제공한 대가들의 이름은 본문에서 언급할 것이다. 아이디어를 실제 운동으로 바꾸고 저지섬 비밀 관할권 경제 자문을 거쳐 TJN을 창립한 존 크리스텐슨John Christensen에게 무한한 감사의 말을 전한다.

촉매 역할을 해준 조세정의를위한공개데이터Open Data for Tax Justice의 동료 연구자들, 조세정의를위한글로벌연대Global Alliance for Tax Justice와 금융투명성연대Financial Transparency Coalition의 동료들, 조세 투명성 확보와 더 공정한 국제 규칙 제정을 위한 노력에 참여해 온 UNCTAD, UNECA, 유엔 경제사회국DESA, 유엔 서아시아경제사회위원회UNESCWA, IMF, OECD, 세계은행 등 유엔 기구의 동료들에게 진심으로 감사드린다. 또한 이 책을 위한 자금을 지원한 조페 자선기금Joffe Charitable Trust, 포드 재단Ford Foundation(특히 라케시 라자니는 TJN과 나 개인에게 모두 도움을 주었다), 노르웨이 개발협력청Norad 등에 감사드린다. 통찰력 있는 의견을 제시한 마리아 모레노와 이름을 밝히지 않은 두 명, 지원을 아끼지 않은 폴리티의 조지 오워스, 줄리아 데이비스, 새라 댄시, 캐서린 코밤과 데이비드 코밤, 17세기 프랑스어 번역에 전문적인 도움을 준 줄리아 프레스트 박사, 참고 문헌 검색에 도움을 준 브루크 해링턴Brooke Harrington과 신탁재산관리전문가협회 STEP, 내가 데이터를 찾는 데 도움을 준 미켈린 마이어스와 코넬 골든 같은 사람들이 숫자들을 인용하고 조정할 수 있도록 허락해준 세이브더칠드런, 의견과 비판을 통해 내 주장과 증거들을 보완하도록 도움을 준 모든 독자에게 감사의 말을 전한다.

고인이 된 조얼 조페Joel Joffe는 리보니아 소송에서 넬슨 만델라의 변호를 맡았으며, 만델라가 '막후에서 우리를 방어해주는 장군'이라고 묘사한 사람이었다. 평생 아파르트헤이트의 부당함과 빈곤에 맞서 싸웠던 그는 조세 정의의 수호자였으며, 조폐 자선기금은 중요한 시기에 TJN에게 재정적 지원을 해주었다.《불공정한 숫자들》이 소외와 억압의 부당함에서부터 탈세와 조세회피의 부당함까지 어떻게 다루고, 그 모든 부당함에 맞서 싸우는 방법을 어떻게 알려주는지 조얼이 알아주길 바란다.

참고문헌

들어가는 말 우리는 집계되지 않는 세상에 살고 있다

- Michel Foucault, 1995, *Discipline and Punish: The Birth of the Prison*, New York: Random House (2nd ed.), p. 194.
- James C. Scott, 1998, *Seeing Like a State: How Certain Schemes to Improve the Human Condition Have Failed*, London: Yale University Press, pp. 345-346.
- Alain Desrosieres, 2001, 'How "real" are statistics? Four possible attitudes', *Social Research* 68, pp. 339-355.
- Desrosieres, 'How "real" are statistics?', p. 340.
- Wendy Espeland and Mitchell Stevens, 2008, 'A sociology of quantification', *European Journal of Sociology* XLIX (3), pp. 401-436: p. 431.
- Theodore Porter terms as 'funny numbers', the problem that power distorts: those that are both responsible for creating statistics, and judged upon resulting metrics, face a conflict of interest that is unlikely to give rise to good data. Theodore Porter, 2012, 'Funny numbers', *Culture Unbound* 4, pp. 585-598.
- Sakiko Fukuda-Parr and Desmond McNeill, 2019, 'Knowledge and politics in setting and measuring the SDGs: Introduction to special issue', *Global Policy* 10 (S1), pp. 5-15.
- William Seltzer and Margo Anderson, 2001, 'The dark side of numbers: The role of population data systems in human rights abuses', *Social Research* 68 (2), pp. 481-513.
- Not unrelated is the idea of resistance to the set of identification possibilities that census enumeration may require-perhaps most famously, the objection to a particular categorization by insisting on 'Jedi' as a religious identification.
- Marco Deseriis, 2015, *Improper Names: Collective Pseudonyms from the Luddites to Anonymous*, London: Minnesota University Press, p. 4.
- Compare Muchiri Karanja, 2010, 'Myth shattered: Kibera numbers fail to add up', *Daily Nation*, 3 September: https://www.nation.co.ke/ News/ Kibera% 20numbers% 20fail% 20 to % 20add% 20up/-/ 1056/ 1003404/-/ 13ga38xz/-/ index.html; and Paul Currion, 2010, 'Lies, damned lies and you

know the rest', *humanitarian.info*, 13 September: https://web.archive.org/
web/ 20120803154806/ http:// www.humanitar ian.info/ 2010/ 09/ 13/ lies-
damned-lies-and-you-know-the-rest/ ; with, e.g., Martin Robbins, 2012,
'The missing millions of Kibera: Africa's propaganda trail', *Guardian*, 1 August:
https://www.theguardian.com/ science/ the-lay-scientist/ 2012/ aug/ 01/
africa-propaganda-kibera.

- See, e.g., Duncan Green, 2010, 'Are women really 70% of the world's poor?
How do we know?', *From Poverty to Power*, 3 February: https://oxfamblogs.
org/ fp2p/ are-women-really-70-of-the-worlds-poor-how-do-we-know/
(and the many valuable comments); and Philip Cohen, 2013, '"Women own 1%
of world property": A feminist myth that won't die', *The Atlantic*, 8 March:
https://www.theatlantic.com/ sexes/ archive/ 2013/ 03/ women-own-1-of-
world-property-a-feminist-myth-that-wont-die/ 273840/ . As an antidote
reflecting the state of research beforehand, see Carmen Diana Deere and Cheryl
Doss, 2008, 'The gender asset gap: What do we know and why does it matter?',
Feminist Economics 12(1-2): https://doi.org/ 10.1080/ 13545700500508056;
see also the whole special issue which it introduces.

- James Baldwin, 1962, 'As much truth as one can bear', *New York Times*, 14
January: https://www.nytimes.com/ 1962/01/14/archives/ as-much-truth-
as-one-can-bear-to-speak-out-about-the-world-as-it-is.html.

- On which the investigative work of Carole Cadwalladr at the *Guardian* has been
invaluable.

- Ben Goldacre, 2012, *Big Pharma*, London: Fourth Estate.

- Cathy O'Neil, 2016, *Weapons of Math Destruction:: How Big Data Increases
Inequality and Threatens Democracy*, London: Allen Lane.

- Tax Justice Network, 2015, *The Offshore League*: https://www.taxjustice.net/
about/ theoffshoregame/.

- William Bruce Cameron, 1963, *Informal Sociology: A Casual Introduction to
Sociological Thinking*, New York: Random House, p. 13. A quotation often,
although apparently erroneously, attributed to Albert Einstein: http://
quoteinvestigator. com/ 2010/ 05/ 26/ everything-counts-einstein/.

참고문헌

1부 언피플: 체계적으로 배제되는 사람들

- UN SDGs, finalized text for adoption (1 August 2015), p. 3.
- Sebastien le Prestre Vauban, 1686, *Methode generale et facile pour fair le denombrement des peuples*, Paris: Imprimerie de la Veuve d'Antoine Chrestien (printed on demand, 2019, Chapitre.com). With many thanks to Dr Julia Prest for her valuable assistance with the translation.

1장 개발의 키는 데이터가 쥐고 있다

- Joseph Stiglitz, Amartya Sen, Jean-Paul Fitoussi, et al., 2009, *Report of the Commission on the Measurement of Economic Performance and Social Progress*, Paris: Commission on the Measurement of Economic Performance and Social Progress, p. 7.
- This view was first sketched out, in a little more detail, in Christian Aid, 2008, *Doing Justice to Poverty*, London: Christian Aid: https://www.christianaid.org.uk/ sites/ default/files/ 2017-08/ doing-justice-poverty-christian-aid-understandi ng-poverty-implications-december-2008.pdf.
- A revealing story on the unsuccessful attempts to address uncounted women's work by a young researcher, Phyllis Deane, working on the early application of GDP in Malawi and Zambia, is provided by Luke Messac, 2018, 'Outside the economy: Women's work and feminist economics in the construction and critique of national income accounting', *Journal of Imperial and Commonwealth History* 46(3), pp. 552-578.
- UN Women, 2015, *Progress of the World's Women 2015-16*, New York: UN Women, p. 11. Statistics compiled by UN Women from various sources including ILO.
- Angela Davis, 2018, 'Foreword', in Walter Rodney, *How Europe Underdeveloped Africa*, London: Verso Books.
- Shanta Devarajan, 30 September 2011 keynote speech at IARIW-SSA conference on 'Measuring national income, wealth, poverty and inequality in African countries'; video available at http:// blogs.worldbank.org/ africacan/ africa-s-statistical-tragedy; and Morten Jerven, 2013, *Poor Numbers: How We Are Misled by African Development Statistics and What To Do About It*, Ithaca,

NY: Cornell University Press.

- Andrew Kerner, Morten Jerven and Alison Beatty, 2017, 'Does it pay to be poor? Testing for systematically underreported GNI estimates', *Review of International Organizations* 12(1), pp. 1-38.
- Luis Martinez, 2019, 'How much should we trust the dictator's GDP growth estimates?', *SSRN Working Paper*: https://ssrn.com/ abstract=3093296. Note that the result cited excludes military dictatorships, which may be considered less sensitive to domestic political pressures.
- See box 1.1 of IMF, 2018, *World Economic Outlook* (April), Washington, DC: International Monetary Fund.
- See, e.g., Vasilis Sarafidis, 2018, 'The tragedy of Greek statistics', *Ekathimerini*, 10 October: http://www.ekathimerini.com/233883/article/ekathimerini/ comment/ the-tragedy-of-greek-statistics. Georgiou recently received an international commendation for 'his competency and strength in the face of adversity, his commitment to the production of quality and trustworthiness of official statistics and his advocacy for the improvement, integrity and independence of official statistics', jointly from the International Statistical Institute, the Royal Statistical Society (UK), the American Statistical Association, the International Association for Official Statistics, the Federation of European National Statistical Societies and the Societe Francaise de Statistique: https://www.isi-web.org/images/2018/Press% 20release%20 Commendation%20for%20Andreas%20Georgiou%20Aug%202018.pdf.
- James Alt, David Dreyer Lassen and Joachim Wehner, 2014, 'It isn't just about Greece: Domestic politics, transparency and fiscal gimmickry in Europe', *British Journal of Political Science*, 44(4), pp. 707-716.
- Giovanni Cornia, Richard Jolly and Frances Stewart, 1987, *Adjustment with a Human Face*, Oxford: Clarendon Press; and UNDP, 1990, *Human Development Report*, New York: United Nations Development Programme.
- Caterina Ruggeri-Laderchi, Ruhi Saith and Frances Stewart, 2003, 'Does it matter that we do not agree on the definition of poverty? A comparison of four approaches', *Oxford Development Studies* 31(3), pp. 243-274.
- Most famously laid out in Amartya Sen, 1999, *Development as Freedom*, Oxford:

Oxford University Press.

- Sakiko Fukuda-Parr, 2013, 'Global development goal setting as a policy tool for global governance: Intended and unintended consequences', International Policy Center for Inclusive Growth (IPC-IG) Working Paper 108, Brasilia: UNDP, p. 4.

- Charles Goodhart, 1975, 'Monetary relationships: A view from Threadneedle Street', Papers in Monetary Economics, Reserve Bank of Australia; quoted in Viral Acharya and Anjan Thakor, 2016, 'The dark side of liquidity creation: Leverage and systemic risk', *Journal of Financial Intermediation* 28, doi:10.1016/j.jfi.2016.08.004.

- APHRC/CGD, 2014, 'Delivering on the data revolution in sub-Saharan Africa', *Final Report of the Data for African Development Working Group*, Washington, DC: Center for Global Development; https://www.cgdev.org/sites/ default/ fi les/ CGD14-01%20complete%20for%20web%200710.pdf.

- Extreme income poverty numbers from World Bank data (see Table 3); undernourishment estimate from Gisela Robles Aguilar and Andy Sumner, 2019, 'Who are the world's poor? A new profile of global multidimensional poverty', Center for Global Development Working Paper 499.

- Abi Adams and Peter Levell, 2014, 'Measuring poverty when inflation varies across households', *Joseph Rowntree Foundation Report*: https://www.jrf.org. uk/ report/measuring-poverty-when-inflation-varies-across-households.

- Sanjay Reddy and Rahul Lahoti, 2016, '$1.90 a day: What does it say? The new international poverty line', *New Left Review* 97, pp. 106-127.

- A shift first highlighted by Thomas Pogge, 2004, 'The first UN Millennium Development Goal: A cause for celebration?', in Andreas Follesdal and Thomas Pogge (eds), *Real World Justice: Studies in Global Justice*, vol. 1., Dordrecht: Springer.

- UN, 2013, 'A new global partnership: Eradicate poverty and transform economies through sustainable development', *Report of the High-Level Panel of Eminent Persons on the Post-2015 Development Agenda*, New York: United Nations, p. 7 (emphasis added): https://www.un.org/sg/sites/www.un.org.sg/ files/ files/ HLP_P2015_Report.pdf.

- Frances Stewart established the Centre for Research into Inequality, Security and Ethnicity (CRISE) at Oxford, which has established the concept of horizontal inequalities in development discourse. See, e.g., Frances Stewart, 2002, 'Horizontal inequalities: A neglected dimension of development', Queen Elizabeth House Working Paper 81, Department of International Development, Oxford. The MDG Achievement Fund played a major role in supporting work that directly addressed potential applications of intersecting inequalities within the SDGs framework, including the important contributions of Naila Kabeer-see, e.g., Naila Kabeer, 2010, *Can the MDGs Provide a Pathway to Social Justice? The Challenge of Intersecting Inequalities*, New York: UNDP, IDS/ MDG Achievement Fund; and Veronica Paz Arauco, Haris Gazdar, Paula Hevia-Pacheco, Naila Kabeer, ⋯ and Chiara Mariotti, 2014, *Strengthening Social Justice to Address Intersecting Inequalities Post-2015*, London: ODI/ Spanish Development Cooperation/ MDG Achievement Fund. The Multidimensional Poverty Index, through the leading work of Sabina Alkire and the Oxford Poverty and Human Development Initiative (OPHI) has also highlighted the potential of survey data, albeit without stressing group inequalities.
- Alex Cobham, Andrew Hogg and multiple Christian Aid contributors, 2010, *We're All in This Together*, London: Christian Aid.
- Jess Espey, Alison Holder, Nuria Molina and Alex Cobham, 2012, *Born Equal: How Reducing Inequality Could Give Our Children a Better Future*, London: Save the Children; and Jose Manuel Roche, Lisa Wise, Dimitri Gugushvili and Luisa Hanna, 2015, *The Lottery of Birth: Giving All Children an Equal Chance to Survive*, London: Save the Children.
- Paul Collier, 2017, *The Bottom Billion: Why the Poorest Countries are Failing and What Can Be Done About It*, Oxford: Oxford University Press; and Andy Sumner, 2010, 'Global poverty and the new bottom billion: Three-quarters of the world's poor live in middle-income countries', *IDS Working Paper* 349, Brighton: Institute of Development Studies. Collier and Sumner discuss their respective bottom billions at: https://www.ids.ac.uk/ projects/ the-new-bottombillion/.

226

참고문헌

2장 데이터 혁명으로 바뀔 수 있는 것들

- Frederick Douglass, 3 August 1857, speech given at Canandaigua, New York on the 23rd anniversary of the 'West India Emancipation': https://www.blackpast. org/ african-american-history/1857-frederick-douglass-if-there-no-stru ggle-there-no-progress/. 'If there is no struggle there is no progress. Those who profess to favor freedom and yet deprecate agitation are men who want crops without plowing up the ground; they want rain without thunder and lightning. They want the ocean without the awful roar of its many waters. This struggle may be a moral one, or it may be a physical one, and it may be both moral and physical, but it must be a struggle. Power concedes nothing without a demand. It never did and it never will. Find out just what any people will quietly submit to and you have found out the exact measure of injustice and wrong which will be imposed upon them, and these will continue till they are resisted with either words or blows, or with both. The limits of tyrants are prescribed by the endurance of those whom they oppress.'

- This chapter and the next draw on my paper 'Uncounted: Power, inequalities and the post-2015 data revolution', *Development* 57(3-4), pp. 320-337: http:// dx.doi.org/10.1057/dev.2015.28.

- UNICEF/ UN Women, 2013, *Addressing Inequalities: Global Thematic Consultation on the Post-2015 Development Agenda*, *Synthesis Report of Global Public Consultation*, New York: United Nations, p. 10: https://web.archive.org/ web/ 20150908185219/ https://www.worldwewant2015.org/node/ 299198.

- UN, 2013, 'A new global partnership: Eradicate poverty and transform economies through sustainable development', *Report of the High-Level Panel of Eminent Persons on the Post-2015 Development Agenda*, New York: United Nations, p. 21; emphasis in original: https://www.un.org/sg/sites/ www.un.org. sg/ files/ files/ HLP_P2015_Report.pdf.

- Jose Manuel Roche, Lisa Wise, Dimitri Gugushvili and Luisa Hanna, 2015, *The Lottery of Birth: Giving All Children an Equal Chance to Survive*, London: Save the Children.

- UNICEF, 2015, 'Beyond averages: Learning from the MDGs', *Progress for Children* 11, New York: United Nations Children's Fund, p. iv.

- United Nations, 2013, *Report of the UN Secretary-General on Gender Statistics*; cited at http://www.unwomen.org/en/how-we-work/flagship-programmes/making-every-womanand-girl-count.

- For example, Sabina Alkire and Emma Samman compare possible data sources and conclude that 'traditional in-depth survey programmes accompanied by interim surveys have the greatest potential': Alkire and Samman, 2014, 'Mobilising the household data required to progress toward the SDGs', OPHI Working Paper 72, Oxford Poverty and Human Development Initiative, Oxford, p. 34.

- Morten Jerven, 2014, 'Benefits and costs of the data for development targets for the post-2015 development agenda', *Post-2015 Consensus Assessment*, Copenhagen: Copenhagen Consensus Center; Justin Sandefur and Gabriel Demombynes, 2014, 'Costing a data revolution', CGD Working Paper 383, Washington, DC: Center for Global Development.

- Roy Carr-Hill, 2013, 'Missing millions and measuring development progress', *World Development* 46, pp. 30-44; and 2014, 'Measuring development progress in Africa: The denominator problem', *Canadian Journal of Development Studies* 35(1), pp. 136-154.

- Carr-Hill, 'Missing millions and measuring development progress'.

- Emma Samman and Laura Rodriguez-Takeuchi, 2013, 'Old age, disability and mental health: Data issues for a post-2015 framework', *ODI Background Note*, London: Overseas Development Institute.

- Cornell Golden, 2018, 'Summary of annual activities related to disability statistics', slides prepared for Eighteenth Meeting of the Washington Group on Disability Statistics (7-9 November 2018, Rome); http:// www. washingtongroup-disa bility.com/wp-content/uploads/2019/01/WG18_Session_11_1_Golden.pdf.

- The ILO statistics are referenced in an interview in the UN archive of July 1989 (http://www.unmultimedia.org/tv/unia/asset/UNA0/UNA0088/) and by the ECOSOC working group in 1991. A common reference is to the work of Shelton Davis and William Partridge, including their 1999 World Bank paper, 'Promoting the Development of Indigenous Peoples in Latin America': http:// siteresources. worldbank.org/INTRANETSOCIALDEVELOPMENT/873351-11116637

228

16403/20600877/PromotingDevofIPinLAC.pdf.

- United Nations, 12 May 2002, 'Backgrounder: First meeting of permanent forum high point of UN decade': https://web.archive.org/web/20100129055314/ http:// www.un.org:80/rights/indigenous/backgrounder1.htm.
- UN PFII, undated, 'Indigenous peoples, indigenous voices', *Factsheet*: https:// www.un.org/esa/socdev/unpfii/documents/5session_factsheet1.pdf.
- OHCHR, 2014, *Report of the Special Rapporteur on the Rights of Indigenous Peoples*, Victoria Tauli Corpuz, A/HRC/ 27/ 52, Geneva: Office of the High Commissioner for Human Rights.
- Resolution 47/75, paragraph 6: http://www.un.org/documents/ga/res/47/ a47r075.htm.
- IWGIA, 2018, *The Indigenous World 2018*, Copenhagen: International Work Group for Indigenous Affairs, p. 9: https://www.iwgia.org/ images/ documents/ indigenous-world/ indigenous-world-2018.pdf.
- World Medical Association, 1964 (and subsequent updates to 2018), *Declaration of Helsinki: Ethical Principles for Medical Research Involving Human Subjects*: https://www.wma.net/policies-post/wma-declaration-of-helsinki-ethical-pr inciples-for-medical-research-involving-human-subjects/.
- Skunk Anansie, 1996, 'Yes it's fucking political', from the album *Stoosh*.
- Anonymous, 2004 (original Arabic version 2000), *The Black Book: Imbalance of Power and Wealth in Sudan*, Khartoum: Justice and Equality Movement, p. 31.
- Abdullahi El-Tom, 2006, 'Darfur people: Too black for the Arab-Islamic project of Sudan', *Irish Journal of Anthropology* 9 (1), pp. 12-18; see also Abdullahi El-Tom, 2003, 'The Black Book of Sudan: Imbalance of power and wealth in Sudan', *Journal of African International Affairs* 1 (2), pp. 25-35.
- Alex Cobham, 2005, 'Causes of conflict in Sudan: Testing the Black Book', *European Journal of Development Research* 17, pp. 462-480. This section draws closely on the published text.
- Cobham, 'Causes of conflict in Sudan', p. 477.
- As of June 2019, Sudan is governed by a 'Transitional Military Council', which has taken control after deposing Bashir in April. Widespread protests, including in Khartoum, continue to demand civilian rule.

229

- Ramdane Abdoun, Jemma Dridi, Valentina Flamini and Kerstin Gerling, 2012, *Sudan: Selected Issues*, Washington, DC: International Monetary Fund.
- World Bank, 2014, 'Sudan state-level public expenditure review: Meeting the challenges of poverty reduction and basic service delivery. Volume 2-background papers', *Report ACS8803*, Washington, DC: World Bank. See Figures 2.3 and 2.4 for a comparison of the actual and hypothetical poverty-based allocations, of which the report notes with extreme diplomacy: 'While a formula based allocation appears to be underlying current transfers, it is not immediately possible to reproduce these allocations.'
- Atta El-Hassan El-Battahani and Hassan Ali Gadkarim, 2017, 'Governance and fiscal federalism in Sudan, 1989-2015: Exploring political and intergovernmental fiscal relations in an unstable polity', *Sudan Report* 1, Bergen: Christian Michelsen Institute :https://www.cmi.no/publications/file/6189-governance-and-fiscal-federalism-in-sudan.pdf.

3장 약자를 소외시키는 집계의 기술

- Tom Phillips, 25 August 2010, 'Brazil's census offers recognition at last to descendants of runaway slaves', *Guardian*: http://www.theguardian.com/world/2010/aug/25/brazil-2010-census-kalunga.
- See, e.g., Margo Anderson, 2015, *The American Census: A Social History* (2nd ed.), London: Yale University Press.
- Wilson Prichard, Paola Salardi and Paul Segal, 2014, 'Taxation, non-tax revenue and democracy: New evidence using new cross-country data', *International Centre for Tax and Development Working Paper* 23; Michael Ross, 2004, 'Does taxation lead to representation?', *British Journal of Political Science* 34, pp. 229-249.
- Prichard et al., 'Taxation, non-tax revenue and democracy'; James Mahon, 2005, 'Liberal states and fiscal contracts: Aspects of the political economy of public finance', Paper presented at the annual meeting of the American Political Science Association.
- G. E. Metcalfe, 1955, 'After Maclean: Some aspects of British Gold Coast policy in the mid-nineteenth century', *Transactions of the Gold Coast and Togoland*

Historical Society 1(5), pp. 178-192: p. 186.

- Metcalfe, 'After Maclean', p. 188.
- Mara Loveman, 2007, 'Blinded like a state: The revolt against civil registration in nineteenth-century Brazil', *Comparative Studies in Society and History* 49(1), pp. 5-39: p. 8.
- Loveman, 'Blinded like a state', p. 10.
- Brazilian Presidency, 2003, 'Regulamenta o procedimento para identificacao, reconhecimento, delimitacao, demarcacao e titulacao das terras ocupadas por remanescentes das comunidades dos quilombos de que trata o art. 68 do Ato das Disposicoes Constitucionais Transitorias', *Decree* 4887, 20 November: http:// www.planalto.gov.br/ccivil_03/decreto/2003/d4887.htm; and Karla Mendes, 2018, 'Slaves' descendants in Brazil braced for land titles' fight', *Reuters Big Story*, 6 March: https://www.reuters.com/article/us-brazil-landrights-slaves/ slaves-descendants-in-brazil-braced-for-land-titles-fight-idUSKCN1GI204.
- Letycia Bond, 2018, 'Censo de 2020 deve incluir dados sobre comunidades quilombolas', *Agencia Brasil*: http://agenciabrasil.ebc.com.br/geral/ noticia/2018-07/ censo-de-2020-deve-incluir-dados-sobre-comunidades-quilombolas.
- Karla Mendes, 2018, '"Freedom, but no dignity"-Brazil slave descendants fight for land', *Thomson Reuters Foundation*, 11 May: http:// news.trust.org/ item/ 2018 0511160619-gqcmo/.
- Marcio Dolzan, 2017, '"Nao podemos abrir as portas para todo mundo', diz Bolsonaro em palestra na Hebraica', *Estadao*, 3 April: https://politica.estadao. com.br/noticias/geral,nao-podemos-abrir-as-portas-para-todo-mundo-diz-bolsonaro-em-palestra-na-hebraica,70001725522.
- Oliveira Viana, 'O povo braziliero e sua evolucao', published anonymously in the DGE report of the 1920 census, quoted in Mara Loveman, 2013, 'The race to progress: Census taking and nation making, 1870-1920', in Miguel Centeno and Agustin Ferraro (eds), *State Building in Latin America and Spain 1810s-1930s*, Cambridge: Cambridge University Press.
- A. J. Christopher, 2003, '"To define the indefinable": Population classification and the census in South Africa', *Area* 34(4), pp. 401-408: p. 401; and Stanley

231

R. Bailey, Fabricio M. Fialho and Mara Loveman, 2018, 'How states make race: New evidence from Brazil', *Sociological Science* 5, pp. 722-751: p. 722.

- Rachel Gisselquist, 2019, 'Legal empowerment and group-based inequality', *Journal of Development Studies* 55(3), pp. 333-347.

- Nicholas Biddle and Francis Markham, 2018, 'Indigenous identification change between 2011 and 2016: Evidence from the Australian census longitudinal dataset', Centre for Aboriginal Economic Policy Research Topical Issue 1, p. 1: https://openresearch-repository.anu.edu.au/bitstream/1885/148769/1/CAEPR_TopicalIssue_No1_2018%20(1).pdf.

- Biddle and Markham, 'Indigenous identification change', p. 7.

- Akil Khalfani and Tukufu Zuberi, 2001, 'Racial classification and the modern census in South Africa, 1911-1996', *Race and Society* 4, pp. 161-176.

- Union of South Africa, 1936, *Census 5th May, 1936: Preliminary Report on the Enumeration of All Races of the Population*, U.G. 50. Pretoria: Government Printers, p. viii; quoted in Khalfani and Zuberi, 'Racial classification and the modern census in South Africa', pp. 161-76.

- A long and varied literature attests to this point, from, e.g., John Scholz and Mark Lubell, 1998, 'Trust and taxpaying: Testing the heuristic approach to collective action', *American Journal of Political Science* 42(2), pp. 398-417; to Raul Lopez Perez and Aldo Ramirez Zamudio, 2019, 'Giving money to the Inca: Experiments and theory on social norms and tax compliance in Peru', *Documentos de Trabajao de Economia* 1(7)-Universidad de Lima, Facultad de Ciencias Empresariales y Economicas.

- Gerardo Serra, 2018, '"Hail the census night": Trust and political imagination in the 1960 population census of Ghana', *Comparative Studies in Society and History* 60(3), pp. 659-687: p. 684.

- Frederick Douglass, 1846, *Narrative of the Life of Frederick Douglass, an American Slave*, Boston: Anti-Slavery Office, p. 1.

- Amiya Bhatia, Leonardo Ferreira, Aluisio Barros and Cesar Victora, 'Who and where are the uncounted children? Inequalities in birth certificate coverage among children under five years in 94 countries using nationally representative household surveys', *International Journal for Equity in Health* 16(148).

- Casey Dunning, Alan Gelb and Sneha Raghavan, 2014, 'Birth registration, legal identity, and the post-2015 agenda', *CGD Policy Paper* 46, Washington DC: Center for Global Development, p. 3.
- Bhatia, Ferreira, Barros and Victora, 'Who and where are the uncounted children?'.
- UNICEF, 2013, *Every Child's Birth Right: Inequities and Trends in Birth Registration*, New York: United Nations Children's Fund.
- Wendy Hunter, 2019, 'Identity documents, welfare enhancement, and group empowerment in the global South', *Journal of Development Studies* 55(3), pp. 366-383.
- Hunter, 'Identity documents', p. 367.
- Tendayi Bloom, 2015, '"Transforming our world"-How can we make sure no one is left behind?', European Network on Statelessness: http:// www.statelessness. eu/blog/transforming-our-world%E2%80% 99-how-can-we-make-sure-no-one-left-behind.
- The Counted: https://www.theguardian.com/us-news/series/counted-us-police-killings.
- Jon Swaine and Ciara McCarthy, 2016, 'Killings by US police logged at twice the previous rate under new federal program', *Guardian*, 15 December: https://www.the guardian.com/us-news/2016/dec/15/us-police-killings-department-of-justice-program.
- https://www.bjs.gov/index.cfm?ty=pbseandsid=74.
- TBIJ, 2018, 'Dying homeless: Counting the deaths of homeless people across the UK': https://www.thebureauinvestigates.com/stories/2018-04-23/dying-homeless.
- Karin Goodwin, 2018, 'Review promised on Scottish homeless death statistics', *The Ferret*: https://theferret.scot/review-scottish-homeless-death-statistics/.
- Reem Abu-Hayyeh and Frances Webber, 2015, 'Unwanted, unnoticed: An audit of 160 asylum and immigration-related deaths in Europe', *Institute of Race Relations Briefing Paper* 10, p. 5.
- https://www.theguardian.com/world/series/the-list.
- GBD 2015 Maternal Mortality Collaborators, 2016, 'Global, regional, and national

levels of maternal mortality, 1990-2015: A systematic analysis for the Global Burden of Disease Study 2015', *The Lancet* 388, pp. 1775-1812.

- CDC, *Pregnancy Mortality Surveillance System*: https://www.cdc.gov/ reprodu ctivehealthmaternalinfanthealth/pregnancy-mortality-surveillance-system. htm.
- Kari Sonde, 2018, 'Puerto Rico finally admits it wildly underestimated Hurricane Maria death toll', *Mother Jones*, 9 August: https://www.motherjones. com/ politics/ 2018/08/puerto-rico-admits-hurricane-maria-death-toll-1427/.
- Government of Puerto Rico, 2018, *Transformation and Innovation in the Wake of Devastation: An Economic and Disaster Recovery Plan for Puerto Rico*, Puerto Rico: http://www.p3.pr.gov/assets/pr-draft-recovery-plan-for-commentjuly-9-2018.pdf.
- Samuel Oakford, 2018, 'Deaths before data: How war, politics, and a lack of reliable information are complicating a famine declaration in Yemen', *The New Humanitarian*, 12 November: https://www.thenewhumanitarian.org/ analysis/2018/11/ 12/Yemen-war-conflict-deaths-data-famine.
- WHO, undated, 'Maternal and perinatal death reviews in the UK', https:// www.who.int/maternal_child_adolescent/epidemiology/maternal-death-surveillance/ case-studies/unitedkingdom/en/ (accessed 5 March 2019).
- W. D. Ngan Kee, 2005, 'Confidential enquiries into maternal deaths: 50 years of closing the loop', *British Journal of Anaesthesia* 94(4), pp. 413-416.
- LeDeR, 2018, *The Learning Disabilities Mortality Review Annual Report 2017*, Bristol: University of Bristol Norah Fry Centre for Disability Studies.
- ONS, 2017, *Health State Life Expectancies, UK*: 2014 to 2016, Newport: Office for National Statistics: https://www.ons.gov.uk/peoplepopulationandcommunity/ healthandsocialcare/healthandlifeexpectancies/bulletins/healthstatelifeexpec tanciesuk/2014to2016.
- Pauline Heslop, Peter Blair, Peter Fleming, Matt Hoghton, Anna Marriott and Lesley Russ, 2013, *Final Report of Confidential Inquiry into Premature Deaths of People with Learning Disabilities (CIPOLD)*, Bristol: University of Bristol Norah Fry Centre for Disability Studies: http://www.bris.ac.uk/ media-library/ sites/

cipold/ migrated/ documents/ full finalreport.pdf.

- Simon Duffy, 2015, *A Fair Society? How the Cuts Target Disabled People*, Sheffield: Centre for Welfare Reform/Campaign for a Fair Society: https://www. centreforwelfarereform.org/uploads/attachment/354/a-fair-society.pdf.

- Randeep Ramesh, 2013, 'No review board into early deaths of patients with learning disabilities', *Guardian*, 12 July.

- UN CESCR, 2016, 'Concluding observations on the sixth periodic report of the United Kingdom of Great Britain and Northern Ireland', E/ C.12/ GBR/ CO/ 6, New York: UN Committee on Economic, Social and Cultural Rights.

- Chaka Bachmann and Becca Gooch, 2018, *LGBT in Britain: Health Report*, London: Stonewall: https://www.stonewall.org.uk/sites/default/files/lgbt_in_ britain_health.pdf.

- For the full story, see justiceforlb.org and read Sara Ryan, 2017, *Justice for Laughing Boy Connor Sparrowhawk-A Death by Indifference*, London: Jessica Kingsley Publishers.

- See, e.g., Wendy R. Weiser and Lawrence Norden, 2011, *Voting Law Changes in 2012*, New York: Brennan Center for Justice: http://www.brennancenter.org/ publication/voting-law-changes-2012; and s.e. smith, 2016, 'Voting is already hard for people with disabilities. Voter ID laws make it even harder', *Vox*, 1 April: https://www.vox.com/2016/4/1/11346714/voter-id-laws-disabilities.

- Adalah, 2019, 'Disenfranchised: Thousands of Bedouin citizens prevented from voting in upcoming Israeli election': https://www.adalah.org/ en/ content/ view/ 9681.

- Roxana Hegeman, 2018, 'Iconic Dodge City moves its only polling place outside town', *AP News*: https://www.apnews.com/70e4a2665b0644bf884c60c2540 5c076.

- Carol Anderson, 2018, 'Georgia doesn't need another voter suppressor running its elections', *Guardian*: https://www.the guardian.com/ commentisfree/ 2018/ dec/ 03/georgia-election-vote-voter-suppression-secretary-of-state-brad- raffensperger.

- Pema Levy, 2018, 'After Heidi Heitkamp won a Senate seat, North Dakota Republicans made it harder for Native Americans to vote', *Mother Jones*, 19

October: https://www.motherjones.com/politics/2018/10/heidi-heitkamp-nativeamericans-vote-north-dakota/.

- Mark Stern, 2018, 'Supreme Court, in 5-Decision, allows states to purge voters for their failure to vote', *Slate*, 11 June: https://slate.com/news-and-politics/2018/ 06/ supreme-courtgreenlights-ohio-voter-purges-in-husted-v-randolph.html.

- Ari Berman, 2018, 'The United States is becoming a two-tiered country with separate and unequal voting laws', *Mother Jones*, 19 November: https://www.motherjones.com/politics/2018/11/the-united-states-is-becoming-a-twotiered-country-with-separate-and-unequal-voting-laws-1/.

- Ari Berman, 2019, 'In census case, Supreme Court suddenly cares a lot about Voting Rights Act', *Mother Jones*, 23 April: https://www.motherjones.com/politics/ 2019/04/in-census-case-supreme-court-suddenly-cares-a-lot-about-voting-rights-act/.

- Census Bureau, 2012, 'Census Bureau releases estimates of overcount and undercount in the 2010 Census', *CB* 12-95, 22 May: https://www.census.gov/newsroom/releases/archives/2010_census/cb12-95.html.

- http://prospect.org/article/insidious-way-underrepresent-minorities.

- Mikelyn Meyers, 2017, 'Respondent confidentiality concerns and possible effects on response rates and data quality for the 2020 census', presentation made to National Advisory Committee on Racial, Ethnic and Other Populations Fall Meeting, 2 November: https://assets.documentcloud.org/documents/4424705/ Census-Confidentiality-Presentation.pdf.

- John Abowd, 19 January 2018, 'Technical review of the Department of Justice request to add citizenship question to the 2020 Census', *Memorandum for Wilbur L. Ross, Jr, Secretary of Commerce*, made available as part of the complete administrative record upon which the Secretary of Commerce based his decision to reinstate a question concerning citizenship in the 2020 Decennial Census: http://www.osec.doc.gov/opog/FOIA/Documents/AR%20-%20 FINAL%20FILED%20-%20ALL%20DOCS%20%5bCERTIFICATION-INDEX-DOCUMENTS%5d%206.8.18.pdf#page=1289.

- Arturo Vargas, 2018, 'Democracy at risk: The state of the 2020 Census and

Latinos', *NALEO Educational Fund Webinar*: https://d3n8a8pro7vhmx. cloudfront.net/ naleo/pages/1423/attachments/original/1524600253/NEF_ Census_Press_Club_ Briefing_corrdft_04-18_-_FINAL.pdf (accessed 28 April 2019).

2부 집계되지 않는 것들, 불법적인 것들: 꼭대기에 숨어있는 언머니

- Brooke Harrington, 2016, 'How to hide it: inside the secret world of wealth managers', Guardian, 21 September: https://www.theguardian.com/ business/2016/ sep/21/how-to-hideit-inside-secret-world-of-wealth-managers. STEP is the Society of Trust and Estate Practitioners, self-described as 'the global professional association for practitioners who specialise in family inheritance and succession planning'. I'm grateful to STEP for confirming that the specific text comes from the 'Trust Creation Law and Practice' manual of the STEP Diploma in International Trust Management.

- Lucky Luciano (1897-1962) was an Italian-born mobster, who lived and operated in the US.

- Lukas Linsi and Daniel Mugge, 2019, 'Globalization and the growing defects of international economic statistics', *Review of International Political Economy*: https://doi.org/10.1080/09692290.2018.1560353.

4장 반사회적 이익을 용인하는 시스템

- George Turner and Alex Cobham, 2015, 'Doing SFA for fair play?', *The Offshore Game Report for Tax Justice Network*: https://www.taxjustice.net/wp-content/ uploads/2015/10/Web-edition-Doing-SFA-for-Fair-Play-Main-report-updated.pdf.

- United States Department of Justice Office of Special Counsel, 2018, 'Superseding criminal information: United States of America vs Richard W. Gates III', case 1:17-cr-00201-ABJ, document 195: https://www.lawfareblog. com/documents-gates-superseding-criminal-information-statement-offense-plea-agreement.

- James Stewart, 2008, 'Shadow regulation and the shadow banking system', *Tax*

Justice Focus 4(2): http://www.taxjustice.net/cms/upload/pdf/TJF_4-2_AABA_-_Research.pdf; see also Alex Cobham, Rachel Baird and Andrew Hogg, 2008, 'The morning after the night before: The impact of the financial crisis on the developing world', *Christian Aid Report*: https://www.christianaid.org.uk/sites/default/files/2017-08/morning-after-night-before-november-2008_0.pdf.

- Simon Bowers, 2017, 'Leaked documents expose secret tale of Apple's offshore island hop', *International Consortium of Investigative Journalists*, 6 November: https://www.icij.org/investigations/paradise-papers/apples-secret-offshore-islandhop-revealed-by-paradise-papers-leak-icij/.
- #sorrynotsorry.
- Utsa Patnaik, 2017, 'Revisiting the "Drain", or transfers from India to Britain', in Shubhra Chakrabarti and Utsa Patnaik (eds.), *Agrarian and Other Histories: Essays for Binay Bhushan Chaudhuri*, New Delhi: Tulika Books. As cited in Ajai Sreevatsan, 2018, 'British Raj siphoned out $45 trillion from India: Utsa Patnaik', *LiveMint*: https://www.livemint.com/Companies/HNZA71LNVNNVXQ1eaIKu6M/British-Raj-siphoned-out-45-trillion-from-India-Utsa-Patna.html; and Jason Hickel, 2018, 'How Britain stole $45 trillion from India: And lied about it', *Al-Jazeera*: https://www.aljazeera.com/indepth/opinion/britain-stole-45-trillion-india-181206124830851.html.
- Alex Cobham, Petr Jansky and Markus Meinzer, 2018, 'A half-century of resistance to corporate disclosure', *Transnational Corporations* 25(3), pp. 1-26: https://unctad.org/en/PublicationChapters/diaeia2018d5a2_en.pdf.
- Alex Cobham and Petr Jansky, 2017, 'Measuring misalignment: The location of US multinationals' economic activity versus the location of their profits', *Development Policy Review*, pp. 1-38: https://doi.org/10.1111/dpr.12315.
- Chris Jones, Yama Temouri and Alex Cobham, 2017, 'Tax haven networks and the role of the Big 4 accountancy firms', *Journal of World Business* 53(2): https://doi.org/10.1016/j.jwb.2017.10.004.
- Thomas Tørsløv, Ludwig Wier and Gabriel Zucman, 2018, 'The missing profits of nations', *National Bureau of Economic Research* (24071): https://doi.org/10.3386/w24701; UNCTAD, 2015, *World Investment Report 2015-Reforming International Investment Governance*, Geneva: United Nations;

OECD, 2015, *Measuring and Monitoring BEPS, Action 11-2015 Final Report*, Paris: Organisation for Economic Co-operation and Development: http://www. oecd-ilibrary.org/content/book/ 9789264241343-en; Ernesto Crivelli, Ruud de Mooij and Michael Keen, 2016, 'Base erosion, profit shifting and developing countries', *FinanzArchiv: Public Finance Analysis* 72(3), pp. 268-301: https:// doi.org/10.1628/001522116X14646834385460; Alex Cobham and Petr Jansky, 2017, 'Global distribution of revenue loss from corporate tax avoidance: Re-estimation and country results', *Journal of International Development* 30(2), pp. 206-232: https://doi.org/10.1002/jid.3348.

- See the Tax Justice Network's *Corporate Tax Haven Index 2019* for detailed analysis and ranking.

- Tørsløv, Wier and Zucman, 2018, 'The missing profits of nations'.

- Jannick Damgaard, Thomas Elkjaer and Niels Johannesen, 2018, 'Piercing the veil', *Finance and Development* 55(2): https://www.imf.org/external/pubs/ft/fandd/ 2018/06/insidethe-world-of-global-tax-havens-and-offshore-banking/damgaard.htm.

- Simon Bowers, 2017, 'Leaked documents expose secret tale of Apple's offshore island hop', *International Consortium of Investigative Journalists*: https://www.icij.org/investigations/para dise-papers/apples-secret-offshore-island-hop-revealed-by-paradise-papers-leak-icij/.

- Heike Joebges, 2017, 'Crisis recovery in a country with a high presence of foreign owned companies: The case of Ireland', *Hans-Bockler-Stiftung working paper* 175: https://www.socialeurope.eu/wp-content/uploads/2017/01/p_imk_wp_175_2017.pdf.

- James Henry, 2012, *The Price of Offshore, Revisited*, London: Tax Justice Network: https://www.taxjustice.net/2014/01/17/price-offshore-revisited/ ; Gabriel Zucman, 2013, 'The missing wealth of nations: Are Europe and the US net debtors or net creditors?', *Quarterly Journal of Economics* 128(3): pp. 1321-1364.

- Nick Shaxson, John Christensen and Nick Mathiason, 2012, *Inequality: You Don't Know the Half of It (Or Why Inequality Is Worse Than We Thought)*, London: Tax Justice Network: https://www.taxjustice.net/wp-content/

239

uploads/2013/04/ Inequality-1207-you-dont-know-the-half-of-it.pdf.

- Gabriel Zucman, 2019, 'Global wealth inequality', NBER working paper 25462; Annette Alstadsæter, Niels Johannesen and Gabriel Zucman, 2018, 'Who owns the wealth in tax havens? Macro evidence and implications for global inequality', *Journal of Public Economics* 162, pp. 89-100.

- Quoted in *This Day*, 6 June 2005, by John Christensen, 2007, 'Mirror, mirror, on the wall, who's the most corrupt of all?', *Tax Justice Network*: https://taxjustice. net/cms/upload/pdf/0701_Mirror_Mirror_ corruption.pdf.

- Christensen, 'Mirror, mirror, on the wall', p. 3.

- An important moment in the gradual inversion of this narrative was John Christensen's seminal paper, 'Mirror, mirror, on the wall', delivered at the World Social Forum in Nairobi in January 2007, where the Tax Justice Network-Africa was also launched. As well as highlighting the CPI's favourable treatment of tax havens as above, Christensen wrote: 'It is debatable whether TI [Transparency International] intended to shape the corruption debate in this way, but the tendency to treat corruption as synonymous with bribery of public sector officials is partly due to the methodology of the CPI, which draws on the perceptions of businesses and a narrow range of think tanks. Unsurprisingly this community has tended to concentrate on those areas of corruption which impose a cost on business, bribery and kickbacks being the foremost issue of concern in this respect, without paying attention to issues such as tax evasion and trade mispricing which involve business imposing costs on the rest of society. Concerns have been expressed about the methodological biases of the CPI, and critics argue that the index distorts the geography of corruption by reinforcing negative images of developing countries and ignoring the higher level corruption of major companies and governments from the North'('Mirror, mirror, on the wall', p. 3). Christensen's paper was an important catalyst for the tax justice discussions that took part in Nairobi and culminated in a decision to create the Financial Secrecy Index.

- https://www.transparency.org/cpi2018.

- See Alex Cobham, 2013, 'Corrupting perceptions: Why Transparency International's flagship corruption index falls short', *Foreign Policy*, 22 July:

https://foreignpolicy.com/2013/07/22/corrupting-perceptions/.

- For full details on the technical basis for the index construction, see Alex Cobham, Petr Jansky and Markus Meinzer, 2015, 'The Financial Secrecy Index: Shedding new light on the geography of secrecy', *Economic Geography* 91(3), pp. 281-303. The latest methodology, results, data and visualizations are available at http://financialsecrecyin dex. com.

- Wouter Lips and Alex Cobham, 2017, 'Paradise lost: Who will feature on the common EU blacklist of non-cooperative tax jurisdictions?', *Open Data for Tax Justice*: http://datafortaxjustice.net/paradiselost. Cf. http://europa.eu/rapid/press-release_IP-17-5121_en.htm.

- While the idea has roots in UN debates going back to the 1960s at least, the first draft international accounting standard for country-by-country reporting was proposed in 2003, by Richard Murphy for the Association of Accounting and Business Affairs and the Tax Justice Network. See Alex Cobham, Jonathan Gray and Richard Murphy, 2017, 'What do they pay?' CITYPERC Working Paper 2017/01, London: http://www.city.ac.uk/data/assets/pdf_file/0004/345469/CITY PERC-WPS-201701.pdf.

5장 조세 저항에 대한 우리의 도전

- Alex Cobham, 2005, 'Taxation policy and development', *OCGG Economy Analysis* 2, Oxford: Oxford Council on Good Governance; http://taxjustice.net/cms/upload/pdf/OCGG_-_Alex_Cobham_-_Taxation_Policy_and_Development.pdf.

- Deborah Brautigam, Odd-Helge Fjeldstad and Mick Moore(eds.), 2008, *Taxation and State Building in Developing Countries*, Cambridge: Cambridge University Press; Rasmus Broms, 2011, 'Taxation and government quality: The size, the shape, or just Europe 300 years ago?', Quality of Government Institute (University of Gothenburg) Working Paper 16.

- Michael Ross, 2004, 'Does taxation lead to representation?', *British Journal of Political Science* 34, pp. 229-249; and powerfully confirmed with much stronger data by Wilson Prichard, Paola Salardi and Paul Segal, 2014, 'Taxation, non-tax revenue and democracy: New evidence using new cross-country data', International Centre for Tax and Development Working Paper 23. On the role of direct tax, see also James Mahon, 2005, 'Liberal states and fiscal contracts: Aspects of the political economy of public finance', Paper presented at the annual meeting of the American Political Science Association.

- John Williamson, 1990, 'What Washington means by policy reform', in Williamson (ed.), *Latin American Adjustment:How Much Has Happened?*, Washington, DC: Institute for International Economics, ch. 2: https://piie.com/commentary/speeches-papers/what-washington-means-policy-reform.

- Christopher Adam and David Bevan, 2004, 'Fiscal policy design in low-income countries', and Christopher Heady, 2004, 'Taxation policy in low-income countries', in Tony Addison and Alan Roe (eds), *Fiscal Policy for Development*, Basingstoke: Palgrave Macmillan/UNU-WIDER.

- This discussion draws on my paper, 'The tax consensus has failed!', Oxford Council on Good Governance Economy Section Recommendation 8: http://taxjustice.net/cms/upload/pdf/Cobham_Tax_Consensus_Failed_08.pdf.

- Thomas Baunsgaard and Michael Keen, 2005, 'Tax revenue and (or?) trade liberalization', IMF Working Paper WP/05/112.

- Williamson, 'What Washington means by policy reform'.

- CDES (Economic and Social Development Council of Brazil), 2011, 'Inequity indicators of the national tax system', *Observation Report* 2.

- https://www.savethechildren.org.uk/content/dam/global/reports/advocacy/born-equal.pdf. Original sourcing: CDES, 'Inequity indicators of the national tax system'; and M. H. Zockun, H. Zylberstajn, S. Silber, J. Rizzieri, A. Portela, E. Pellin and L. E. Afonso, 2007, 'Simplificando O Brasil: Propostas de reforma na relacao economica do governocom o setor privado', *Fundacao Instituto De Pesquisas Economicas (FIPE) Texto Para Discussao* 03, Table 6. The columns show the tax burden on groups in Brazil, according to whether household income is less than two times the national minimum wage, 2-3 times the minimum wage, and so on, up to incomes exceeding 30 times the minimum wage: http://www.fipe.org.br/web/publicacoes/discussao/textos/texto_03_2007.pdf.

- See, e.g., John Marshall, 2009, 'One size fits all? IMF tax policy in sub-Saharan Africa', Christian Aid Occasional Paper 2; and Matti Ylonen, 2017, 'Policy diffusion within international organizations: A bottom-up analysis of International Monetary Fund tax work in Panama, Seychelles, and the Netherlands', *UNU-WIDER Working Paper* 2017/157.

- The International Centre for Tax and Development (ICTD) was established in 2010 with funding from the UK and Norwegian governments. Led by Mick Moore at the Institute of Development Studies, the consortium also included Christian Aid where I was then working, and an early agreed priority was the creation of a new tax dataset. Wilson Prichard of the University of Toronto headed up the project and ensured its successful delivery despite many painful discoveries about the degree of neglect of the data, while Andrew Goodall of Charles University, Prague also made a major contribution.

- Alex Cobham, 2014, 'Bad tax data, bad tax research? Introducing the new Government Revenue Dataset', *Center for Global Development* blog: https://www.cgdev.org/blog/bad-tax-data-bad-tax-research-introducing-new-government-revenue-dataset.

- Kyle McNabb and Wilson Prichard, 2016, 'The ICTD government revenue dataset: Still the best option for researchers', International Centre for Tax and Development blog: https://www.ictd.ac/blog/the-ictd-government-revenue-dataset-stillthe-best-option-for-researchers/.

- The roots of the Tax Justice Network lie further back. A pivotal year was that of the MDGs, 2000. Oxfam published a seminal paper on the threat posed by tax havens to development (Ruth Mayne and Jenny Kimmis, 2000, 'Tax havens: Releasing the hidden billions for poverty eradication', *Oxfam Briefing Paper*: https://oxfamilibrary.openrepository.com/bitstream/10546/114611/1/bp-tax-havens-010600-en.pdf), estimating a revenue cost of around $50 billion a year; and the UK government published a white paper, which noted international tax avoidance and evasion as threats to revenues, and hence to development (HM Government, 2000, 'Eliminating world poverty: Making globalisation work for the poor', White Paper on International Development, London: HM Stationery Office: https://webarchive.nationalarchives.gov.uk/+/http:/www.dfid.gov.uk/Documents/publi cations/whitepaper2000.pdf). As luck would have it, my then boss at Oxford, Valpy FitzGerald (now a commissioner of the Independent Commission for the Reform of International Corporate Taxation), had some hand in both, and so, by extension, I did too. The Oxfam paper in particular sparked civil society engagement with the issues, including vibrant discussions at the European Social Forum. A key trigger, however, was an approach by three Jersey residents-Jean Andersson, Pat Lucas and Frank Norman-to the island's former economic adviser, John Christensen. Christensen had written his resignation by attacking the island's tolerance of corrupt money in an interview with the *Wall Street Journal* and moved to the UK not long after. From their conversations, there emerged a commitment to launch the Tax Justice Network-not to change Jersey, but to change the world. The important early steps have been documented and subject to academic study elsewhere (e.g., https://www. tax justice.net/5828-2/and https://www.taxjustice.net/ 2016/11/11/tax-justice-network-transition/, and various papers by Len Seabrooke and Duncan Wigan of Copenhagen Business School cited there), but it is worth highlighting two key priorities that Christensen pursued alongside building the expert and activist network: media coverage, and the engagement of international development NGOs. On the media side, it was late 2007 before a major outlet splashed on tax justice: the *Guardian* ran a front-page story, resulting from a six-month investigation of the international banana trade supported by the Tax Justice Network, under the headline: 'Revealed: How multinational companies avoid the taxman' (Felicity Lawrence and Ian Griffiths, the *Guardian*, 6 November 2007: https://www.theguardian.com/business/2007/nov/06/19). The 'dog bites man' feel of the headline reflects just how little prior coverage of this issue there had then been. Over the following years, successive rounds of journalists passed through the Tax Justice Network's training scheme, many of them going on to work on important international stories such as the Panama Papers in collaborations such as the International Consortium of Investigative Journalists. The training scheme has been spun off into the independent Finance Uncovered, which continues to provide courses as well as delivering cross-border investigative journalism through its international network, uncovering abuses of financial secrecy around the world. Finance Uncovered is currently leading work on the data from asset declarations and tax returns of politicians and officials worldwide. On the NGO side, early adopters included War on Want, before Christian Aid and then ActionAid launched the first major campaigns on tax justice in 2008. The global financial crisis shifted the terms of public debate around the responsibilities of the financial sector, and austerity politics quickly drew attention to questions of tax compliance by major players. With Oxfam coming back to the issue soon after, and others increasingly supportive, the development INGO sector was able to lead the way in demanding political progress in a range of forums including UN bodies as well as the G20 and G8 groups of countries, the Bretton Woods institutions and the OECD.

- 'A tax target for post-2015', *Uncounted*, 27 February 2015: http:// uncounted. org/2015/02/27/tax-target-post-2015/. See also 'Should tax targets for post-2015 be rejected?', *Uncounted*, 18 May 2015: http://uncounted. org/2015/05/18/ should-tax-targets-for-post-2015-be-rejected/.
- Nick Shaxson, 2015, 'World Bank president: Corporate tax dodging "a form of corruption"', *Tax Justice Network*: https://www.taxjustice.net/2015/10/02/ world-bank-president-corporate-tax-dodging-a-form-of-corruption/.
- http:// tanaforum.org/ tana-2014/ # Tana 2014 Discussion Papers.
- Alex Cobham and Luke Gibson, 2016, 'Ending the era of tax havens: Why the UK government must lead the way', *Oxfam Briefing Paper*: https://policy-practice. oxfam.org.uk/publications/ ending-the-era-of-tax-havens-why-the-uk-government-must-lead-the-way-601121.
- Paddy Carter and Alex Cobham, 2016, 'Are taxes good for your health?', *UNU-WIDER Working Paper* 171: https://www.wider.unu.edu/publication/ are-taxes-good-your-health.
- ICRICT, 21 June 2017, 'The definition of illicit financial flows as part of Sustainable Development Goal 16', *Letter to UN Secretary-General Antonio Guterres*, Bogota: Independent Commission for the Reform of International Corporate Taxation: https://www.taxjustice.net/wp-content/ uploads/2013/04/ ICRICT-21-June-2017.pdf. In the same month, I used the opportunity of addressing the ECOSOC Financing for Development Forum to raise the issue there, setting it in the context of the changing corruption narrative: TJN, 1 June 2017, 'Tax Justice Network warns at the UN against subversion of Sustainable Development Goals', *Tax Justice Network*: https://

www.taxjustice.net/2017/06/01/subversion-SDGs-16-4/; see also George Turner, 23 June 2017, 'UN must defend target to curtail multinational companies' tax abuse', *Tax Justice Network*: https://www.taxjustice.net/2017/06/23/un-must-defend-target-curtail-multinational-comvpanies-tax-abuse/.

- Maya Forstater, 2018, 'Illicit financial flows, trade misinvoicing, and multinational tax avoidance: The same or different?', *CGD Policy Paper* 123: https://www.cgdev.org/sites/default/files/illicit-financial-flows-trade-misinvoicing-and-multinational-tax-avoidance.pdf.
- Raymond Baker, 2005, *Capitalism's Achilles Heel: Dirty Money and How to Renew the Free-Market System*, Hoboken: Wiley, p. 11.
- 'Illicit financial flows', 2015, *Report of the High Level Panel on Illicit Financial Flows from Africa*, p. 23: http://repository.uneca.org/handle/10855/22695.
- 'Illicit financial flows', p. 65.
- UN, 2013, 'A new global partnership: Eradicate poverty and transform economies through sustainable development', *Report of the High-Level Panel of Eminent Persons on the Post-2015 Development Agenda*, New York: United Nations, p. 10: https://www.un.org/sg/sites/www.un.org.sg/files/files/HLP_P2015_Report.pdf.
- UN, 'A new global partnership', p. 55.
- See http://taxtobacco.org for full details of the campaign and its success.
- Paul McClean, 2016, 'Groups demand tobacco lobbyist stops claiming links: Nestle and World Bank demand to be removed from website', *Financial Times*, 7 November: https://www.ft.com/content/c9d6e11a-a1bb-11e6-82c3-4351ce86813f.
- Paul McClean, 2017, 'Big tobacco lobby group quits smoking industry', *Financial Times*, 22 May: https://www.ft.com/content/6ca7f490-3c73-11e7-821a-6027b8a20f23.
- Dave Hartnett and Hafiz Choudhury, 2014, 'Tax administration priorities in emerging and frontier markets', ITIC Issues Paper, p. 1: http://web.archive.org/web/20171215123526/http://www.iticnet.org/images/Tax Administration Priorities In Emerging And Frontier Markets.pdf.
- Hartnett and Choudhury, 'Tax administration priorities in emerging and

frontier markets', pp. 2, 4.

- For a full survey of estimates of illicit financial flows, including a critical review of methodologies and data, and a range of proposals for indicators, see Alex Cobham and Petr Jansky, 2020, *Estimating Illicit Financial Flows: A Critical Guide to the Data, Methodologies and Findings*, Oxford: Oxford University Press.

6장 불평등은 과소평가되고 있다

- Anthony Atkinson, 1973, 'On the measurement of inequality', reprinted from *Journal of Economic Theory* (1970), with non-mathematical summary, pp. 46-68, in Atkinson (ed.), *Wealth, Income and Inequality*, Harmondsworth: Penguin Education, pp. 66-68.
- Anthony Atkinson, Thomas Piketty and Emmanuel Saez, 2011, 'Top incomes in the long run of history', *Journal of Economic Literature* 49(1), pp. 3-71. These results are in keeping with the earlier study of Anton Korinek, Johan Mistiaen and Martin Ravallion, 'Survey nonresponse and the distribution of income', *World Bank Working Paper* 3543, who find upward corrections of the Gini for the United States during the sample years 1998-2004 ranging from 3.39 to 5.74 percentage points (raising the Gini from around 0.45 to 0.49-0.50).
- Sudhir Anand and Paul Segal, 2015, 'The global distribution of income', in A. Atkinson and F. Bourguignon (eds), *Handbook of Income Distribution*, vol. 2A. Amsterdam: Elsevier, pp. 935-977.
- Alex Cobham, William Davis, Gamal Ibrahim and Andy Sumner, 2016 'Hidden inequality: How much difference would adjustment for illicit financial flows make to national income distributions?', *Journal of Globalization and Development* 7(2).
- Alex Cobham and Andy Sumner, 2013, 'Putting the Gini back in the bottle? "The Palma" as a policy-relevant measure of inequality', *mimeo*, King's College London, 15 March; Alex Cobham and Andy Sumner, 2013, 'Is it all about the tails? The Palma measure of income inequality', Center for Global Development Working Paper 343, September; Alex Cobham and Andy Sumner, 2014, 'Is inequality all about the tails?: The Palma measure of income inequality', *Significance* 11(1), pp. 10-13.

- Alex Cobham, Lukas Schlogl and Andy Sumner, 2016, 'Inequality and the tails: The Palma Proposition and ratio', *Global Policy* 7(1), pp. 25-36.
- Gabriel Palma, 2011, 'Homogeneous middles vs. heterogeneous tails, and the end of the "Inverted-U": The share of the rich is what it's all about', Cambridge Working Papers in Economics 1111, p. 1; and Palma, 2006, 'Globalizing inequality: "Centrifugal" and "centripetal" forces at work', DESA Working Paper 35, New York: UN Department of Economic and Social Affairs.
- See, e.g., Jonathan Ostry, Andrew Berg and Charalambos Tsangarides, 2014, 'Redistribution, inequality, and growth', IMF Staff Discussion Paper 14/02.
- UN, 2013, 'A new global partnership: Eradicate poverty and transform economies through sustainable development', *Report of the High-Level Panel of Eminent Persons on the Post-2015 Development Agenda*, New York: United Nations, p. 16.
- OWG, 2015, 'Open Working Group proposal for Sustainable Development Goals', New York: UN Open Working Group on Sustainable Development Goals: https://sustainabledevelopment.un.org/focusSDGs.html.
- Lars Engberg-Pedersen, 2013, 'Development goals post 2015: Reduce inequality', *DIIS Policy Brief*, Copenhagen: Denmark Institute for International Studies; Michael Doyle and Joseph Stiglitz, 2014, 'Eliminating extreme inequality: A Sustainable Development Goal, 2015-2030', *Ethics and International Affairs 28(1); Alex Cobham, 2014, 'A solution for the inequality politics of post-2015?', Center for Global Development*, 4 February; Post2015. org, 2013, 'Letter from leading academics addressed to High Level Panel says: Put inequality at the heart of post 2015!': https://web.archive.org/web/20150307111352/http://post2015.org/2013/03/21/let ter-from-leading-academics-addressed-to-high-level-panel-says-put-inequality-at-the-heart-of-post-2015/.
- World Bank, 2013, 'Shared prosperity: A new goal for a changing world', 8 May: http://www.worldbank.org/en/news/feature/2013/05/08/ shared-prosperity-goal-for-changing-world.
- Sakiko Fukuda-Parr, 2019, 'Keeping out extreme inequality from the SDGs agenda: The politics of indicators', *Global Policy* 10(S1), pp. 61-69.

3부 우리는 우리가 사는 세상을 모른다
7장 집계 이행 촉구 선언문

- Nadia Saracini and Murali Shanmugavelan, on behalf of the BOND Caste and Development group, 2019, London: BOND; https://www.bond.org.uk/ sites/ default/ files/resource-documents/bond_caste_reportscreen.pdf.

- A heterosexual white man from an Anglophone, erstwhile imperial power, with parents who went to university, couldn't fit too many more intersecting inequalities on a Venn diagram. Globally speaking, I've been privileged to a quite unreasonable extent, but we all, including me, live worse lives because of all the inequalities in society. Feel your privilege, but don't beat yourself up about it- stand up and be counted, and help others to do the same.

- The Poverty and Inequality Commission was formally set up from July 2019 as a new public body, as required by the Child Poverty (Scotland) Act 2017. The Act allows the Commission to set its own work programme in discussion with ministers, and to gather evidence, commission research and prepare reports. The Commission's specific roles include advising ministers on measures to reduce child poverty, scrutinising progress made towards the targets set out in the Act, monitoring progress in reducing poverty and inequality and promoting measures to ensure progress.

- Open Data Watch, 2019, Open Data Inventory 2019: http://odin.opendatawatch. com/.

- Jonathan Gray, 2019, 'Data witnessing: Attending to injustice with data in Amnesty International's Decoders Project', *Information, Communication & Society* 22(7), pp. 971-991.

- ICRICT, 2019, *A Roadmap for a Global Asset Registry: Measuring and Tackling Inequality: Curbing Tax Avoidance, Tax Evasion, Corruption and Illicit Financial Flows*, New York: Independent Commission for the Reform of International Corporate Taxation: https://www.icrict.com/s/GAR.pdf.

불공정한 숫자들
통계는 어떻게 부자의 편이 되는가

알렉스 코밤 지음
고현석 옮김

초판 1쇄 2021년 4월 30일 발행

ISBN 979-11-5706-230-0 (03300)

만든 사람들
기획편집   한진우
편집진행   김남혁
디자인   조주희
마케팅   김성현 최재희 김규리
인쇄   한영문화사

펴낸이   김현종
펴낸곳   (주)메디치미디어
경영지원   전선정 김유라
등록일   2008년 8월 20일 제300-2008-76호
주소   서울시 종로구 사직로 9길 22 2층
전화   02-735-3308
팩스   02-735-3309
이메일   medici@medicimedia.co.kr
페이스북   facebook.com/medicimedia
인스타그램   @medicimedia
홈페이지   www.medicimedia.co.kr